未来学校丛书

丛书主编 王素

丛书副主编 袁野 李佳

CFSC

中国未来学校大会

U0556518

大概念
大单元教学

主　编　解慧明

副主编　罗理想　贾　文

中国人民大学出版社

·北京·

图书在版编目（CIP）数据

大概念大单元教学/解慧明主编；罗理想，贾文副主编 . —北京：中国人民大学出版社，2022.8
（未来学校丛书 / 王素主编）
ISBN 978-7-300-30398-7

Ⅰ.①大… Ⅱ.①解… ②罗… ③贾… Ⅲ.①教学研究-中小学 Ⅳ.①G632.0

中国版本图书馆 CIP 数据核字（2022）第 073257 号

未来学校丛书
丛书主编　王　素
丛书副主编　袁　野　李　佳
大概念大单元教学
主　编　解慧明
副主编　罗理想　贾　文
Da Gainian Da Danyuan Jiaoxue

出版发行	中国人民大学出版社		
社　　址	北京中关村大街 31 号	邮政编码	100080
电　　话	010 - 62511242（总编室）	010 - 62511770（质管部）	
	010 - 82501766（邮购部）	010 - 62514148（门市部）	
	010 - 62515195（发行公司）	010 - 62515275（盗版举报）	
网　　址	http://www.crup.com.cn		
经　　销	新华书店		
印　　刷	天津中印联印务有限公司		
规　　格	170 mm×240 mm　16 开本	版　　次	2022 年 8 月第 1 版
印　　张	18.25	印　　次	2023 年 2 月第 3 次印刷
字　　数	326 000	定　　价	86.00 元

本书编委会

主　　　编　解慧明
副 主 编　罗理想　贾　文
编委会成员：（按姓名笔画排列）
　　　　　　王　亭　王贤立　石　颖　全微雷　刘博伟
　　　　　　池冬梅　孙　妍　李　壮　李　玲　李笑兰
　　　　　　张　萍　张道璐　林　玉　林　亚　俞笑笑
　　　　　　翁丽华　唐颖鸿　曹爱卫　董雅萍　韩建兰
　　　　　　焦爱茹

总　序

当今，新科技革命方兴未艾，世界处于百年未有之大变局。科技的迅猛发展改变了生产方式，使社会和产业结构也发生了巨大的变化，未来的社会是一个人机共存的社会，是一个充满不确定性的社会。在这样的时代，教育要培养什么人、给学生提供什么样的教育内容、什么样的学习方式才能适合新的教育需求，这些是全球共同关注探索的问题。教育已经进入技术支撑的教育4.0时代。世界经济论坛（WEF）在2020年发布了《未来学校：为第四次工业革命定义新的教育模式》报告，经合组织（OECD）发布了《面向未来教育：经合组织关于未来学校教育的四种图景》报告，这些报告描绘了未来教育的可能形态和发展方向。从国际组织的报告到各国教育实践的探索，我们可以看出未来教育聚焦于人的核心素养的培养，知识的内涵扩大了，不仅有学科知识，还有跨学科知识、经验性知识、程序性知识；不仅要发展认知能力，还要发展元认知能力和社会情感能力。为此，课程的结构、内容和学习方式都将发生改变。技术赋能教育，个性化学习、混合式学习、项目式学习、思维发展型学习是未来主流的学习方式。

2014年，中国教育科学研究院成立了未来学校实验室，致力于未来学校的理论与实践探索。2016年，发布了《中国未来学校白皮书》，系统地阐述了对未来学校的认识。2018年，发布了《中国未来学校2.0：概念框架》。2020年，聚焦于未来教师的专业发展方向，制定了未来教师能力等级框架。未来学校实验室根据教育部课程改革的方向和学校发展的实际需求设计了有关未来学校教学的五个主题：数学建模、语文思维发展型课堂、混合式学习、大概念大单元教学、项目式学习。围绕以上主题，经过四个月的在线学习，三轮迭代，最终涌现出很多优秀的教师和教学设计案例。

这套丛书就是在主题研修的基础上，由各主题的导师团对本主题的理论进行阐述，并对精选的一些主题案例进行深度修改，最终形成的。这套丛书选择的五个主题非常符合当前教改的方向，也是我们很多教师在实际工作中存在迷茫和困惑的部分。丛书中的每本书都由两部分内容构成，第一部分内容是理论阐述，从学理的角度论述相关主题的概念、基本理论框架，以及如何进行相关主题的教学设计；第二部分内容给出了相对成熟的示范案例，并且每个案例都有专家点评，让读者能更好地理解这个案例可以学习到什么、还有哪些方面可以进一步提升。这种实操性的指导会对教师的教学实践起到很好的引导作用。

王　素

2022 年 4 月 12 日

今天的教育越来越关注学生未来所要面对的真实世界。随着科技推动的社会的变迁，人类知识总量在激增，存量知识淘汰的速度在加快，线性增长式的学习已无法跟上知识增长的速度。学生在学校获得的关于自然、人类社会的基本认识，所掌握的处理简单问题的基本方法越来越有限，学生最应该得到的是对知识策略的本质性理解，拥有看待世界的"透镜"，也就是知识背后的知识，即大概念（也叫大观念）。大概念是对现象的整体认识，是对现象本体的、方法的以及价值的综观。大概念是学科的中心概念，最能表现学科的本质和基本结构。

学生习得大概念（学科指南针），就像拿到了一张学科地图，从而在头脑中形成由该学科知识组成的指南针，引领学生找到方向或者工具来解决以后遇到的相关问题。学生在离开学校之后如果不从事相关工作，其所获得的具体知识是十分容易遗忘的，而其所形成的观念则不然，学生仍然能够针对复杂的问题联结相关零散的学科知识，即使无法准确想起具体的内容，也能够根据线索找到正确的解决途径。

2018 年 1 月，教育部发布了 20 个学科的普通高中课程标准。新课程标准凝练了各学科的核心素养要求，更新了课程内容与评价体系，首次提出以大概念为核心，通过使课程内容结构化，以主题为引领，使课程内容情境化来促进学科核心素养的落实。大概念在学科核心素养的落实中具有重要的价值。当前，大概念的内涵及价值在我国并未得到深入研究，基于大概念的课程设计也寥寥无几，因而从大概念的角度探索学科核心素养落实的可能路径具有现实意义。

举个简单的例子，生物学中蝴蝶发育的阶段分为卵、幼虫、蛹、成虫，当父母问孩子在学习什么时，他们可能会回答说在学习蝴蝶发育。事实上，卵、幼虫、蛹、成虫并不是重要的概念，核心概念是所有的生物都有一个由出生、生长、繁荣和死亡组成的生命周期，而卵、幼虫、蛹、成虫只是蝴蝶这一特定有机体的生命周期。我们很多人都学习了这些具体细节，却忽视了最主要的信息——大概念。

本书在中国教育科学研究院的指导下，以第六届中国未来学校大会大概念模块前 20 名选手的教学设计为主体，结合国内外大概念的最新研究成果，增添了学习评价和作业设计等模块，探讨大概念大单元教学，以期为推动大概念教学的深入发展、促进育人方式变革尽绵薄之力。

目录
Contents

第二章
大概念背景下的项目化与跨学科教学

第三章
大概念背景下的任务型教学

大概念促进育人方式变革

在概念性知识愈发丰富的情形下，教师教学要形成的是系统性思想，而不是孤立的概念性知识。这就需要教师以结构化理念认识课程内容，提炼作为课程内容核心的大概念，帮助学生理解数量相对较少的大概念及其逻辑关系。否则，这些概念性知识就是一堆建筑材料，不能帮助学生构筑学科认知大厦。大概念所构成的教学主线居于学科中心，成为教学轴心，贯穿教学全过程。教师教学要始终围绕大概念展开，而不应再以某一部分作为教学的重点。

一、对大概念的认识

"大概念"即 big concepts 或 big ideas，亦称"大观念"或"核心观念"。它并非学科课程的某一具体知识性概念或名词，而是集中反映学科本质，具有相对稳定性、共识性、统领性，能将离散或琐碎的不同主题和知识实现"有意义"地"粘连"，从而帮助学生以"专家式思维"阐释和预测较大范围物体、事件或现象的某种有组织、有结构的"核心概念"、"知识模型"或"学科大图景"。

按照 2013 年 4 月发布的《美国新一代科学教育标准》，"大概念"的学科知识结构"金字塔"，其最底层是学科基本知识、技能等事实性知识及统摄性较低的分解概念，即小概念；第二层是基于学科内知识整合的核心概念与方法，即核心概念或基本问题；第三层是基于跨学科内容整合的概念或主题，即跨学科概念或共通概念；最顶层是统摄其他所有知识的"元认知"，即哲学观念。较之事实性知识、学科分解概念等小概念，学科核心概念或基本问题、跨学科概念或共通概念和哲学观念等都属于大概念范畴。

大概念是一个具有复杂内涵、相对抽象的概念，是在经验和事实的基础上抽象概括出来的概念。它是小概念的集合，能够将小概念联系成一个连贯的整体。大概念教学能被广泛接受并成为当下指导核心素养课程变革的重要理念，与其有着丰富的内涵分不开。国内外学者对大概念的认识大致可以归纳为四点：

一是"上位概念"，认为大概念是一种处于更高层次、能够连接下位概念且能在更大范围内具有普适性解释力的概念。大概念是在事实和经验基础上对概念之间关系的抽象概括，是从事实、经验和概念中简明扼要地抽取和总括出来的共同本质特征，因而常常是一门学科中处于更高层次的上位概念、居于中心地位的核心概念和藏于更深层次的本质概念。

二是"认知框架"，认为大概念本身就是有组织、有结构的知识和模型，而且还能为学习者提供一个认知框架或结构。借助这个认知框架或结构，人们不仅能够沟通各个事实、经验、事物、概念之间的内在联系，而且能够在一个连续的整体中去理解各种事实、经验、事物和概念的意义。

三是"核心概念"，认为大概念是学科学习的核心，是具体的经验和事实都已忘记之后还能长久保存的中心概念，能促进学习者的持久记忆和深度理解。

四是"意义模式"，认为大概念代表着一种有意义的模式，它背后潜藏着一个有意义的世界，是人在发展过程中应该具备的某一能力和素养。

大概念不仅能够促进学生纵向上对知识的本质理解以及横向上对知识的联结扩展，还能够发展学生的自我建构与自我进化能力。自我建构与自我进化能使学生真正地成长，是学生独立进行知识学习、吸收、提取与运用的过程，是学生独立进行能力习得、发展与延伸的过程，是学生独立进行素养发展、积累与体现的过程，同时实现了学生素养的循环建构与进化。学生在这样一个循环迭代的过程中所发展的素养必然是长久的和终身的。

二、大概念是落实课程育人的有效途径

新一轮高中课程改革明确了大概念的核心地位，积极推动学科核心素养培养的落实。《普通高中课程方案》（2017 年版 2020 年修订）指出，重视以学科大概念为核心，使课程内容结构化，以主题为引领，使课程内容情境化，促进学科核心素养培养的落实。

2017 年 2 月，教育部印发了修订的《义务教育小学科学课程标准》，首次使用了"大概念"的形式，称为"主要概念"。"大概念"是科学课程最高层次的理念，对于小学生比较抽象，不过《义务教育小学科学课程标准》并不要求小学生掌握"大概念"。学习、理解和巩固"大概念"是提高教师对科学本质认识的很好途径，教师的教学应该朝着"大概念"的方向前进。教师需要明白教学内容具体指向哪个"大概念"，从高层次来看待、分析教材内容，然后从具体内容入手进行教学，这有利于教师把握教学内容的本质，提高教学的深度和广度。

以学科大概念促进中小学学科核心素养的培养是我国课程领域的里程碑式变革。教学是课程体系的重要组成元素，课程改革的深入发展必然将推动中小学教学领域的全新规划与建设，围绕学科大概念进行教学设计。依托大概念，有助于

学生形成对知识的本质认知，实现学科关键能力的进阶，实现学科核心素养提升的目的。

三、大概念教学的价值与意义

大概念突破了琐碎、零散的知识，促进知识联结的发生。借助大概念形成知识联结网络，以及知识与知识之间的联结通路，这种通路使得知识像是游走的积木，学生在遇到不同的问题时能够将之互相融合与拼接，以适应解决问题的需要。在现实生活中，问题往往都是复杂的、跨学科的，大概念促使学生形成的知识联结网络能够帮助其迎接来自社会等多方面的挑战，可依据不同的情境进行适应性调整。大概念教学的价值与意义主要体现在以下四个方面：

（1）聚焦真实问题的解决。教师将相互关联的基本概念聚合后形成大概念，学生把学到的知识迁移到现实情境中解决真实问题，建立问题图式，能有效激发学生的学习动机和提升问题意识。同时学生通过利用合作式学习和探究式学习，能提升推理、迁移等解决问题的技能。大概念学习过程本身就蕴含着各种解决问题的范式，有助于学生提高解决问题的能力。

（2）提升学生元认知水平。元认知就是让学生在学习中主动对思维模式与学习行为进行自察、自省、自我调节。首先，教师在构建大概念时应有意识地让学生暴露对事物的"偏见"或者分析问题的"盲区"。这样教师就可以适时地提供认知的脚手架，有效地引导学生进行自我提问与分析，实现认知重建。其次，在大概念教学中教师应充分让学生对彼此提出的各类"假说"进行质疑、提问、论证。这样就促使学生不断重新思考先前的认知过程并不断调整或弥补不足。大概念教学正是在对先前的理解不断调节与评估的过程中，实现了对文本与存在、知识与结构、关系与意义的重构认知。最后，教师在大概念教学中很容易实现学生价值观的塑造，影响学生认识世界的方式。

（3）形成有效的决策力。教学中教师往往只关心具有短期效应以及与考试相关的目标。大概念教学关注的是长期目标以及如何为学生的终身发展奠基。决策力便是一种需要学生逐渐形成的持续一生的技能。大概念教学可以从不同侧面促进学生决策力的形成。首先，大概念教学有助于提升决策者分析、判断问题的能力。决策者在做出决策时总是会受到根深蒂固的原有思维模式的干扰。学生在构建大概念的过程中学会了如何利用知识线索透过现象发现隐藏的有悖于常理的本质的方法。其次，大概念教学提升了决策者考量问题解决方案的能力，因为学生在形成大概念的过程中有时需要不断转换视角，从而充分考虑环境、社会、经济等因素对方案实施造成的影响。最后，大概念教学有利于提升决策者优化问题解决方案的能力。大概念教学要求学习者不断重新审视自身习惯性的理念的不足之处，权衡不同观察者看似合理的关于解决方案的立场或解释。通过大概念教学，学生作为决策者能够学会如何有意地从批评者的角度看待提出的解决方案并做出决策。

（4）促进学科融合。使用大概念统整各学科课程内容，可以帮助我们构建跨学科课程。首先，大概念提供了跨学科所需要的方法。因为大概念中的高阶思维本身就具有跨学科的属性。其次，大概念指引了学科间的融合方向。大概念是基于真实情境与真实问题意义上的学科间的深度融合，而不是简单的拼凑或混合。再次，大概念的学习模式使学习者构建跨学科理解成为可能。如，基于物理和数学的大概念——"度量观"，基于现实情境，围绕"为什么要度量、如何度量、度量结果如何应用、不同文明的不同度量方式的关系"等，阐述了物理、数学、化学中的不同度量方法和度量标准等，深度拓展了学生的度量视野。由此可以看出，大概念网络将不同学科基于某一个共同的大概念进行横向联结，跨越两个或者更多知识领域，促进了学科融合与统一。

四、大概念背景下的教学设计

（一）大概念的提取路径

通过梳理不同学者的观点，并结合教学实际，我们总结出了大概念的提取路径，以供参考。大概念的提取难点在于教师能否准确理解大概念，并根据学生和教学的实际情况进行细化，包括梳理下位的大概念或小概念，以及找到教学的重难点等。需要说明的是，同一课程内容从不同的视角、不同的价值取向出发，得到的大概念也会有所不同。

深刻理解课程标准，提炼大概念。课程标准是国家课程的基本纲领性文件，提出了面向全体学生的基本学习要求。原则上所有大概念的提取都要参照课程标准，因此从课程标准，尤其是课标中的高频词中可以直接提炼出大概念。比如，高中数学立体几何模块中的"空间观念"就可以作为学习立体几何的大概念。

把握核心素养，提炼大概念。学科核心素养是指学生通过学科学习应当形成的正确价值观念、必备品格和关键能力。与课程标准一样，学科核心素养对教学具有指导性作用。因此，大概念也可以从学科核心素养中提取。比如，历史学科核心素养的时空观念中的"特定的史实是与特定的时间和空间相联系的"就是大概念。

聚焦育人价值，提炼大概念。例如，在学习几何问题时，从平面图形到立体图形，从点线面之间的一般关系到特殊关系，再到对称美、简洁美、统一美，在这一过程中可以提炼"数学美"大概念，教师可从察觉美的感知、理解美的思维、创造美的能力、体验美的境界和奉献美的人格等方面展开教学，进而理解数学是以一种怎样的方式诠释美学的。

聚焦学习难点，提炼大概念。学习难点往往是学生最难理解的，也正因为如此，通过剖析学习难点往往就能发现大概念。比如，应用文写作在真实生活中经常用到，而应用文写作最大的难点不在于记住各种格式，而在于能否站在阅读对象的角度进行思考。因此，其大概念为"应用文需要服务特定的对象，要考虑内容的合理表述"。

深挖学科历史，提炼大概念。学科历史能提供直接的历史信息，教师借鉴历史进行教学，能够激发学生对学科及社会文化背景的深刻觉悟。因此，应从学科历史事件的发生背景、发展历程、发展成果等视角提炼大概念。

（二）基于大概念的教学设计

大概念教学在单元层面进行是由其本质所决定的，因为单课相对简单，时间太短，以至于无法考虑大概念的深入发展，也无法探究基本问题和实际应用。一个抽象的大概念要由一定数量的具体案例支撑，与"宽而浅"的学习不同，大概念教学追求"少而精"。那么如何围绕大概念进行整体教学设计？以下是主要框架和步骤，以供读者参考。

一是教学目标的设定。教学目标应基于课程目标、学业质量要求、学情分析、教材解析等要素设定，且目标要可测量。二是提炼和获取大概念。结合教学目标和育人价值，获取大概念，设计出基于大概念的问题链或任务群，构建知识关联和知识网络。三是教学过程设计。以问题链或任务群驱动教学，做好教学过程规划。四是学习评价和作业设计。评价是教学活动的有机组成部分，是教学设计的基本要素之一，作业是教育教学的关键环节之一，作业设计是落实"双减"政策、减负增效的有效举措。

无论是促进学生的全面发展还是培育学生的核心素养，都有赖于一种更具整合性的教学样态，大概念则为整合性教学提供了一个新的理念和方法。通过对大概念理论的学习和实践，我们更深刻地理解了新课标、把握了新教材、懂得了教学，为落实学科核心素养培养找到了抓手，为加强学生学科核心素养培养找到了重要突破口。深入把握大概念在教育领域中的应用和认识其指导价值，才能深入推进课程改革和育人方式变革。

大概念背景下的单元教学

二年级 "测量" 的大概念单元教学设计

一、知识背景、指导思想与理论依据

古人云：授人以鱼，不如授人以渔。在实施核心素养教育之前，我们的教学关注的是如何帮助学生更好地掌握教学单元的知识体系。在结构主义教育家布鲁纳的影响下，我们的课堂呈现的是螺旋式课程组织结构，并随着年级的提升，不断拓展与深化学科的基本结构。所以，学生的知识结构同样呈现点状特点，人工智能几秒钟就能掌握我们数十载所积累的知识体系。但螺旋式课程是有不变之处的，这个不变之处就是学科知识的本质，就是能够灵活运用知识体系去解决未来变化的能力，这就是学科素养。如何培养学生的学科素养，"大概念"为我们搭建了一座与之贯通的桥梁。

（一）"大"赋予学科生活的价值

比如，"大语文"教学模式在当今的语文教育中越来越受到人们的重视，"大语文"教学，是将语文与社会生活和语文、历史、文化纵横交错联系在一起，提升学生的语文学科素养，赋予语文学科学习生活的价值。所以"大概念"的"大"将学科与未来的真实生活联系在了一起，赋予了学科生活的价值。

（二）此"概念"非彼"概念"

1. 上位概念

什么是概念？我们常说的厘米是一个概念，米也是一个概念，但它们是具体的小概念，无法迁移到其他地方去应用。将各种度量单位进行抽象概括，就是单位，这就是一个上位概念。所以，"大概念"中的"概念"指的是一个上位概念，它能够迁移到其他领域。

2. 可迁移的概念

在单元教学中，除了概念教学，还有知能学习。例如，用直尺去测量某个物体的长度，这是一个测量技能的学习。如果我们只教学生用尺子测量的方法，那学生所习得的就是对齐零刻度，读出后面的数值。在教学过程中我们发现，这样教学，学生经常会出现测量错误，当没有从零刻度测量时，还会有更多的学生出错。其实，在今后的生活中学生会发现，很多事物都不需要我们去测量，其长度已经在包装上标注得很清楚。那我们教学生用尺子测量时要教什么呢？要教把相同的单位长度累加在一起，就得到了被测物体有几个单位长度。这个意识就是上位的，就是一个大概念。今后学生在生活中要想知道一个物体的长度，他就知道用一个已知长度的物体和被测物体去比较。或者他手中的尺子是不完整的，他就可以用单位去测量，而不是只知道找零刻度。这就叫灵活地运用所学知识，去解决现实生活中的问题。因此，"大概念"中的"概念"，还泛指一种能够实现迁移意识和能力的概念。

3. 论证思维

依据德国心理学家艾宾浩斯的遗忘曲线，我们所学的知识不用就会被淡忘。但是，如果我们理解了知识，就不会轻易忘掉。例如，长方形的周长计算公式，很多学生会和长方形的面积计算公式混淆，那是因为他们只记住了公式，时间一长就遗忘了。如果学生记住封闭图形周长是单位长度累加一周的长度，面积是单位面积的密铺，他们就能够灵活地解决各种周长和面积问题。也许一道数学题未必应用于生活中的现实问题，但是它蕴含的数学思维是能够在生活中找到原型的，并能够灵活地解决各种问题。

大概念教学不仅为学生提供了上位的学科学习路径，而且能帮助学生更好地理解与运用所学知识。因而大概念教学既对教师的学科专业素养提出了更高的要求，也为教师的专业化发展提供了明确的研究方向。

二、大概念的提炼与获得以及教学目标的设定

大概念是一个上位概念，我们可以自上而下去寻找"现成"的、较权威的资源进行大概念的提取，例如课程标准、学科核心素养、专家思维和派生的概念，这些都可以帮助我们提取大概念。

但有时因为所学内容的局限——比较具体和零散，这就需要我们自下而上地抽象总结大概念。需要结合生活和教学经验，在实践中不断地进行证实和思考。

例如我们可以通过学科内容归类、调整，抽象概括上位的大概念，结合生活中的应用价值来调整所确定的大概念，使其能够更好地反映出学科本质。

（一）依据课标，提炼大概念

课程标准是课程的纲领，所以对大概念的提取，我们都要参照课标，从而提炼出大概念。

例如，对小学二年级的"测量"单元，课标提出了三条标准：一是结合生活实际，经历用不同方式测量物体长度的过程，体会建立统一度量单位的重要性。二是在实践活动中，体会并认识长度单位千米、米、厘米，知道分米、毫米，能进行简单的单位换算，能恰当地选择长度单位。三是能估测一些物体的长度，并进行测量。

第一条体现的是一种数学思维，即单位意识，显然是一个上位概念。第二条则比较具体，是对各种单位的认识和单位的换算，这些单位是一个个小概念，在现实生活中我们几乎可以从包装上找到现成的答案，或者通过智能工具来实现单位间的转换。那么这一条的上位概念该如何确定，又该如何让学生在测量的领域形成通路呢？第三条是一个技能目标，我们又该如何探寻这其中的大概念呢？

于是，我们要深度分析教材中的内容，提炼出关于测量的大概念。

（二）纵向梳理，明确内容定位

首先要明确该内容在整个数学知识体系中的具体定位。

小学二年级的"测量"单元隶属于图形与几何领域中的测量部分。通过纵向梳理小学学段测量部分的教学内容（见图1）可知，学生在一年级学习了事物间多重属性的比较，例如两个事物在大小、多少上的比较等，之后是对物体长度、面积和体积三个维度的具体刻画。因此，该单元是整个测量体系中具体刻画物体属性的起始课程，是后续测量学习的基础。

（三）对比分析，探求专家思维

何为专家思维？例如上述的认识毫米、米、厘米，这些都属于概念，是事实性问题；而专家思维则是核心性问题。那么这些测量单位的本质是什么？无论是长度、面积还是体积，用它们测量的上位概念是什么呢？这就需要我们具体地对比分析每一个维度的教学内容，从中提炼出具有共性的上位概念。

我们发现，一个物体有很多属性，我们在刻画过程中都要遵循这样一个过程（见图2）：首先要明确刻画的对象是长度、面积还是体积，然后通过测量得到一个结果。要想得到这个测量值，首先要选择一个单位，在选定单位时要经历自选单位、统一单位和单位扩充这样一个过程，这也是最基本的度量方式。除了这种

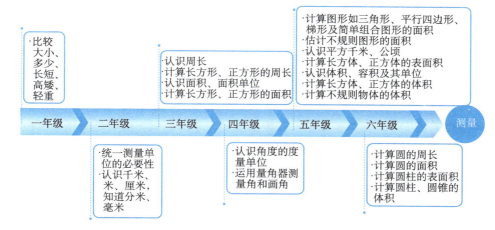

图 1 小学一至六年级的测量知识体系

方式，还有工具度量和公式度量，这两种度量方式更加方便和快捷。但无论是哪种度量方式，其本质都是在用统一的度量单位进行单位累加，这个单位累加的数量就是我们最终的测量值。可见，度量的本质实际上就是单位的累加。

我们找到了度量的学习路径，它是否遵循数学中度量的历史发展沿革，是否属于度量思维呢？追本溯源，古人是没有测量单位的，他们用自己身上的部位作为长度单位进行测量，比如一个人的身高就是一丈，所以有了"丈夫"这个词，同样地，一步也是一个长度单位。这样一来，人们测量出来的数据就无法与人交流。测量单位的出现则是为了统一度量衡，方便人们交流。单位就是测量的核心，它的统一性和多样性反映了测量的本质。

由此可见，测量的大概念的提炼必然要基于度量的学习路径。

测量的大概念要适用于各种测量情境，解决测量过程中的各种问题。通过对比教材中不同维度的测量，我们设计了度量的学习路径（见图 2），这就为测量的大概念的提炼提供了有力的依据。

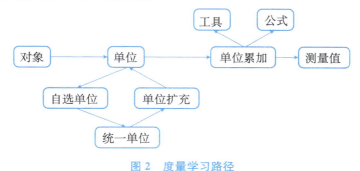

图 2 度量学习路径

（四）纵观路径，凝练形成大概念

1. 确定测量对象

根据上述学习路径，测量的第一步就是确定测量对象。我们将第一条大概念凝练为：图形的大小是可以度量的，一维图形的大小即长度，长度是对线段长短的度量。学习面积测量的时候，仍然是先要确定对象，通过迁移这一大概念就可以变成图形的大小是可以测量的，二维图形的大小即面积，面积是对图形所占二维空间大小的测量。体积测量的学习首先也是对体积进行定义。

2. 明确测量本质

接下来要解决怎么量的问题了。无论是长度测量、面积测量还是体积测量，关键是建立单位，无论是最基本的单位度量方式，还是更加方便快捷的工具度量方式和公式度量方式，其度量过程都是测量单位的累积。所以，聚焦于测量本质的大概念就是：测量的关键是建立单位，且测量的过程需要用统一的单位去累积。

3. 抽象数学思维

小学二年级上册的"测量"单元引导学生学习了从自选单位测量，到统一单位的学习（认识厘米及米），再到单位的扩充，学生已经完整地经历了最基本的度量方式——单位测量。那么，为何二年级下册又要安排几课时去学习更多的长度单位，如毫米、分米和千米呢？在对这些单位的学习过程中，还蕴含着哪些重要的数学思维？

从操作意义上讲，学习更多的单位是为了解决生活中各种实际的测量问题：当我们测量的物体无法用厘米去准确表达其长度时，就需要把厘米进行等分，形成新单位；当我们测量的物体很长，用米去测量显然就非常不方便了，就要把米拼接起来，形成一个更长的测量单位，千米应运而生。

从思维意义上讲，当面对新事物的时候，我们如何创造性地发明新单位进而去表达它的长度呢？就是把已有的单位进行分割或拼接，这其实就是整体与部分的关系。在用单位测量时，也是将被测物体的长度按照单位的长度分成若干个单位长度，其数量就是最终的测量值。因此，对于长度单位的扩展学习，我们可以运用部分与整体互相转化的数学思维，形成上位概念：单位是将整体转化为部分，使其可用来测量和比较的统一标准工具。

4. 确立数据准确意识

度量过程的最后是得到一个测量数据。众所周知，失之毫厘，谬以千里。在生活中，测量数据的准确度直接影响着信息质量和最终的结果，因此我们要使学生具备科学严谨的专家态度。

首先，从测量的本质——单位出发，我们应该培养学生选择合适的单位去测量的能力和意识。为保证测量的精确，我们可以创造性地、灵活地选择不同的单位。例如人类历史上，纳米和光年就是人们在认识现实世界的过程中创造出的新单位，纳米是一米的十亿分之一，光年是光在真空中以 30 万千米/秒的速度行走一年的距离。用它们可以更准确地表达新事物的长度。

其次是注意测量的方法。人工测量难免存在误差，测量时我们要强调正确和有效的测量方法，努力减小测量误差，进而提高测量的准确度。

最后是学会实际应用。生活中，我们往往不需要知道被测物体的准确长度，只需要通过已知的长度来估测被测物体的长度，那么就需要学生能够灵活地选择用来估测的长度标准进而解决实际问题。例如我们在认识千米时，无法让学生在课堂上实际感受 1 千米的长度，但是我们可以表示出 10 米和 100 米的长度，引导学生通过想象和推理，感受 1 千米的长度，从而开发学生的空间观念。

所以，对于测量结果的大概念，我们从以上几个层面将其凝练成：为确保测量结果的准确，需要灵活地选择合适的单位和方法（见表 1）。

表 1　二年级"测量"单元中的大概念

大概念
图形的大小是可以度量的，一维图形的大小即长度，长度是对线段长短的度量
测量的关键是建立单位，且测量的过程需要用统一的单位去累积
单位是将整体转化为部分，使其可用来测量和比较的统一工具
为确保测量结果的准确，需要灵活地选择合适的单位和方法

三、教学过程设计

（一）单元整体架构，形成任务序列

对于空间观念的培养，需要学生想象思维的支撑。从心理学上讲，思维是从动作开始的，若切断了动作与思维的联系，思维就得不到发展。动手操作是帮助儿童在头脑中建立空间表象的过程，但操作形成的表象还处于直观阶段，将其与比较、分析、综合、推理等思考过程相结合，才能使儿童从直观思维过渡到抽象思维，形成抽象的空间表象。

因此，我们设计的子问题，需要让学生在丰富的数学活动中亲身经历测量的过程，只有这样学生才能从中发现这些问题，提出这些问题，进而在比较、分析的过程中理解测量的本质。

我们将结合了主要数学活动的子问题分布到单元课时中去，就形成了以问题为引领的单元学习任务序列，引导教师更好地设计具体课时的教学。二年级"测量"单元的学习任务序列如图 3 所示。

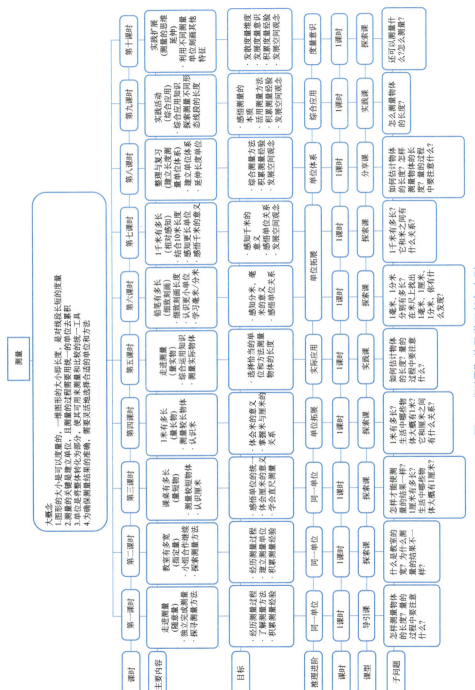

测量

大概念
1. 图形的大小是可以度量的，一维图形的大小即长度，是对线段长短的度量
2. 测量的关键是要建立统一的单位，且测量的过程需要用单位去累积
3. 单位是将整体转化为部分，使其可用来测量和比较的统一工具
4. 为确保测量结果的准确，需要灵活地选择合适的单位和方法

课时	第一课时	第二课时	第三课时	第四课时	第五课时	第六课时	第七课时	第八课时	第九课时	第十课时
主要内容	走进测量（随意量）·独立完成测量·探寻成熟测量方法	教室有多宽（指定量）·小组合作继续·探索测量方法	课桌有多长（量短物）·测量较短物体·认识厘米	1米有多长（量长物）·测量较长物体·认识米	走进测量（量实物）·综合运用知识·测量实际物体	铅笔有多长（细致刻画）·认识更小单位·学习毫米/分米	1千米有多长（相对感知）·结合10米长度·感知更长单位·感悟千米的意义	整理与复习（建立长度测量）·建立单位体系·延伸单位度量	实践活动（综合应用）·探索测量不同形态线段画的长度	实践扩展（测量维度的延伸）·利用不同测量单位刻画图其他特征
目标	·经历测量过程·了解测量方法·积累测量经验	·经历测量过程·建立测量意识·积累测量经验	·感知单位的统一·体会单位的意义·学会用尺测量	·体会米的意义·掌握米与厘米的关系	·选择恰当方法单位刻画物体的长度	·感知分米、毫米、米的意义·感悟单位间关系	·感知千米的意义·感悟单位空间观念	·综合测量方法·积累测量经验·发展空间观念	·感悟测量的本质·活用测量方法·积累测量经验·发展空间观念	·发散度量维度·发展度量意识·积累度量经验·发展空间观念
推理进阶	同一单位	同一单位	同一单位	单位拓展	实际应用	单位拓展	单位拓展	单位体系	综合应用	度量意识
课时	1课时	1课时	1课时	1课时	1课时	1课时	1课时	1课时	1课时	1课时
课型	导引课	探索课	探索课	探索课	实践课	探索课	探索课	分享课	实践课	探索课
子问题	怎样测量物体的长度？测量过程中要注意什么？	什么是教室的宽？为什么测量的结果不一样？	怎样才能使测量有多长？1厘米有多长？生活中哪些物体大概有1厘米？	1米有多长？生活中哪些物体大约有1米？它和厘米之间有什么关系？	如何估计物体的长度？怎样测量过程中要注意什么？	1毫米、1分米有多长？在米尺上找出1毫米、1厘米、1分米，你有什么发现？	1千米有多长？它和米之间有什么关系？	如何刻画物体的长度？怎样测量物体的长度？测量的过程中要注意什么？	怎么测量物体的长度？	还可以测量什么？怎么测量？

图 3 "测量"单元学习任务序列

（二）关注学生起点，进行学情分析

在知识层面，通过前期学习，学生具有了直观感知物体长度的能力，能够通过观察与操作，判断出物体间谁长谁短。

在活动经验上，我们对学生进行了学习前测。

前测题目 1：如果想要知道数学书的宽度是多少，你想用下列（　　）得到？（填序号，可多选）

①　　　　　　　②　　　　　　　③　　　　　　　④

前测对象：随机抽取二年级一个班，共有学生 40 人。

前测目的：了解学生对测量工具的认识情况。

前测结果：

	③尺子	其他
人数	37	3
百分比（%）	92.5	7.5

前测题目 2：如果让你用铅笔来表示门的宽度，你准备怎样做，请先说一说。5 人一组，用老师给你的铅笔试一试。

前测对象：从抽测班级随机选取 15 名学生。

前测目的：了解学生所掌握的测量方法。

前测结果：

	从一侧到另一侧一个挨一个地摆	贴着门摆	有空隙	用一根铅笔边做记号边摆
人数	15	5	10	0
百分比（%）	100	33.3	66.7	0

通过两道题目的前测结果我们可以看到，学生受年龄的局限，没有测量单位的概念，提到测量，他们只能想到尺子，因为在生活中，用尺子去测量已成为他们认知的事实。尺子上的数可以用来测量，在学生的认知中，测量就是用尺子得到一个数。

从测量方法的经验积累看，大部分学生还是有一定的测量经验的。在让学生先说一说准备怎样测量时，大部分学生都知道要把铅笔摆直了，一个挨一个地摆齐了，而且要用同样长的铅笔去测量。但是当他们结成小组真正操作起来时，就很难关注到要用同样长度的铅笔去测量，在测量过程中还会出现摆歪、有空隙的情况。所以，学生的测量经验只停留在认识层面，没有积累正确测量方法的经验。同时，测量的过程再次反映出学生虽然有用同一单位去测量的意识，但是对于单位概念的认识还是很模糊的。

（三）规划具体课时的原则

为了落实大概念下的子问题，教师作为一个"教练"在具体设计每个课时的过程中应着重注意以下几点：

1. 差异性

班级授课的特点之一就是学生具有个体的差异性。因此，在设计各种教学活动和学习方法的过程中，要呈现出学生的个体差异性。这样才能促进学生思考，促进学生最近发展区的学习。

例如，在《课桌有多长》一课中，教师应引导学生在具体的测量活动中感受尺子的形成过程，用1厘米的纸条去测量课桌的长度。在活动中，有的学生逐一地把1厘米的纸条放在桌子上密铺成一条直线来测量课桌的长度，有的学生自发地创造了"厘米串"，用粘好的"厘米串"去测量课桌的长度，加快了测量的速度。在这一测量过程中，学生感悟到测量的本质就是单位的累加，在交流的过程中，展现出了不同层次的思维，产生了思维的碰撞。学生在理解与应用"厘米串"测量的过程中，自发地感悟到了用尺子测量的方法，学会了工具测量。同时，也为对分米的认识做了经验铺垫，埋下了单位大概念意识的种子。

2. 多样性

有效的学习设计一定是能够为学生提供多种任务和方法的。例如在设计"测量"单元第一课时，我们将其分成了两个部分，第一部分是启发学生用不同的测量工具随意测量身边物体的长度，从而解决非本质性问题，也就是积累正确的测量方法。第二部分由随意量转换到指定量，我们让学生结成小组去测量教室的宽度，通过用正确的方法经历测量过程，在小组间的交流过程中，学生提出核心性问题，关注到测量的单位，并在解决问题的过程中，初步体会统一单位的必要性，萌发了单位意识。在这一课的学习过程中，有测量对象的多样化，有测量工具和测量方法的多样化，还有个人与小组相结合的多样化学习任务，学生在测量活动中，主动地学习并积累测量活动经验，感悟单位的统一性、多样性。

3. 循环性

将大概念具体细化成每课时的子问题，引导学生在发现问题、解决问题再到实际应用的过程中，逐步形成自主性、探究性等基本特征。因此，其教学环节就要具备示范、尝试和反思过程。在学习过程中，学生发现、提出问题，交流、解决问题，必不可少的就是对实践的调整。所以，每课时的教学是以"示范—尝试—反思—调整"的循环模式来开展的。

例如，在《教室有多长》一课的设计中，学生第一次接触测量，因此我们在第一部分以绘本中的测量小故事为切入点，做好测量示范，引导学生直观、形象地感知什么是测量。在利用自选单位进行"测量—交流—再测量"的过程中，学生将在绘本测量中的间接经验转化为直接经验，多样化地去尝试测量，在反思中发现问题、解决问题。然后，我们布置二次测量的实践活动，帮助学生调整自己的测量方法，初步积累测量经验，从而走近测量世界。

在第二课时中，我们再次使用"示范—尝试—反思—调整"的循环教学模式，引导学生进一步理解测量。我们以复习示范正确的测量方法为切入点，提出测量教室有多宽的实践任务，鼓励学生用不同的测量工具通过小组合作来测量，在测量过程的交流与反思中发现核心性问题，调整学生对测量的认识。

4. 关注设计评价方案

"学—评—教"一体化的教育模式已经越来越被人们所关注。提到评价，人们更多想到的是期末测试、写一篇论文……我们评价的目的是要证明学生是否已经真正理解并可以应用所学内容，那么以上这些评价是否和我们的大概念保持了一致呢？

为检测我们的以大概念问题引领学生学习是否得到真正落实，我们需要设计完整的评价方案。简单地说，我们的评价分为终结性评价、过程性评价和自我评价三个类型。

过程相对于结果而言，更具有导向性，能够帮助我们及时地了解学习者是否已经理解并掌握了大概念，从而及时地调整单元教学设计。例如在设计《课桌有多长》一课时，我们对学生进行了过程性评价，提出利用自选工具测量课桌长度的学习任务，我们发现通过对第一课《教室有多长》的学习，大部分学生并没有掌握正确的测量方法，没有理解测量是要用一样长的测量工具，把自己长短不一的铅笔连接起来铺在桌子上。通过对这一评价结果的反思，我们发现在第一课的教学设计中，我们只关注到了"示范—尝试—反思"的循环教学模式，忽略了"调整"环节，只是在学生解决了核心问题之后，去强调再次测量需要注意些什么，没有把得到的结论应用到实际活动中去。因此，我们及时地调整了第一课的教学设计，形成了"示范—尝试—反思—调整"的循环教学模式，帮助学生真正理解与落实了对测量的学习。

自我评价也是在以大概念问题引领学生学习中要格外强调的，它要求学生不仅要学会评价他人，更关键的是要学会评价自我。美国教育专家格兰特·威金斯提出的理解的最高层次就是"自知"，他提出：一个人的准确的自我评估、自我调节能力反映了他的理解力。

例如在"测量"单元中我们设计了一节综合实践活动课，其中一个环节要求学生根据估测的数据和实际测量的数据进行对比汇报。在这一环节中学生主动展开了自我评价，有的学生发现自己估测的数据和实际测量的数据相差较大，主要原因是对米和厘米的表象认识不够准确，需要借助工具进行调整。有的学生估测的数据和测量的数据比较接近，主动分析了自己的估测过程，即通过借助已知的测量单位累加得到估计的数值，深刻地理解了测量的本质。

四、教学特色分析

大概念是一种理念，具有高度的抽象性与概括性，它帮助教师明确了学生最终应该达成的学习结果。那么该如何帮助学生更生动、形象地去理解与运用大概念呢？这就需要我们将其具体化，在丰富的教学活动中，通过解决问题的方式去落实大概念，以促进学生学科素养的形成。

（一）细化大概念，形成子问题

凝练大概念的依据是课程标准，对大概念的具体细化落实更离不开单元教学任务，因此依据二年级"测量"单元的教学内容，我们将大概念进行了具体细化，转化成了"测量"单元中学生要解决的核心问题（见表 2）。

表 2　二年级"测量"单元大概念下的核心问题

大概念	核心问题
图形的大小是可以度量的，一维图形的大小即长度，长度是对线段长短的度量。	物体的长度是从哪儿到哪儿？
测量的关键是建立单位，且测量的过程需要用统一的单位去累积。	怎样测量物体的长度？ 测量相同物体的长度时，怎样才能得到一样的测量结果呢？ 1 厘米和 1 米分别有多长？它们之间有什么关系？
单位是将整体转化为部分，使其可用来测量和比较的统一工具。	1 分米、1 毫米和 1 千米分别有多长？毫米、厘米、分米、米和千米之间有什么关系？
为确保测量结果的准确，需要灵活地选择合适的单位和方法。	怎样才能更准确地测量物体的长度？

通过表 2 可以看到，转化后的核心问题仍然具有高度的概括性，需要在具体课时中逐一落实，因此核心问题还需要进一步地细化才能转化成每一课时的子问题（见表 3）。

表 3　二年级"测量"单元核心问题下的子问题

大概念	核心问题	子问题
图形的大小是可以度量的，一维图形的大小即长度，长度是对线段长短的度量。	物体的长度是从哪儿到哪儿？	什么是教室的长度？
测量的关键是建立单位，且测量的过程需要用统一的单位去累积。	• 怎样测量物体的长度？ • 测量相同物体的长度时，怎样才能得到一样的测量结果呢？ • 1 厘米和 1 米分别有多长？它们之间有什么关系？	• 怎样测量物体的长度？ • 为什么测量的结果不一样？怎样才能使测量的结果一样？ • 1 厘米和 1 米分别有多长？生活中哪些物体大概有 1 厘米或 1 米长？它们之间有什么关系？
单位是将整体转化为部分，使其可用来测量和比较的统一工具。	• 1 分米、1 毫米和 1 千米分别有多长？ • 毫米、厘米、分米、米和千米之间有什么关系？	• 1 毫米、1 分米和 1 千米分别有多长？它们和 1 厘米、1 米之间有什么关系？ • 在米尺上找出 1 毫米、1 厘米、1 分米，你有什么发现？
为确保测量结果的准确，需要灵活地选择合适的单位和方法。	• 怎样才能更准确地测量物体的长度？	• 量的过程中要注意什么？ • 如何估计物体的长度？

北师大版数学教材的一大特色就是精心设计了"情境＋问题串"的呈现方式，帮助学生积极思考，使学生不仅体会到数学与生活的联系，还能从实践出发，通过问题的解决，理解数学、学习数学、发展数学。这为我们将核心问题落实到每课时并形成子问题，提供了有力抓手。我们通过梳理每课时的问题串（见图 4），对应核心问题，提出了"测量"单元每课时的子问题。

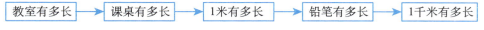

图 4　"测量"单元教材呈现的问题串

（二）承接知识进阶，落实核心素养

大概念架起了一座通往落实学生核心素养的桥梁。"测量"单元隶属于图形与几何领域，这一领域的核心素养是空间观念。我们凝练出的大概念能否帮助学生形成空间观念，完成知识上的进阶呢？

我们发现，对长度测量的学习经历了"确定测量对象—统一长度单位—认识长度单位—长度单位扩充"的过程。而对面积测量的学习同样经历了"确定测量对象—统一面积单位—认识面积单位"的过程，同时还增加了关于公式度量的探索过程。对体积测量的学习，则侧重通过知识的迁移，进行体积测量相关知识的学习。比如，学习面积时，存在边长为 1 个单位的正方形，那么对于体积单位是不是也存在棱长为 1 个单位的小正方体呢？学生提出推测，通过验证认识了体积单位，再将其进行累加，表示出了物体的体积，获得了体积的计算公式。可以说在体积的学习过程中，学生要在积累一定操作经验的基础上，才能初步具备想象思维能力。在知识的迁移、想象、推测、验证和反思过程中，度量意识才得以基本形成，学生的空间观念才得以更好地发展。

要形成基本度量意识、发展空间观念，就必须形成知识上的迁移。而我们所凝练出的大概念，就是要帮助学生形成进行知识上的迁移所要具备的基本度量意识。这个意识并不是随着对测量"工具"及"公式"的熟练使用而加深的，学生只有在低年级深刻理解了测量的大概念，形成了基本度量意识，才能为后续的学习打下坚实的基础。

（三）基于大概念，自上而下统一

未来的课堂是以大概念为核心的，教师不再仅仅是教学内容和教学活动的供应商，他还是培养学生理解知识的"教练"，因而要更加注重学生的"学"。我们依据课程标准，深度理解教材，遵循学生思维发展特点和考虑日后的使用价值，凝练出了"测量"单元的大概念，并在落实大概念进行单元教学设计过程中，以大概念为出发点，结合单元课时教学目标与活动，形成了与大概念具有高度一致性的子问题。这样才能更好地落实大概念教学，落实核心素养的培养。

五、学习效果评价及作业设计

为检测我们的以大概念问题引领学生学习是否得到真正落实，单元评价设计分为终结性评价、过程性评价和自我评价三个类型。

（一）结合子问题，设计终结评价

结合测量的大概念，我们在每个大概念之后设计了相应的表现性任务测试作为终结性评价（见表 4），分层显示学生对大概念的理解水平。

表 4 "测量"单元终结性评价

大概念	表现性任务	评分规则		
图形的大小是可以度量的,一维图形的大小即长度,长度是对线段长短的度量。	用你喜欢的测量工具测量身边物体的长度。	3.0 水平	2.0 水平	1.0 水平
		能用选择的测量工具一个接一个地表示被测物体的长度。	能用选择的测量工具一个接一个地表示被测物体的长度,但出现摆歪现象。	能用选择的测量工具表示被测物体的长度,但出现有空隙、压在一起或摆歪的现象。
测量的关键是建立单位,且测量的过程需要用统一的单位去累积。	请你测量教室有多长。	3.0 水平	2.0 水平	1.0 水平
		能够灵活地选择米和厘米等多种单位,准确测量教室的长度。	能够使用米作为测量单位,测量教室的长度大约有多少米。	选择数学书的长等非统一常用长度单位进行测量。
单位是将整体转化为部分,使其可用来测量和比较的统一工具。	人们常说细如发丝,我们的头发丝到底有多细呢?如果让你再创造一个长度单位来描述一根头发丝有多细,你准备怎样设计?	3.0 水平	2.0 水平	1.0 水平
		能够在已知长度单位的基础上,将其平均分成 10 份,将其中的一份创造成一个新的长度单位。	在已知的长度单位体系中选择一个单位来作为新单位,例如微米、纳米等。	不知道如何创造一个新的长度单位或与已知长度单位没有任何联系。
为确保测量结果的准确,需要灵活地选择合适的单位和方法。	淘气班级要参加合唱比赛,班级统一着装。如果你是其中一员,你将如何参照尺码表为自己挑选合适的衣服?	3.0 水平	2.0 水平	1.0 水平
		能够准确测量自己的肩宽、胸围、胳膊长和身长,然后对照尺码表上的数据,进行合适的挑选。	能够关注尺码表上的数据,知道要测量自己的肩宽、胸围、胳膊长和身长,然后进行挑选。但不知如何使用直尺测量胸围。	按照自己身上穿的衣服尺码进行挑选。

尺码	肩宽/cm	胸围/cm	袖长/cm	衣长/cm
100	25	58	11	40
110	26	60	11	43
120	27	62	12	46
130	28	64	12	49
140	29	66	13	52
150	30	68	13	55
160	31	70	14	58

（二）过程性评价，调整学习方式

过程相对于结果而言，更具有导向性，能够帮助我们及时地了解学习者是否已经理解并掌握了大概念，从而及时地调整学习方式。

在教学过程中，我们引导学生发现问题、提出问题，这实际上就是对学习活动的一个过程性评价。学生通过对测量操作活动的观察与反思，发现问题，通过讨论，找到正确的测量方法，再去积累正确的测量活动经验。

（三）自我评价，提高学习方式

自我评价也是在以大概念问题引领学生学习中格外强调的，它要求学生不仅要学会评价他人，更关键的是要学会评价自我。因此，在对综合实践活动课程的设计中，我们加入了自我评价环节（见表5）。

表5　"测量"单元自我评价

课时	自我评价	评分规则		
第五课时 走进测量（量实物）·综合运用知识测量实际物体	结合你的学习报告单，针对测量实际物体你有什么想说的	3.0水平	2.0水平	1.0水平
		能结合估测和测量的数据，分析自己估测准确或不准确的原因，提出改进措施	能结合估测和测量的数据，分析自己估测准确或不准确的原因	能对自己的估测和测量活动进行简单评价
第九课时 实践活动（综合应用）·综合应用知识探索测量不同形态线段的长度	在测量的过程中，我认为	3.0水平	2.0水平	1.0水平
		我能选择合适的方法和单位，准确测量物体的长度	我能测量出各种物体的长度大约是多少	这些线段不是直的，无法测量出它们的长度
第十课时 实践扩展（测量的思维延伸）·利用不同测量单位刻画其他特征	在测量的过程中，我发现	3.0水平	2.0水平	1.0水平
		任何东西都可以测量，都可以用与其对应的单位来进行测量，这样我们就能比较它们的大小、轻重了	要想知道物体的大小，就要用一张正方形的纸去测量，或者用一个小正方体去测量	我还能测量很多物体

六、专家点评

方案翔实，且使用图示法，思路较为清晰。建议将第 2 与第 3 个大概念合并。另外，如果能设计出一个统摄性更强的真实性任务，即在一个任务中设计了所有的大概念，单元内容会更加紧凑。

以大概念"函数的图象"为
核心的单元教学设计

一、知识背景、指导思想与理论依据

数与代数部分是义务教育阶段数学课程的重要内容，其中函数是一种具有普遍意义的数学模型，是数与代数部分学习的主线和核心，而函数的图象作为函数部分的主体之一，贯穿整个初中函数的学习，既是函数的直观呈现，又是研究函数性质的重要工具。

通过对现行课程标准以及华东师范大学版（简称华师版）数学教材的分析与整合，我们将"函数"确定为大单元的主题，旨在让学生从最基础、最简单的数轴开始，通过函数的图象学习如何研究函数、认识函数的性质，进而将认知结构体系化。通过对从"学会结构"到"运用结构"的学习，学生可利用数形结合思想化抽象为直观，在落实"四基"同时，发展自主学习能力，为以后高中阶段对其他函数的学习奠定基础。学生应努力通过对该大单元设计的学习，在获得数学知识与学习能力的同时，树立敢于质疑、善于思考、严谨求实的科学精神，提高实践能力和创新意识，认识数学的科学价值和审美价值，并促进学科核心素养落地。

二、教学目标的设定

函数的图象在数学学习中具有重要地位。由于函数是初中数学学习的重点和难点，函数的思想贯穿于整个数学学习过程中，是初中阶段"数与代数"的重要组成部分。初中阶段的函数思想与函数研究方法对高中阶段指数函数、对数函数、幂函数以及三角函数的学习都有着重要影响。因此"函数"可以作为一个核心大概念来统领中学学段的大单元教学，但本设计考虑到内容和课时上的安排不宜过多，因此选取函数统摄下的某一概念作为核心概念进行大单元设计。而函数的图象作为研究函数的重要工具，在函数学习中有着举足轻重的地位。图象法是表示函数的一种重要方法，函数图象是探索和研究函数性质的载体，是函数反映数量关系和变化规律的直观体现，具有重要的科学价值。函数的图象也是数形结合思想的集中体现。华师版教材中主要研究了三种基本函数——一次函数、反比例函数和二次函数，而考虑到"数"与"点"的对应关系在数轴中就已经有所渗透，为了挖掘数学本质，既使学生的学习真实发生，又使学生通过初中阶段的学习掌握一种数学思想，学会用数学的方法去思考问题、分析问题和解决问题，我们将"函数的图象"作为一个大单元进行教学设计，从而使之成为后续有关"函数"大概念学习的重要组成部分。

函数的图象作为重要的函数知识，是函数表示方法的一种。研究几种函数的章节都从实际情境出发，而通过结合生活实际中常见的折线统计图、气温随时间变化图、抛出篮球的运动轨迹等直观形象，学生对函数图象是有初步感知的，这为学生对函数图象形成认知提供了可能。

大多数学生的基础比较薄弱，对以上涉及的对函数以及函数图象的相关知识理解不透彻。很多学生在以往学习中习惯靠多背公式、多记忆模型、多刷题提高解题速度，而忽略了探究数量间的内在联系、挖掘数学的本质。因此在对各种函数图象的学习中，学生因靠"死记硬背"而将相似知识记忆混乱的现象经常出现。该核心大概念下的大单元设计也恰好加深了学生对知识结构的理解，解决了学生的迫切需求。

八年级学生的数学抽象能力还处于较低水平，因此教师的教学要注重基础和细节，但随着学生的认知水平提高，学习后续函数知识需要提前奠定基础，其他学科（比如物理中的速度、化学中的溶解度等），也要求学生对函数图象有更为深刻的理解。函数的教学不仅仅是为了传授数学知识，更是对学生研究科学的一种思维培养、一种学习方法的运用、一种经验的积累，同时也肩负着激发学生在基础科学世界的学习兴趣、培养良好的学习习惯、树立严谨的科学精神和提高审美意识的责任，既有利于学生知识能力的丰盈，也有利于学生性格的塑造。因此，对函数图象的系统学习对提升人的素养有着更为深远的意义。

三、大概念的提炼与获得

（一）提取路径

根据大概念的提取路径，自下而上考虑学生对生活中实际问题的理解，对经济问题、折线图等生活实际问题中的常见的两个变量间的关系的认识；自上而下结合课标要求与对学生核心素养的培养方向，考虑数学作为其他学科领域研究的基础，以及函数图象在数学的函数部分学习中的重要地位，我们确定本单元设计的大概念为"函数的图象"（见图 1）。

图 1 大概念"函数的图象"的提取路径

（二）知识结构

参照《全日制义务教育数学课程标准》（简称《课程标准》）并对华师版教材中的函数相关知识进行梳理，我们发现函数的学习是按照一定的顺序展开的：以生活实际为背景创设情境→抽象出函数关系式→画出函数图象→归纳出函数性质、总结出一般规律→求函数表达式、应用函数解决实际问题、探索函数与方程及不等式的关系（函数图象的知识结构见图 2）。

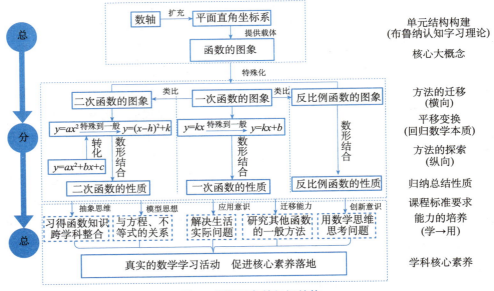

图 2 函数图象的知识结构

四、教学过程设计

（一）课时安排

通过对华师版数学教材的整体性教学设计分析（见图 3），结合华东师范大学出版社副总编辑李文革对函数图象部分的解读，根据函数图象发展的时间窗口，为贯彻落实培养学生数形结合数学思想的单元目标，以研究函数图象的生成过程为主线，我们将大单元设计分为三个章节（见表1）。

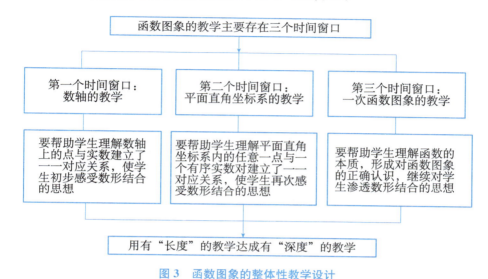

图3　函数图象的整体性教学设计

表1　"函数的图象"大单元设计章节

章序列	章主题	章任务	课题	课时数
第1章	函数图象的载体	体会"数"与"形"的统一	1.1 数轴与平面直角坐标系	1
			1.2 平面直角坐标系中点的变换	1
第2章	函数的图象	体会函数是变化规律的表示，学习"数"与"形"转化的方法	2.1 "读"函数的图象——从"形"到"数"	2
			2.2 "画"函数的图象——从"数"到"形"	2
第3章	函数的图象和性质	学习"数"与"形"的进一步转化	3.1 一次函数的图象和性质	4
			3.2 二次函数的图象和性质	4
			3.3 反比例函数的图象和性质	2

（二）单元过程设计

根据所提取的核心大概念——函数的图象，基于以上教材分析和学情分析，按照大单元设计思路，在明确单元目标以及针对单元目标设计评价任务后，设计如下教学方案（以下只呈现所设计的主要学习活动部分及其在大单元教学方案设计中的作用）。

第 1 章是大单元设计的开端，从数轴开始研究，目的就是要让学生深挖函数图象的本质就是数与点的一一对应。学生只有从最简单、最本质的数轴开启认知，经历由简到繁的过程，认识到数与形的辩证统一，才能在后续的具体函数研究中，做到化繁为简，清楚地分析问题，进而找到有效的方法解决问题。而"平面直角坐标系"作为"数轴"的进一步发展，实现了认识上从一维空间到二维空间的跨越，构成了更广泛的数形结合与转化的理论基础，是后几个章节的学习中画函数图象、认识函数的必要知识储备和重要工具，是沟通代数和几何的桥梁。第 1 章"函数图象的载体"教学方案见表 2。

表 2　第 1 章"函数图象的载体"教学方案

第 1 章	函数图象的载体
课题	1.1 数轴与平面直角坐标系 1.2 平面直角坐标系中点的变换
课时	2 课时

【课时目标】	【评价任务】
1. 实数与数轴上的点一一对应；认识平面直角坐标系的有关概念；根据坐标画出点，根据点写出坐标，体会数与形的统一。 2. 初步认识数与形对应关系的数学本质。 3. 探究直角坐标系中特殊位置点的特点及其变换规律，培养迁移能力，体会数形结合思想。 4. 开展小组合作交流，培养学生积极与他人合作的能力。	A. 回答教师提出的以递进方式呈现的问题，思考并判断结论。 B. 读出数轴上的点及将数表示在数轴上；参与接龙游戏，感知"对应"的实质。 C. 模仿用研究数轴的方法去探索平面直角坐标系中点的变换规律。 E. 根据类比探索，总结并归纳出点的变换规律，与全班同学展示交流。 F. 开展小组合作活动，相互交流方法经验，彼此提出意见，完善学习成果。

重点：能在给定的直角坐标系中，由点的位置写出它的坐标及由坐标描出点的位置。
难点：理解平面直角坐标系中的点与有序实数对间的一一对应，探索点坐标的变化规律。

教学活动设计	
学习活动设计	**（一）创设情境** 回顾所学的数轴与实数的相关知识。 **（二）探究新知** **活动 1**　再认识数轴。 Q1：动手画数轴，并找到点 $(2, \sqrt{2})$。 Q2：所有的数都可以在数轴上找到与之对应的点吗？

Q3：举例说明你对"数轴上的点与实数——对应"的理解。

Q4：在平面内，如何表示不在数轴上的点 P 呢？

【设计意图】以问答方式，从熟知的数轴切入不会显得突兀，容易激发兴趣，引发思考。利用数轴中所蕴含的"对应"的本质，引发学生深层次的思考，体会从数轴到平面直角坐标系的扩充的必要性。

活动2 接龙游戏。

教室共有 42 个座位，自前向后分为 7 排，自左向右分为 6 列，每位同学对应一个位置。我们来个"点将"游戏，学生是"将"，由老师示范，学生接龙。

游戏规则说明：

（1）老师报出学生姓名，学生起立并说出自己对应的座位号；

（2）老师说出座位号，对应的同学起立。

Q1：你如何确定自己的座位？

Q2：若规定先说排后说列，再玩游戏，你将有何感想？

Q3：请同学们再说出生活中用两个量描述位置的实例，找出与我们的游戏的共同点并进行归纳。

【设计意图】从身边的例子入手，创设真实情景，利用游戏激发学生的兴趣，同时让学生感知如何用两个量来描述位置。作为活动 1 的探索和延伸，将数学思考自然融入教学活动当中。鼓励学生充分发表意见，抓住契机加以引导，让学生体会到用有序数对可以表示物体的位置，进而理解平面直角坐标系的有关概念。

知识点：平面直角坐标系及坐标的概念（参照教材）。

【设计意图】通过前面两个活动的探索，学生已经理解了平面直角坐标系及点坐标的生成与作用，因而概念的给出是水到渠成的过程。此环节的重点在于让学生体会横、纵坐标的概念与几何含义，挖掘本质，避免混淆。

活动3 小组合作探究。

环节1：各小组画出一个平面直角坐标系，相互纠错、完善。

环节2：利用数轴上"互为相反数的两个点的位置关系"类比，猜想平面直角坐标系中的点有哪些特点，尝试说明你的结论。

环节3：教师提出问题。

Q1：图形的变换包括什么？

Q2：点作为一种图形，除了对称之外，还能有什么变换？

Q3：坐标有什么变化规律？

【设计意图】利用小组合作交流的方式，使每个学生都参与学习活动，培养学生的协作精神。该活动的探究过程对于数形结合思想的培养有重要意义，在教学中给学生充分的时间和空间，让学生交流讨论，鼓励由猜想到论证的探究过程；使学生体会平面直角坐标系中点坐标的特点，体会点在"图形变换"的背景下坐标的变化规律，为后续模块学习函数图象的变换奠定基础。

学习活动设计

（三）练习巩固

布置针对性练习，让学生相互出题考核，以当堂检测作为评价。

（四）课堂小结

学生总结，教师引导归纳，并将其落实到教学目标与评价任务中。

（五）课后作业

1. 文本分层作业：

（1）选择：下列各平面直角坐标系中点坐标表示正确的是（   ）

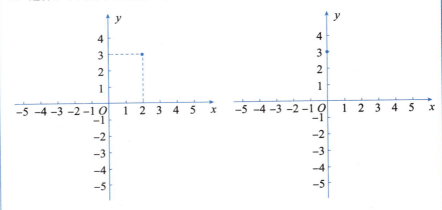

A.（3，2）   B.（0，3）

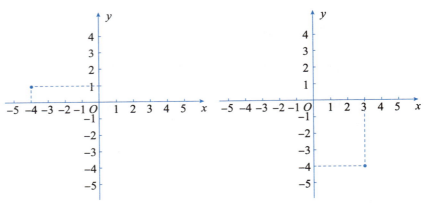

C.（−4，1）   D.（−4，3）

（2）画图：画出适当的平面直角坐标系，并确定点 A（−2，3），找到点 A 关于原点的对称点 A'，试说明通过怎样的平移变换点 A 可以变成点 A'。

（3）读图：在如图所示的平面直角坐标系中，点 P 的坐标为（3，−4），以原点 O 为圆心，以 OP 为半径作弧，交 x 轴于点 Q，则点 Q 的坐标为_____。

学习活动设计

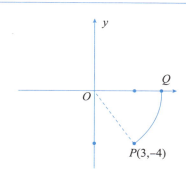

<table>
<tr><td rowspan="2">学习活动设计</td><td>（4）操作：利用平面直角坐标系确定一些点的位置，并将其用适当的线连接，尝试构造出你喜爱的图案。
2. 综合实践作业：
（1）整理课堂学习笔记；阅读笛卡儿坐标系相关资料，并与家人分享。
（2）寻找生活中关于所学知识的应用，作为下一节课课前三分钟的展示内容（提示学生可从该知识应用原理、与其他学科的融合点、相较不用该知识而凸显的优势、存在的问题、评价、改进的建议等方面进行阐述）。
3. 探究创新作业：
（1）各小组为同学出一套所学知识测试题，组间互评（对题型、题量不做具体限制）。
（2）各小组合作，尝试应用本节课知识制作相关的教具或学具，方便知识探索。</td></tr>
</table>

　　第 2 章是在学习了第 1 章后，在掌握了函数的载体——数轴和平面直角坐标系，以及清楚平面直角坐标系下点的特点和变化规律的基础上展开的探索。大单元设计不只是本单元相关课程内容的整合，它需要在函数大概念的统摄下对其他单元课程内容进行统筹分析和重组，因而第 2 章的教学要在学习了函数概念并对函数图象有初步了解的基础上实施，第 2 章的任务是使学生进一步从对应关系、点的集合、量的变化的角度探索函数的图象（第 2 章"函数的图象"教学方案见表 3）。

　　第 2 章所包含的"画图"与"读图"这两项基本技能，为后续研究具体函数的教学活动提供了必要支撑，因此它具有承前启后的重要作用。

表 3　第 2 章"函数的图象"教学方案

第 2 章	函数的图象
课题	2.1"读"函数的图象——从"形"到"数" 2.1.1 生活实际中的图象 2.1.2 读具体函数的图象

课时	2课时

【课时目标】	【评价任务】
1. 了解函数图象是函数的一种表示法，能结合函数图象对简单问题中的函数关系进行分析。 2. 能"读"出用图象法刻画的简单实际问题中的变量之间的关系。 3. 开展小组合作交流，培养学生积极与他人合作的能力。	A. 回答教师提出的以递进方式呈现的问题。 B. 思考并判断结论。 E. 理解函数图象是点的集合，体会"每个点对应唯一一个有序数对，其横、纵坐标分别代表两个变量变化中的某一值"，表述对应关系。 F. 开展小组合作活动，相互交流方法经验，彼此提出意见，完善学习成果。

重点：能从函数图象中读取必要的相关信息。

难点：理解函数图象中的点与有序实数对的一一对应，体会函数的图象能直观反映两个变量间的变化规律。

教学活动设计	
学习活动设计	**（一）创设情境** **活动1** 借助气温 T 与时间 t 之间的函数图象（见下图），教师提出连续的四个问题，让学生思考回答，从而总结出函数图象的概念。 Q1：早上6点的气温是-1℃在图中体现在哪里？ Q2：你还能读出哪些时刻的气温？ Q3：你是如何在图中找到各个时刻的气温的？ Q4：气温曲线是用图象表示函数的一个例子，那什么是函数的图象呢？ 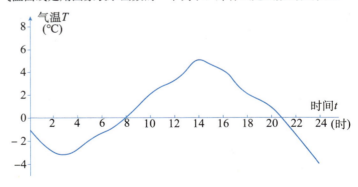 **【设计意图】** 从生活中的实际例子入手，让学生在平面直角坐标系的认知结构下，归纳出函数图象的一般概念。这一过程符合学生的认知规律，学生能够体会到从生活知识到数学模型的简单抽象。 **（二）探究新知** **活动2** 给出实际问题：小强和爷爷离开山脚的距离 y 与爬山所用时间 x 之间的函数图象如下图，请学生看图回答问题，教师需要抓住契机，引导学生学会读

取函数图象中的信息。

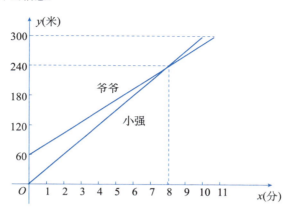

学习活动设计	**环节1**：学生通过观察函数图象，说出图象中所能获得的信息。

环节1：学生通过观察函数图象，说出图象中所能获得的信息。

环节2：教师根据学生的发现继续追问，引导学生提出问题，如：横轴和纵轴上单位长度不一致是否可行、两图象交点的实际意义、代表爷爷离开山脚距离的函数图象的起点是（0，60）的原因、交点左侧和右侧的图象反映怎样的实际情景、两人爬上山顶的时间。

环节3：学生针对该题，进行适当改编，并提出新的问题。

【设计意图】通过活动，逐步达成学会"读图"的学习目标。与上一课时中气温变化图的相关问题相比，这里的问题对学生有着更高的要求。在给学生充分的时间交流和讨论的情况下，引导学生自己提问，促进学生思考，并由此引发学生对函数图象中所蕴含的数形结合思想以及研究方法的思考，进一步挖掘数学的本质，让学生利用图象确定数量的对应关系，在获取信息的同时，体会"数"与"形"的高度统一。

（三）练习巩固

布置针对性练习，让学生相互出题考核，以当堂检测作为评价。

（四）课堂小结

学生总结，教师引导归纳，并将其落实到教学目标与评价任务中。

第2章	函数的图象
课题	2.2"画"函数的图象——从"数"到"形" 2.2.1描点法画函数的图象
课时	1课时

【课时目标】	**【评价任务】**
1. 了解函数图象是函数的一种表示法，能通过对函数关系式的分析，初步判断函数图象的形状及走势。	A. 回答教师提出的以递进方式呈现的问题。 B. 思考并判断结论。 D. 尝试在教师的指导下画出函数图象，感知

2. 能用图象法刻画简单实际问题中的变量之间的关系。 3. 会用描点法画出函数图象。 4. 开展小组合作交流，培养学生积极与他人合作的能力。	用描点法画图象的原理。 E. 理解描点法画图步骤，尝试理解取点不同是否会对所画函数图象产生的不同影响，总结归纳如何恰当取点。 F. 开展小组合作活动，相互交流方法经验，彼此提出意见，完善学习成果。

重点：会用描点法画出函数图象；能用图象法刻画实际简单问题中的变量之间的关系。

难点：理解函数图象中的点与有序实数对间的一一对应，体会函数的图象能直观反映两个变量间的变化规律。

教学活动设计

学 习 活 动 设 计	**（一）创设情境** 复习回顾： 1. 平面直角坐标系下点坐标的特点； 2. 将给出的坐标点在平面直角坐标系中确定位置。 **（二）探究新知** **活动 1**　画出函数 $y=\dfrac{1}{2}x^2$ 的图象。 环节 1：分析准备——通过教师的追问，学生明确动手画函数图象前所要做的必要分析和准备，包括画图工具。 环节 2：小组合作——以小组为单位，交流探究作图过程，并展示纠错，以做示范。 环节 3：感知自查——教师用几何画板展示该函数图象，学生体会对应的意义，并完善所画图象。 环节 4：独立画图——每名学生独立画图，组内相互批改，教师巡视指导。 【设计意图】本课时活动设计了四个环节的任务，这是学生第一次依据函数关系式画图。环节 1，教师提出的问题层层递进，引发学生思考，并探索如何选取简单、有代表性、便于计算和描点的点，体会建立适当坐标系对作图的准确性和美观性的影响；环节 2，学生思维凌乱后，教师做出正确示范，使学生对正确的实践操作印象深刻，最大限度减少错误发生的可能；环节 3，教师借助几何画板工具来演示，让所取点不断增多，让学生通过变化直观感知，体会用平滑曲线连线的科学性和合理性，并加深对数与形的转化过程的理解；环节 4，培养学生独立思考能力和严谨认真的态度。该活动是重点突破环节，在本单元的教学中具有承上启下的重要作用，既考查学生对平面直角坐标系的深刻认识，又为学生在学习具体函数时画函数图象奠定了基础，教师教学时要给学生充分的探索空间，让学生对描点法理解透彻，抓住其本质，进而完成一次由数到形的思想上的突破和方法上的习得，力争突出重点、突破难点。

<table>
<tr><td rowspan="1">学习活动设计</td><td>

（三）练习巩固

活动 2　在所给的直角坐标系中画出函数 $y = \dfrac{1}{2}x$ 的图象（先填写表格，再描点、连线）。

环节 1：学生独立画图，教师巡视。

环节 2：展示错误案例，学生修改，引导学生找出错因。

环节 3：教师提问，引发学生思考，并归纳总结所发现的规律。

【设计意图】正确运用评价，让学生运用前面所获得的基本活动经验，解决新的数学问题。一是考查学生对描点法的掌握，落实基本知识与基本技能；二是让学生体会不同形式的函数解析式所对应的函数图象也有所不同，引导学生分析出不同的原因，进一步强化数形结合思想，积累探究数学的本质、认识世界以及分析和解决问题的基本活动经验。

（四）课堂小结

1. 画函数图象的方法、步骤。

2. 画函数图象需要注意哪些细节？

（五）课后作业

1. 画函数 $y = \dfrac{2}{x}$ 的图象。

2. 任意写出一个一次函数、反比例函数或二次函数的关系式，利用描点法画出函数图象。

【设计意图】巩固本节所学内容，为下节课所研究的函数图象做铺垫。

</td></tr>
</table>

第 2 章	函数的图象
课题	2.2 "画"函数的图象——从"数"到"形" 2.2.2 画特殊函数的图象
课时	1 课时

【课时目标】	【评价任务】
1. 根据已经掌握的描点法熟练画出已知函数的图象。体会"函数 y 随 x 的变化而变化"。通过分析函数关系式，体会一次函数的图象为直线。 2. 通过实践操作，感知函数关系式的形式不同时（反比例函数、二次函数），图象形状也有所不同。 3. 开展小组合作交流，培养学生积极与他人合作的能力，培养学生的团队意识。	A. 回答教师提出的以递进方式呈现的问题。 B. 思考并判断结论。 C. 尝试发现不同形式函数的图象间的区别，探索更便捷的确定函数图象的方法。 E. 通过实践，尝试发现规律，初步感知特殊函数图象的特点。 F. 开展小组合作活动，彼此合作、相互信赖、共同探索，体会团队的力量之大。

重点：熟练画出函数图象，体会不同形式的函数其图象形状也不同。

难点：通过实践发现并理解函数图象的形状与函数关系式之间的联系。

教学活动设计	
学习活动设计	**（一）创设情境** 1. 回顾画函数图象的方法及步骤。 2. 前一节课中所画的函数 $y=\frac{1}{2}x^2$ 与函数 $y=\frac{1}{2}x$、$y=\frac{2}{x}$ 的函数图象形状是否相同？ **（二）探究新知** **活动 1**　学生展示各组选定并画出的函数图象，对照总结，并说出所发现的某种函数图象所具有的特点。 **【设计意图】**让学生直观感知，提出猜想，激发学生为验证自己所提出的猜想而产生兴趣，以此调动学生探索规律的积极性。 **活动 2**　在学生提出某种猜想后，教师引导学生对猜想进行探究。 如：猜想一次函数的图象是一条直线。 Q1：如何验证猜想是否正确呢？ 全班同学共同画一次函数的图象，自选解析式，两人一组画同一函数的图象。 **【设计意图】**两人一组可以相互对照、纠错。而在上节课的基础上，学生已经会画函数图象了，这样全班合作可省大量时间和画图工作，便于快速发现规律，同时学生能够感受到合作的高效。 Q2：但即使有大量的实验结果，就足以说明一次函数的图象一定是直线吗？（不能，因为无法穷举。） **【设计意图】**引导学生通过在任意两点之间增加点的个数来观察这些点的排列情况，初步感知利用逐步逼近的方法探究一次函数的图象是一条直线。 Q3：如何能说明结论正确呢？需要运用逻辑推理。 开展小组讨论，找到可以说明的方式。 **【设计意图】**允许学生利用路程与速度、售价与销售量等实际问题进行解释，再逐渐引导其推理，可以用几何图形的性质去说明。学生自然要用到函数图象上点的坐标表示，以及横纵坐标的定义，让学生体会证明直线可通过证明三点共线来完成，使学生感受到数与代数和几何图形的一致性。 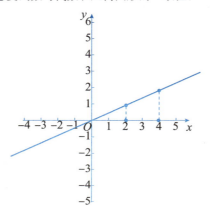

学习活动设计	最后，通过几何画板演示，使满足函数关系式的点逐渐增多，学生发现当点的坐标满足函数关系式时，这些点都落在同一条直线上，这样就进一步确定了一次函数图象是一条直线。由此引导学生利用两点即可确定一条直线，自然过渡到通过描点法画一次函数图象，只需两点即可。 **活动3**　按照活动1的探究思路和方法，尝试探究二次函数的图象形状。 **【设计意图】**给学生思考和分析的时间与空间，允许学生讨论交流。在活动1中获得的基本活动经验可以直接迁移到对二次函数的探索中，这是从"学会结构"到"运用结构"的一次尝试。在此过程中，教师应给予指导，以培养学生的数学思考和迁移能力。 **（三）练习巩固** 根据上节课所画的反比例函数的图象及本节课对一次函数图象的探究过程，学生以小组为单位，尝试画图，并观察反比例函数图象的形状，展开想象及描述其大体走势。 **（四）课堂小结** 针对学生对本节课的知识、研究方法、获得的经验的总结，教师给予评价总结。

第3章是大单元教学设计的重点章，既包含前两章所做的知识储备在该章的应用与升华，又包含该章内容从一种"学会结构"到两种"运用结构"的迁移；同时在对各个函数的研究过程中，教师引导学生按照一种螺旋上升的方式去展开对数学知识的探索和认知。三种具体函数之间虽然研究对象不同，但研究的方法却一致，这符合学生基本思维能力发展的要求，也为高中函数的学习奠定了基础。第3章"函数的图象和性质"教学方案见表4。

表4　第3章"函数的图象和性质"教学方案

第3章	函数的图象和性质
课题	3.1 一次函数的图象和性质 3.1.1 正比例函数的图象和性质
课时	2课时

【课时目标】	**【评价任务】**
1. 根据对一次函数图象形状的探究，熟练画出一次函数所对应的直线。 2. 体会研究一次函数要从正比例函数开始的原因，感受从特殊到一般的研究方法。 3. 体会探索常数 k 的值对直线位置的影响的方法，及运用这种方法的原因。 4. 开展小组合作交流，培养学生积极与他人合作的能力，培养学生的团队意识。	A. 回答教师提出的以递进方式呈现的问题。 B. 思考并判断结论。 C. 熟练运用学习过的方法快速画出函数图象。 E. 通过实践，尝试发现规律，初步感知特殊函数图象的特点。 F. 开展小组合作活动，彼此合作、相互信赖、共同探索，体会团队的力量之大。

重点：体会探索常数 k 的值对直线位置的影响的方法。

难点：体会运用从特殊到一般的研究方法探索常量 k 对直线位置的影响的合理性和优越性；了解函数中自变量 x 的变化与常数 k 的变化在本质上的差别。

教学活动设计

学习活动设计

(一) 创设情境

复习回顾：

Q1：什么是一次函数？

Q2：一次函数有怎样的性质？

Q3：为了将一次函数的性质研究得更为清楚、更有条理，我们应该从怎样的函数开始研究呢？（体会从简单到复杂的过程）

Q4：你认为一次函数中最简单的是哪种函数？

Q5：正比例函数有怎样的性质？

Q6：你打算从哪里入手来研究正比例函数的性质？

【设计意图】 以层层设问的方式引导学生，使之认识到要系统研究正比例函数就需要从简单处着手，因此本节课的目标是学习正比例函数及其图象；而要研究正比例函数的性质，就要抓住关系式中的唯一可变常数 k，它是影响其图象的唯一因素。

(二) 探究新知

活动 探索 k 对正比例函数图象的影响。

环节 1：作图——画出正比例函数 $y=2x$ 的图象。

通过前面对函数图象的研究，学生已经清楚该函数图象是直线，并能准确、快速画出。

环节 2：常数 k 取怎样的值，才便于研究它对函数图象和性质的影响。

学生通过讨论研究，k 取正负数的不同，k 的取值大小变化的不同，k 取互为相反数的两个数时，函数图象间有怎样的关系。

【设计意图】 在探索解决问题的过程中，教师通过自主探究、小组合作、课堂展示等环节，引导学生感受正比例函数的图象是一条过原点的直线，注重探究过程，关注知识的发生与发展过程。

环节 3：通过几何画板的演示，验证学生发现的规律。

1. 小组研究成果汇报：函数 $y=kx$（$k=-3$，-2，-1，1，2，3，…）

k 值的正负对函数图象的影响：

当 $k>0$ 时，图象过一、三象限；

当 $k<0$ 时，图象过二、四象限。

2. 教师引导学生利用坐标变换进行图象变换。

引导学生取点时注意 $(0，0)$ 与 $(1，k)$ 点所在的位置，体会直线倾斜程度与常数 k 之间的联系。

k 值的大小对函数图象的影响：当 $|k|$ 越大时，函数图象越陡，越靠近 y 轴。

3. k 取互为相反数的两个数时，函数图象关于 y 轴对称。

【设计意图】这里通过对函数图象的比较，利用点的坐标变换，观察函数图象的变换，让学生直观体会直线 $y=kx$ 中的 k 对函数图象的影响，为探索其他函数图象的研究方法做铺垫。

（三）练习巩固

小明的父母出去散步，从家走了 20 分钟到达一个离家 900 米的报亭，母亲随即按原速返回。父亲在报亭看了 10 分钟报纸后，用 15 分钟返回家。下面的图形中哪一个表示父亲离家后的时间与距离之间的关系？哪一个图形表示母亲的行走过程？

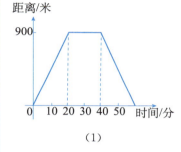
（1）

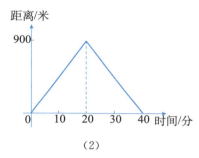
（2）

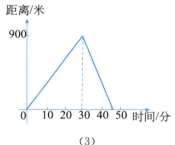
（3）

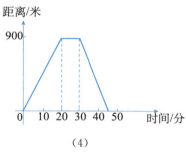
（4）

Q1：哪部分是正比例函数图象，哪部分是一次函数图象？

Q2：说出正确的函数图象中各特殊点的意义？

Q3：若设纵轴表示速度，则函数图象的形状是否发生改变？

【设计意图】选取《课程标准》中的例题，让学生将所探索的知识再应用到生活实际中，并借助题干为背景，追问变式问题，使学生进一步理解函数图象的实际价值和作用。

（四）课堂小结

学生说出收获，教师适当引导并归纳出数学知识、数学思想方法。

学习活动设计		
第 3 章	函数的图象和性质
课题	3.1 一次函数的图象和性质 3.1.2 一次函数的图象和性质
课时	2 课时

【课时目标】	【评价任务】
1. 根据对一次函数图象形状的探究，熟练画出一次函数所对应的直线。	A. 回答教师提出的以递进方式呈现的问题。
2. 体会研究一次函数从特殊到一般的研究方法。	B. 思考并判断结论。
3. 体会探索常数 k 与 b 的值对直线位置的影响的方法，及运用这种方法的原因。	D. 熟练运用学习过的方法快速画出函数图象。
4. 开展小组合作交流，培养学生积极与他人合作的能力，培养学生的团队意识。	E. 通过实践，尝试发现规律，初步感知特殊函数图象的特点。
	F. 开展小组合作活动，彼此合作、相互信赖、共同完成探索，体会团队的力量之大。

重点：掌握常数 k 与 b 的值对直线位置的影响。

难点：体会探索常数 k 与 b 的值对直线位置的影响的方法。

教学活动设计

学习活动设计	**（一）创设情境** **复习回顾：** 1. 正比例函数中常数 k 对直线位置的影响是什么？ 2. 正比例函数的性质有哪些？我们是怎么研究的？ **（二）探究新知** **活动 1** 探索一次函数的图象及其画法。 作图：画出一次函数 $y=2x-3$ 的图象。 环节 1：用你习惯的方法画出函数图象，并相互交流。 环节 2：函数 $y=2x-3$ 与 $y=2x$ 的图象有什么区别与联系。 发现当 k 值相同时，它们的图象平行。给学生充分的时间思考，鼓励说出更多方法。 **【设计意图】** 在探索解决问题的过程中，教师通过自主探究、小组合作、课堂展示等环节，引导学生感受两个函数之间的联系，注重一次函数图象的探究过程，关注知识的发生与发展过程。 **活动 2** 探索 k 与 b 的值对函数图象的影响。 环节 1：自主探究——画出函数图象。 环节 2：小组合作——以小组为单位，交流探究作图过程。 环节 3：课堂展示——选择有代表性的小组进行汇报。 环节 4：教师引导学生利用图象变换方式进行作图。 **做一做**：在同一直角坐标系中画出下列一次函数图象，比较每一对一次函数图象有什么共同点和不同点。 （1）$y=3x$ 与 $y=3x+2$ （2）$y=\dfrac{1}{2}x$ 与 $y=\dfrac{1}{2}x+2$ （3）$y=3x+2$ 与 $y=\dfrac{1}{2}x+2$

学习活动设计	结合各小组学生的实际情况选择两对进行探究，从中发现规律，即直线 $y=kx+b$（k、b 是常数，$k\neq0$）中常数 k 和 b 的取值对于直线位置的影响。 1. 小组研究成果汇报： k 值不变对函数图象的影响，b 值不变对函数图象的影响： （1）当两个一次函数的一般形式中的 k 值相同时，它们的图象平行； （2）当两个一次函数的一般形式中的 b 值相同时，它们的图象相交于 y 轴上的一点（0，b）。 2. 教师引导学生利用坐标变换进行图象变换。 **做一做：**在同一直角坐标系中画出下列一次函数图象，比较 k、b 的正负对函数图象位置的影响。 （1）$y=3x+2$　（2）$y=-3x+2$　（3）$y=\frac{1}{2}x-2$　（4）$y=-\frac{1}{2}x-2$ 1. 小组研究成果汇报： k、b 的正负对于函数图象位置的影响： 当 $k>0$、$b>0$ 时，图象过一、二、三象限； 当 $k>0$、$b<0$ 时，图象过一、三、四象限； 当 $k<0$、$b>0$ 时，图象过一、二、四象限； 当 $k<0$、$b<0$ 时，图象过二、三、四象限。 2. 教师引导学生利用坐标变换进行图象变换。 **做一做：**在同一直角坐标系中画出下列一次函数图象，比较 k 值的大小对函数图象的影响。 （1）$y=x$　（2）$y=3x$　（3）$y=-2x$　（4）$y=-4x$ 1. 小组研究成果汇报： k 值的大小对函数图象的影响：当 $\|k\|$ 越大时，函数图象越陡，越靠近 y 轴。 2. 教师引导学生利用坐标变换进行图象变换。 **【设计意图】**这里通过对函数图象的比较，利用点的坐标变换，观察函数图象的变换，让学生直观地体会直线 $y=kx+b$ 中的 k 和 b 的值对函数图象的影响，为探索其他函数图象的研究方法做铺垫。 **（三）练习巩固** 问题呈现：已知汽车距北京的路程 s（千米）与汽车在高速公路上行驶的时间 t（时）之间的函数关系式是 $s=570-95t$，试画出这个函数的图象。 环节 1：自主探究——画出函数图象。 环节 2：小组合作——以小组为单位，交流探究作图过程。 环节 3：课堂展示——选择有代表性的小组进行汇报。 1. 小组研究成果汇报。 对于自变量取值范围不同的一次函数图象，可以是射线或者离散的点。 2. 理解函数图象上点坐标的实际意义。 **【设计意图】**让学生体会函数图象与数学实际问题之间的联系。 **（四）课堂小结** 学生说出收获，教师适当引导并归纳出数学知识、数学思想方法。

第 3 章	函数的图象和性质
课题	3.2 二次函数的图象和性质 3.2.1 二次函数 $y = a(x-h)^2 + k$ 的图象和性质
课时	3 课时

【课时目标】

1. 根据对一次函数图象形状的探究，分析二次函数的探究过程。

2. 体会研究二次函数从特殊到一般的研究方法，即 $y = ax^2 \rightarrow y = ax^2 + k$ 与 $y = a(x-h)^2 \rightarrow y = a(x-h)^2 + k$。

3. 体会探索常数 a、h、k 的值对曲线位置的影响的方法。

4. 开展小组合作交流，培养学生积极与他人合作的能力，培养学生的团队意识。

【评价任务】

A. 回答教师提出的以递进方式呈现的问题。

B. 思考并判断结论。

D. 熟练运用学习过的方法快速画出函数图象。

E. 通过实践，尝试发现规律，总结出二次函数图象的特点。

F. 开展小组合作活动，彼此合作、相互信赖、共同完成探索，体会团队的力量之大。

重点：掌握二次函数顶点式中常数 a、h、k 的值对曲线位置的影响。

难点：体会将探索一次函数的方法迁移到对二次函数的探索中。

教学活动设计

学习活动设计	**（一）创设情境** **活动 1** 类比一次函数研究二次函数的图象和性质。 前面学习了一次函数和反比例函数图象的研究过程，引入我们仿照前面研究函数的方法来研究二次函数，先从最特殊的形式即 $y = ax^2$ 入手。因此要讨论二次函数 $y = ax^2$ 的图象。 **【设计意图】**回顾一次函数图象与反比例函数图象的研究过程，启发学生得到研究二次函数的方法；了解、体会研究函数图象的通法。 **（二）探究新知** 引导学生从最简单的函数 $y = x^2$ 开始研究。 **活动 2** 画出函数 $y = x^2$ 的图象。环节 1：分析准备——通过对函数图象研究方法的引导，学生明确动手画函数图象前所要做的必要分析和准备，包括画图工具，并选定较合适的作图数据。 环节 2：小组合作——以小组为单位，交流探究作图过程，并展示纠错，以作示范。 环节 3：感知自查——教师用几何画板展示该函数图象，学生体会对应的意义，并完善所画图象。

环节 4：独立画图——每名学生独立画图，组内相互批改，教师巡视指导。小组分工继续画函数 $y=-x^2$、$y=-2x^2$、$y=2x^2$、$y=\frac{1}{2}x^2$、$y=-\frac{1}{2}x^2$ 的函数图象。

【设计意图】用描点法画出函数图象，掌握研究二次函数图象的过程，并探究有关二次项系数的不同对函数图象的影响，从变换角度体会数形结合的过程。

活动 3　继续探索，绘制较复杂的二次函数图象。

（1）画出二次函数 $y=x^2$ 与二次函数 $y=(x-2)^2$ 的图象，并对其关系做出判断。

（2）画出二次函数 $y=x^2$ 与二次函数 $y=x^2+3$ 的图象，并对其关系做出判断。

【设计意图】小组分工设计，画出相关函数图象，体会图象之间的变换过程，努力进一步形成探索函数图象的通用方法。

活动 4　继续探索，发现一般规律。

画出二次函数 $y=ax^2$ 与 $y=a(x-h)^2+k$ 的图象，体会两者之间的动态变化过程。

【设计意图】小组分工设计，画出相关函数图象，体会图象之间的变换过程，进一步形成稳固的探索函数图象的通法。将二次函数图象的顶点研究过程梳理成体系。

（三）练习巩固

例 1. 已知函数 $y=x^2$，如果将原来的函数图象按照如下方式进行变换，会得到哪些函数？

（1）向左平移 3 个单位　　（2）向上平移 4 个单位

例 2. 已知函数 $y=x^2$，请问以下函数与原来函数图象的关系。

（1）$y=(x+4)^2$　　（2）$y=x^2+4$　　（3）$y=x^2+4x$

【设计意图】加强学生对二次函数探索过程的感悟，体会图形变换过程。

（四）课堂小结

学生说出收获，教师适当引导并归纳出数学知识、数学思想方法。

【设计意图】形成归纳总结的能力，将所学知识形成大单元式的知识体系。

第 3 章	函数的图象和性质
课题	3.2 二次函数的图象和性质 3.2.2 二次函数 $y=ax^2+bx+c$ 的图象和性质
课时	1 课时

【课时目标】	【评价任务】
1. 根据对一次函数图象形状的探究，分析二次函数的探究过程。	A. 回答教师提出的以递进方式呈现的问题。
2. 体会研究二次函数一般式的方法：将 $y=ax^2+bx+c$ 转化为 $y=a(x-h)^2+k$。	B. 思考并判断结论。 D. 熟练运用学习过的方法快速画出函数图象。
3. 掌握一般式中的对称轴及顶点坐标的求法。	E. 通过实践，尝试发现规律，总结出二次函数图象的特点。
4. 体会探索常数 a、b、c 的值对曲线位置的影响的方法。	F. 开展小组合作活动，彼此合作、相互信赖、共同完成探索，体会团队的力量之大。
5. 开展小组合作交流，培养学生积极与他人合作的能力，培养学生的团队意识。	

重点：掌握二次函数一般式中常数 a、b、c 的值对曲线位置的影响。

难点：体会数学中的转化思想，学会化繁为简、化未知为已知的解决问题的方法。

教学活动设计

学习活动设计

（一）创设情境

多媒体演示：引入桥梁的两根钢缆的实物情景，若告诉大家桥梁的两根钢缆具有相同的抛物线形状，其表达式为 $y=0.0225x^2-0.9x+10$，你能求出钢缆的最低点到桥面的距离吗？（只谈思路，不谈计算），从而引出新课。

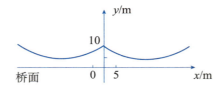

【设计意图】 从生活实际入手通过导入桥梁钢缆的抛物线形状的实际问题，激发学生的学习兴趣和探究新知的欲望，引导学生进一步了解和认识抛物线。

（二）探究新知

（1）画出二次函数 $y=\dfrac{1}{2}x^2-6x+21$ 的图象，说出图象的开口方向、顶点坐标和对称轴。

（2）你能把 $y=\dfrac{1}{2}x^2-6x+21$ 转化成 $y=a(x-h)^2+k$ 的形式吗？由 $y=a(x-h)^2+k$ 来确定这条抛物线的开口方向、顶点坐标和对称轴是不是更简单呢？

$$y=\frac{1}{2}x^2-6x+21$$

解 $=\dfrac{1}{2}(\underline{\quad\quad})+21=\dfrac{1}{2}(\underline{\quad\quad\quad})+21=\dfrac{1}{2}(\underline{\quad\quad})^2+3$

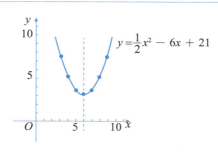

【设计意图】 通过问题引发学生独立思考，进行小组研讨交流，形成共识，找到最有效的方法是将二次函数的一般式转化成顶点式。教师指出这种求抛物线顶点坐标的方法叫作配方法，并指出其与用配方法解一元二次方程的异同点。

（3）用配方法求抛物线 $y=ax^2+bx+c$（$a\neq0$）的顶点与对称轴。

【设计意图】 这是本模块的难点也是重点，二次函数中没有一个系数是具体数字，由师生合作完成二次函数从一般式到顶点式的转化。

$$y=ax^2+bx+c=a\left(x^2+\frac{b}{a}x+\frac{c}{a}\right)$$

$$=a\left[x^2+\frac{b}{a}x+\left(\frac{b}{2a}\right)^2-\left(\frac{b}{2a}\right)^2+\frac{c}{a}\right]$$

$$=a\left[\left(x+\frac{b}{2a}\right)^2+\frac{4ac-b^2}{4a^2}\right]=a\left(x+\frac{b}{2a}\right)^2+\frac{4ac-b^2}{4a}$$

所以抛物线 $y=ax^2+bx+c$ 的顶点坐标是 $\left(-\frac{b}{2a},\ \frac{4ac-b^2}{4a}\right)$，对称轴是直线 $x=-\frac{b}{2a}$

（三）练习巩固

（1）利用公式将 $y=-\frac{1}{2}x^2+x-\frac{5}{2}$ 转化成顶点式，并画出图象。

（2）学生独立操作，教师进行修改，引导学生找出错因。

（3）教师通过提问，引发学生思考，并归纳总结所发现的规律。

【设计意图】 让学生运用前面所获得的基本活动经验，解决新的数学问题。一是考查学生对描点法的掌握，落实基本知识与基本技能；二是让学生体会不同形式的函数解析式所对应的函数图象也有所不同，引导学生分析不同的原因，进一步强化数形结合思想，积累探究数学的本质、认识世界以及分析和解决问题的基本活动经验。

（四）课堂小结

学生谈收获和疑惑。

【设计意图】 学生养成自主归纳课堂重点的习惯，提高学生的学习能力。

学习活动设计

第 3 章	函数的图象和性质
课题	3.3 反比例函数的图象和性质 3.3.1 反比例函数的图象和性质 3.3.2 常数 k 对反比例函数的图象的影响
课时	2 课时

【课时目标】	【评价任务】
1. 根据对一次函数图象形状的探究，分析反比例函数的探究过程。 2. 熟练运用研究反比例函数中常数 k 对图象的影响的方法。 3. 掌握双曲线的图象和性质。 4. 开展小组合作交流，培养学生积极与他人合作的能力，培养学生的团队意识。 5. 感受数学知识的迁移能力，将习得的方法进行应用，为高中的函数学习奠定基础。	A. 回答教师提出的以递进方式呈现的问题。 B. 思考并判断结论。 D. 熟练运用学习过的方法快速画出反比例函数的图象。 E. 通过实践，尝试发现规律，总结出函数图象的特点。 F. 开展小组合作活动，彼此合作、相互信赖、共同完成探索，体会团队的力量之大。

重点：掌握 k 的值对双曲线位置的影响。

难点：体会将探索一次函数的方法迁移到反比例函数的探索中。

	教学活动设计
学习活动设计	**（一）创设情境** **复习回顾：** 1. 在第 2 章学习画函数图象时，函数 $y = \dfrac{6}{x}$ 的图象的形状如何。 2. 探究一次函数与二次函数时，从几个维度去分析函数图象的性质（某一个具体的函数的图象与性质、常数对函数图象的影响、不同函数间的变换关系）。 3. 你计划如何开展对反比例函数的图象和性质的研究。 **（二）探究新知** 有了前面的积累和铺垫，学生将会很轻松地说出研究反比例函数的具体方案。 **活动 1**　学生开展小组合作，制订对反比例函数的图象和性质的探究方案。 **活动 2**　根据本组制订的探究方案展开探究，并总结出反比例函数图象的性质。可以适当引导学生做出如下设计，更鼓励学生自己设计出恰当的方案。对于教学活动中学生出现的漏洞和问题，教师应抓住契机，做出适当引导，但要给学生充分的时间经历感知和实践的过程。 环节 1：结合图形探索性质。 画反比例函数 $y = -\dfrac{6}{x}$ 的图象。 Q1：函数 $y = -\dfrac{6}{x}$ 的图象分布在哪两个象限？

Q2：反比例函数分布在哪两个象限由什么决定？

Q3：小组讨论，总结反比例函数的变化规律。

环节 2：感受图形的变换。

在同一平面直角坐标系中比较函数 $y=\dfrac{6}{x}$ 的图象和函数 $y=-\dfrac{6}{x}$ 的图象，得出它们是关于 x 轴和 y 轴对称的。

在同一平面直角坐标系中比较函数 $y=\dfrac{6}{x}$ 的图象和函数 $y=\dfrac{12}{x}$ 的图象，得出 k 的绝对值越大，图象离原点越远。

环节 3：探究 k 的几何意义。

已知点 P 是反比例函数 $y=\dfrac{6}{x}$ 图象上的任意一点，过 P 点分别向 x 轴、y 轴作垂线，垂足分别为 M、N，那么四边形 $OMPN$ 的面积是多少？$\triangle OMP$ 的面积是多少？

（三）练习巩固

（1）点（-2，y_1）、点（-1，y_2）、点（1，y_3）都在反比例函数 $y=-\dfrac{4}{x}$ 的图象上，比较 y_1、y_2、y_3 的大小。

思考：比较 y_1、y_2、y_3 的大小有哪些方法？（代入法、图象法、增减性法）

（2）下图是一次函数 $y_1=kx+b$ 和反比例函数 $y_2=\dfrac{6}{x}$ 的图象，观察图象写出当 $y_1>y_2$ 时，x 的取值范围。

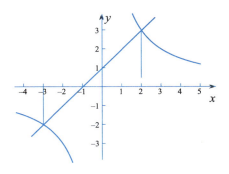

【设计意图】体会数形结合思想，体现数学的应用价值。

（四）课堂小结

学生说出收获，教师适当引导并归纳出数学知识、数学思想方法。

> （左侧竖排文字）学习活动设计

五、教学特色分析

本方案主要针对其中的一个关键部分，即"画出函数图象→归纳出函数性质并总结出一般规律"来设计，因此在设计以上所示有关函数图象的知识结构图中，做到了详略不同，比如不将实际应用、跨学科整合等作为本教学设计方案拟探索的内容和拟落实的素养目标。

本大单元的设计宗旨在于通过课程内容的整合，促进学生穿过学习理解凌乱区，从低锚点到达高锚点，完成对同一概念在不同阶段的进阶。在单元目标的设定上，要完成的任务主要有以下几点（见表5）。

表5　单元目标任务

	单元任务
学什么	《课程标准》与华师版教材中对函数的图象在知识与技能层面所做出的要求
怎么学	通过有效参与教学活动体会函数研究的一般方法； 通过在"学会结构"阶段的学习，掌握在"运用结构"阶段要做什么； 通过对数学本质的挖掘深刻认识核心大概念。
学会什么	具有迁移能力； 树立严谨求实、勤于思考的精神； 体会数学的应用价值； 培养创新意识。

通过设定教学目标，利用大概念下的单元整体教学设计方案，结合有效的教学评价，将使学生真正对函数的图象这一核心大概念有更为深刻的理解和认知，使知识结构化、网络化，同时也使教师的教学不仅有"长度"，更有"深度"。

当然，也要加以说明的是，本大单元设计虽然将"函数的图象"作为核心大概念，但其实质是在"函数"这一更高阶的大概念下设计的，因此相关知识需要另行设计并以其他大单元教学方案为基础展开，这里默认学生已经有了知识储备。由于多方面原因，本大单元设计将在后续学习中加以完善。

六、学习效果评价及作业设计

（一）学习评价

依据《深化新时代教育评价改革总体方案》，教学评价是教学活动的有机组成部分，是学习目标实现的有效呈现方式，在教学设计中起到重要作用。本设计的评价机制以过程性评价为主（见表6），是多主体参与下的多元评价方法，以实现"以评促学、以评促教"，从而保证教学目标的有效实现，发挥评价的育人导向功能，推进核心素养导向的教学改革。

威金斯在《追求理解的教学设计》中说，最好的设计应该是"以终为始"，即从学习结果开始的逆向思考。在考虑如何开展教与学活动之前，先要努力思考学习要达到的目的，由此设置相应的评价任务，以此作为依据来表明学习达到了目的。

表 6　"函数的图象"的单元目标及评价任务

学会迁移		
能够根据给出的具体函数关系式，利用描点法画出不同函数的图象，并会用从特殊到一般的方法研究常数对函数的影响，能通过函数图象读出函数的性质等相关信息。能够在培养数学思维的同时与他人建立良好的关系。		
理解意义（大概念）	掌握知能	评价任务
体会"数"与"形"的统一	理解数轴上的点与实数的一一对应关系，平面上的点与有序实数对的一一对应关系；初步认识数与形对应关系中的数学本质。探究点在平面直角坐标系中的变换规律。	A. 回答教师提出的以递进方式呈现的问题。 B. 读出数轴上的点及将数表示在数轴上。 C. 模仿用研究数轴的方法去表达平面直角坐标系中点的变换规律。
体会函数是变化规律的表示，学习"数"与"形"转化的方法	结合实例，了解函数图象的实际意义，能结合图象对简单的实际问题进行分析，经历从"形"到"数"的认识过程；在解决实际问题的过程中，进一步体会和认识函数图象是刻画现实世界中数量关系的一种数学模型，培养学生的数学抽象思维，增强学生的数学应用意识，提高实践能力。会用描点法画简单的函数图象，认识一次函数、二次函数、反比例函数的函数图象的形状，经历"数"与"形"的转化过程，体会数学模型中的思想。	B. 读取函数图象中的信息。 C. 结合具体情境说出函数图象变化的实际含义。 D. 取适当的点的坐标画出相对准确的、美观的图象。
学习"数"与"形"的进一步转化	经历对一次函数图象、反比例函数图象、二次函数图象的观察和探索过程，运用从特殊到一般的研究函数的方法进行类比与归纳，进一步体会函数图象是研究函数的重要方法，体会数形结合的思想方法。	D. 画出具体的函数图象。 E. 根据图象的形状和位置总结归纳函数的性质，并与全班同学展示交流。

实现数学思考与问题解决方面的进阶	构建学生数学学习的整体性思想，培养从"学会结构"到"运用结构"的类比迁移能力，使学生从图形变换的角度初步掌握函数图象的研究方法，学会用数学的眼光看世界。	D. 画出反比例函数和二次函数的图象。 E. 用数学方法归纳，并说出研究函数图象的一般方法。 F. 以小组方式交流合作，展示所总结出的画函数图象的规律。
实现能力、品格、观念方面的进阶	学生通过小组合作的课堂活动，体验图象的生成过程，培养积极与他人合作的能力，在互相交流中，进行自我反思与评价。培养迁移能力；树立严谨求实、勤于思考的精神；体会数学的应用价值；培养创新意识。	F. 开展小组合作活动，相互交流方法经验，彼此提出意见，完善学习成果。

在以上表格中，各字母分别对应学生的学习任务关键词及对教师在教学活动中提出的具体要求。具体说明如下：

A：回答问题——教师语言准确，指令明确具体，具有可操作性；

B：读取信息——教师给出问题，引导学生从预设的角度思考问题；

C：语言表述——充分给学生表达机会，教师做适当引导，明确后要求学生正确表述以加深理解记忆过程；

D：画图操作——教师要让学生有实践操作的时间和空间，允许学生画错，鼓励通过亲身体验来获取直接经验；

E：归纳总结——教师利用取特殊值等方法，从低起点为学生搭建台阶，帮学生逐步发现数学规律；

F：交流合作——小组交流要不流于形式，组长组织讨论、安排分工，确保组内全员参与；要安排相应的反馈，确保活动的有效性。

通过以上呈现的评价任务和对教师在教学活动中提出的具体要求，确保学生在明确学习任务的基础上完成学习任务；另外，在活动后对学习进行反馈和指导，也能确保大单元教学目标的有效达成。

以上过程性评价确保了学生在学习过程中有效的学习投入的增加；而在教学实施中，教师利用测试和评价量表等方式适当开展结果性评价，能确保学生在学习过程中，呈现从点状学习向网状学习的发展趋势。以下是小组探究活动的个人评价表（见表7）和团队评价表（见表8）（可根据具体探究活动做出适当修改）。

表7　个人评价表

个人	有待提高	达标	优秀
承担责任	1. 我会做一些组内任务，但需要别人提醒才能完成。 2. 我能按时完成一些组内任务。 3. 我有时忘记提前查阅好资料。	1. 我能够按时完成组内任务。 2. 组内讨论前，我会及时查阅相关资料。	1. 我能出色地按时完成组内任务。 2. 组内讨论前，我积极查阅相关资料，并考虑到整个项目。 3. 我能利用别人的反馈及时进行改进。
协助团队	1. 多数时间我能够积极融入团队合作，但不能为组内做出贡献。 2. 我不太能表达个人的见解。 3. 我提出的反馈对组内其他成员没有很大的帮助。	1. 我积极融入团队合作。 2. 我能表达个人见解。 3. 我提出的反馈多数时间对其他成员有帮助。	1. 我积极融入团队合作，并管理一些冲突。 2. 我清晰地表达个人见解，并对别人提出的问题可以准确地回答。 3. 如果其他组员需要帮助，我总是可以主动帮助他们。
尊重他人	1. 我有时候会打断别人的发言。 2. 我偶尔会尊重他人的想法。	1. 我尊重别人的想法。 2. 我对组内成员很友善、随和。	1. 我对组内成员友善，并主动帮助他们。 2. 如果想法不统一，我会婉转告诉他。

表8　团队评价表

团队	有待提高	达标	优秀
探究过程	1. 未完成小组合作活动的探究。 2. 未能完整体验探究活动的过程。	1. 完成小组合作活动的探究，体验了整个探究活动过程。 2. 能多角度地设计合适的方案，有一些合理的想法。	1. 在探究过程中能采取合适的研究方法和呈现方式。 2. 设计的方案综合考虑了多种因素，也能有所侧重，有主次区分。
参与态度	对探究活动的内容没兴趣，不愿意参加，没能完成团队任务。	比较认真地参加，通过团队合作能够完成小组合作活动的探究。	团队分工合作，全程认真参与，积极思考，勇于克服困难。
研究成果	未能完成设计小组合作活动所探究的任务。	完成了小组合作活动的探究，并能汇报团队的设计方案。	能认真做好小组合作的所有探究活动，并能汇报团队的设计方案，归纳出小组合作探究的结论，通过探究活动能够有所收获。

对于每个课时的教学都相应地展开过程性评价和结果性评价，过程性评价包括"个人评价表""团队评价表"以及类似以下表格（见表 9、表 10）等教学活动评价表，而结果性评价要求教师根据授课对象的具体情况设计合理的测试卷，开展教学效果评价，及时反馈学生的学习情况，从而有利于教师有针对性地提高课堂教学效率。

表 9　活动一 回答问题评价量表

标　准	自我评价	教师评价	家长评价
回答准确			
表述清楚			
找到方法			

表 10　活动三 小组探究活动评价量表

标　准	学生评价	老师评价	自我评价
提出问题			
参与率			
总结规律			

（二）作业设计

文本分层作业：

题一：选择（选择正确的图形：数轴、平面直角坐标系、某具体函数的图象）。

题二：画图（利用数轴、平面直角坐标系、描点法，画出某具体函数的图象）。

题三：读图（给出相应的函数图象，学生尽可能多地读取信息）。

题四：操作（结合相关知识考查综合能力，拓展延伸考查与创新思维能力）。

综合实践作业：

寻找生活中关于所学知识的应用，作为下一节课课前三分钟的展示内容（提示学生可从该知识的应用原理、与其他学科的融合点、相较于不用该知识而凸显的优势、存在的问题、评价、改进的建议等方面进行阐述）。

探究创新作业：

1. 各小组为同学出一套所学知识测试题，组间互评（对题型、题量不做具体限制，根据学生经验和能力积累逐渐完善）。

2. 各小组合作，尝试应用本节课知识制作相关的教具或学具，方便知识探索（根据所学知识，在完成时间上可做出适当调整）。

根据不同的目标与功能，可以选择不同的设计思路、作业取材、作业主体及形式。此设计综合了文本作业评价、实践类作业评价、探究作业评价、课堂评价、作业展示等多种评价办法从而设计出了整体统一的作业模式。教师可依据实际情况做出符合学情的作业设计，文本作业在实现学生学习进阶的同时体现了作业的分层功能；实践作业能使学生发现生活中的数学，激发兴趣，引发思考，培养学生综合实践能力；探究作业则能更进一步地培养学生的合作精神、创新能力与人文素养，促进核心素养的落实。

七、专家点评

对过程性评价的本质作用认识清晰，对课堂评价做了有益探索与尝试。

高中生物 "面包中的 '卡路里'"

一、知识背景、指导思想与理论依据

近年来，我国在进行的新一轮高中课程改革中将核心素养置于课程标准的基础地位。2018 年我国颁布的《普通高中生物学课程标准》（2017 年版）（简称《课标》（2017 版））指出，高中阶段学生需要通过学习发展的生物学核心素养包括：生命观念、科学思维、科学态度和社会责任。在此基础上，中学生物学课程的设计实质上要将发展学生核心素养的任务作为提炼生物学大概念的出发点和落脚点。《课标》（2017 版）中列举了高中阶段生物必修课程的四个大概念，分别是："细胞是生物体结构与生命活动的基本单位""细胞的生存需要能量和营养物质，并通过分裂实现增值""遗传信息控制生物性状，并代代相传""生物的多样性和适应性是进化的结果"。本单元的教学设计是依托必修一中的第二个大概念——细胞的生存需要能量和营养物质，并通过分裂实现增值展开的。

《课标》（2017 版）指出，生物学科核心素养是学生在生物学课程学习过程中逐渐发展起来的，是在解决真实情境中的实际问题时所表现出来的价值观念、必备品格和关键能力，是学生知识、能力与价值观的综合体现。真实情境是帮助学生由"已知"走向"未知"的桥梁，是让学生将知识转化为能力和素养的桥梁，因而在选择情境时应充分考量其价值，以引导学生实现在单元中的深度学习。情境的设置应凸显其作为学习主线的作用，通过串联知识内容引领学生逐渐形成知识网络。同时，情境中内容的可迁移性能够更好地引导学生运用课内所学知识解释生活中的现象，进而尝试解决实际生活中的问题，提升核心素养。本单元在设计上选取了"面包中的 '卡路里'"这一大情境，包含从小麦的种植到面包的制作完成，层层深入，进而串联，回应了《课标》（2017 版）对高中生必修阶段所需能力的培养要求，也融合了对学生学情的分析。

二、教学目标的设定

在初中阶段，学生已接触过相关内容，如呼吸作用和光合作用的大致过程等。在本单元的学习之前，学生已经学习并掌握"细胞是生物体结构与生命活动的基本单位"这一大概念，初步认识了物质与能量观、结构与功能观。本单元作为"细胞的生存需要能量和营养物质，并通过分裂实现增值"这一大概念的基础起到承上启下的作用。因而，本单元的设计将以此为生长点进而规划和构建学生的知识结构和核心素养。

要想运用单元教学设计来培养和发展学生的生物学学科核心素养，首先就必须梳理单元知识内容与所潜含素养的关联性，明确本单元知识内容与生物学学科核心素养之间的联系。《课标》（2017 版）针对"细胞的功能绝大多数基于化学反应，这些反应发生在细胞的特定区域"这一重要概念中的内容，明确提出了学生学完该内容后应掌握的具体内容，并通过教学提示的形式给出了教学时的具体教学策略，同时还从学科核心素养的角度指出这部分内容的学业要求，具体如表 1 所示。

表 1　《课标》（2017 版）对本单元课程内容的要求

内容要求	教学提示	学业要求
1. 说明绝大多数酶是一类能催化生化反应的蛋白质，少数酶是 RNA，酶活性受到环境因素（如 pH 和温度等）的影响。 2. 解释 ATP 是驱动细胞生命活动的直接能源物质。 3. 说明生物通过细胞呼吸将储存在有机分子中的能量转化为生命活动可以利用的能量。 4. 说明植物细胞的叶绿体从太阳光中捕获能量，并将其转化为细胞可利用的化学能储存在有机分子中。	在本模块的教学中，教师要组织好观察、实验等探究性学习活动，帮助学生增强感性认识，克服对微观结构认识的困难，使学生领悟科学研究的方法并习得相关的操作技能。结合生物个体的知识水平、化学和物理学知识以及学生的生活经验，突破学习难点。鼓动学生搜集有关细胞研究和应用方面的信息及研究进展，进行交流，以丰富相关知识，加深对科学、技术、社会相互关系的认识。	完成本单元的学习后，学生能够从物质与能量视角，探索光合作用与呼吸作用，阐明细胞生命活动过程中贯穿着物质与能量的变化（生命观念、科学思维、科学探究）。

通过对"面包中的'卡路里'"这一单元所涉及的教材进行分析，结合《课标》（2017 版）的要求，确定单元教学的目标如下：

（一）单元整体教学目标

1. 生命观念

通过说明细胞代谢和个体的新陈代谢过程中的物质与能量变化，分析上述过程之间的联系，认识生命活动并逐步形成物质与能量观；举例说明结构与功能在分子和细胞层次上存在密切联系，体会结构与功能相适应的观点；通过认识ATP 与 ADP 相互转化并处于动态平衡的过程，初步认识稳态与平衡观。

2. 科学思维

通过经历探究酶的作用、细胞的呼吸作用和光合作用的实验过程，理解ATP 的结构及能量供应原理，训练学生比较与分类、分析与综合、归纳与演绎、抽象与概括的思维方式，培养学生的分析问题、解决问题的能力；在模型建构的过程中，培养学生的建模能力及思维方式。

3. 科学探究

通过"探究酶催化的转移性、高效性及影响酶活性的因素""观察植物细胞的质壁分离和复原"等实验，培养学生设计实验、实施实验及表达交流的能力；通过"探究不同环境因素对光合作用的影响"等一系列探究实验，促进学生初步掌握科学探究的方法和基本步骤，逐渐增强学生对生物学知识的好奇心和探究欲以及观察实验现象、表达与交流实验结果的能力。

4. 社会责任

通过联系加酶洗衣粉、ATP 片剂在生活中的应用、提高农作物产量等真实情境中的问题，培养学生解释现实生活中的现象的能力；学生在"面包中的'卡路里'"这一大单元中，通过运用自身所学知识，给出诸如种植与保藏方面问题的解决方案，以解决实际生产生活问题；在物质和能量代谢的学习过程中，通过关注膳食平衡，预防相关疾病，注重自我保健，做健康中国的参与者和促进者。

（二）单元中课时教学目标

1. "酶催化细胞的化学反应"一节课时教学目标

（1）生命观念：通过说明细胞代谢、酶的作用和酶的作用机理，理解酶在细胞中各种化学反应中的重要作用。

（2）科学思维：在探讨实验结果的过程中，培养学生逐渐养成比较、归纳和概括的思维习惯。

（3）科学探究：学生在进行"探究酶催化的专一性、高效性及影响酶活性的因素"的实验设计与实施中，锻炼了设计、观察及实施实验的能力，理解了实验中控制变量的作用与意义。

（4）社会责任：学生通过了解酶的作用原则及影响因素，联系生活分析加酶洗衣粉的应用条件，培养了善于发现并尝试利用课堂知识解释日常生活中的现象的习惯；通过联系生活实际，了解了酶制剂的妙用，关注到食品安全并倡导人们健康生活。

2. "ATP 是生命活动的直接能源物质"一节课时教学目标

（1）生命观念：通过说明 ATP 的结构及作用，初步建立结构与功能相适应的观点；通过形成 ATP 是细胞中驱动生命活动的直接供能物质的一般概念，体会"细胞通过分解代谢获取生命所必需的能量"的重要概念；通过简述 ATP 与 ADP 相互转化并处于动态平衡的过程，初步认识稳态与平衡观。

（2）科学思维：学生在认识 ATP 的结构时，逐渐养成类比与分析、归纳与概括的思维习惯；通过理解 ATP 的供能机制，培养学生应用与综合的思维习惯。

（3）科学探究：通过演示实验"证明 ATP 是直接供能物质"，培养学生设计实验、实施实验和表达交流的能力。

（4）社会责任：认同 ATP 对生命活动的重要作用，并关注 ATP 在相关领域的应用，能够尝试解释相关的生理现象。

3. "细胞通过细胞呼吸分解有机分子获取能量"一节课时教学目标

（1）生命观念：通过说明细胞呼吸中的物质分解与 ATP 形成过程，并结合"ATP 通过水解放能来驱动生命活动的进行"的已有基础，形成"细胞通过分解代谢获取生命所必需的能量"的重要概念，为最终形成物质与能量观奠定基础；通过简述线粒体的结构特性与功能，体会结构与功能相适应的观点。

（2）科学思维：通过细胞呼吸相关研究中的科学实验，培养学生尊重事实和证据、运用科学的思维方式认识事物并解决问题的思维习惯。

（3）科学探究：通过"探究不同供氧环境下酵母的呼吸方式"的实验，培养学生分析问题、设计实验、解决问题及交流表达的能力。

（4）社会责任：运用自身所学知识，给出诸如种植与保藏方面问题的解决方案，以解决实际生产生活问题。

4. "光合作用将光能转化并储存在糖分子中"一节课时教学目标

（1）生命观念：通过概述光合作用过程中的物质合成与能量转换过程，结合已有经验，构建"细胞通过合成代谢构建生命机体"的重要概念，进而渗透"细胞通过物质和能量代谢来实现自我更新"的大概念及细胞与个体在代谢方面的联系，体会物质与能量观；通过简述叶绿体的结构特性与功能特点，体会结构与功能相适应的观点。

（2）科学思维：通过光合作用研究历史，理解和总结光合作用，培养综合分析与思考的科学思维方式；结合相关技术的延伸，训练学生发散思维能力。

（3）科学探究：通过"探究不同环境因素对光合作用的影响""叶绿素的提取和分离"实验，培养学生分析问题、设计实验、解决问题及交流表达的能力。

（4）社会责任：利用所学知识，为农业生产的产品产量和产品质量的提升提供适合的解决方案，以解决实际生产生活问题。

三、大概念的提炼与获得

为了确定单元需要建构的大概念，在进行单元教学设计前，要对单元内的知识内容梳理后进行逻辑分析。本单元涉及细胞代谢中的相关内容，因而围绕本单元中涉及的知识内容，梳理得到的单元知识内容的逻辑体系如图1所示。

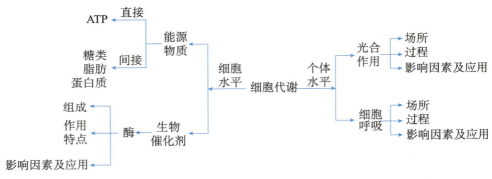

图1 "面包中的'卡路里'"单元知识内容的逻辑体系

确定了单元的知识内容及其内在逻辑后，对沪教版新教材的相关内容进行分析，制定本单元的教学内容，如图2所示。本单元涉及必修一中的第二个大概念"细胞的生存需要能量和营养物质，并通过分裂实现增值"，并围绕重要概念"细胞

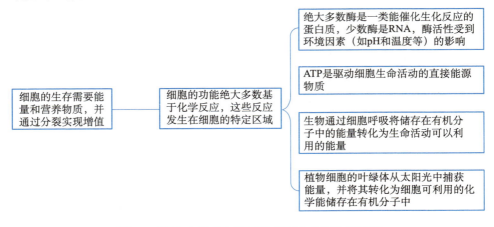

图2 "面包中的'卡路里'"单元中大概念的拆解

的功能绝大多数基于化学反应，这些反应发生在细胞的特定区域"展开。为在教学中实现该重要概念，我们又将其拆分成四个次位概念来组织授课顺序并安排课时。

四、教学过程设计

（一）单元教学过程设计

基于上文中对大概念和单元教学目标的分析和阐述，我们在这部分将对"面包中的'卡路里'"这一单元内容进行教学设计及案例分析——从整体到案例来阐释如何利用基于大概念的单元教学设计以提升学生的生物学学科核心素养。

单元教学设计要在整体分析单元蕴含的教学内容的基础上，围绕选定的大概念对单元教学内容进行具体分析，依托设定的基于真实情境的问题，确定整个单元教学的主线和贯穿于整个单元的大概念发展及生物学学科核心素养发展的主线，从而设计并落实单元整体教学的基本思路。"面包中的'卡路里'"这一单元根据情境共分为三部分，分别是：小麦种子萌发时的能量来源、小麦生长过程中的能量来源和人食用面包后能量的运用和转化。我们依据情境对本单元中的次位概念进行重新排布，梳理单元教学流程，具体内容见图 3。

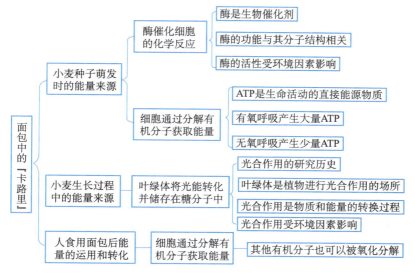

图 3　"面包中的'卡路里'"单元的教学流程

从图 3 中我们可以看到，基于真实情境中的问题的单元整体教学设计的基本思路是引导学生围绕真实情境下的不同次位概念开展整体学习和理解。通过建构多个次位概念，进一步形成对单元教学目标和大概念的意义建构，而非局限于某一个方面。在设计上，本设计对次位概念中所要达成的重要的知识内容进行了拆分，如在"酶催化细胞的化学反应"这一次位概念中，共涉及"酶是生物催化剂"、"酶的功能与其分子结构相关"和"酶的活性受环境因素影响"这三个具体内容。在进行具体的教学安排时应依序展开教学，在三个内容结束后，可以安排面向次位概念和重要知识内容的教学评价。通过整合本单元的教学内容，不难分析总结出，"细胞的功能绝大多数基于化学反应，这些反应发生在细胞的特定区域"的重要概念。

(二) 课时教学过程设计

基于单元教学流程的设计，在"叶绿体将光能转化并储存在糖分子中"这一次位概念中，教学过程的设计将围绕光合作用中物质与能量的变化展开。由于小麦通过光合作用积累的有机物是细胞呼吸作用过程的反应底物，因而本部分内容在本单元中起到承上启下的作用。

此节教学内容围绕教学单元中设定的真实问题设计，围绕科学史实验来重温光合作用中光反应和暗反应的发现过程展开，通过让学生经历科学家科学探究的历程，调动学生的积极性，使学生体验科学探究的方法和过程、感悟科学态度与科学精神，引导学生在科学探究的过程中建构并形成光合作用的概念，加深学生对光合作用中物质与能量变化的认识，为后续对光合作用的过程学习奠定基础。"面包中的'卡路里'"大概念教学过程设计见表2。

表 2 "面包中的'卡路里'"大概念教学过程设计

教学内容	光合作用的研究历史
学习内容分析	本节在初中生物学学习内容光合作用的基础上，通过再现科学史中光合作用过程的探究历程，引导学生亲身经历和体验科学家的探究历程，帮助学生理解光合作用中的物质和能量变化，掌握科学探究的基本方法，为后续单元内容的学习奠基。
学习者分析	学生经过初中生物学的学习，对光合作用具有基本的了解；在先前对"细胞是生物体结构与生命活动的基本单元"这一大概念的学习中，对细胞中的物质和结构进行了学习，对叶绿体的结构与功能有了一定的了解，初步具备了物质与能量观、结构与功能观；通过本单元之前对细胞呼吸的学习，对细胞中的能量与代谢具有了一定的认识。
教学目标	1. 通过光合作用研究历史的学习，引导学生以物质与能量观为线索初步认识光合作用。 2. 通过光合作用研究历史中的情境再现，引导学生学会科学探究的一般方法。 3. 培养学生的科学探究意识，激发学生的求知欲和科学探究意识。

教学重难点	教学重点：光合作用的发现和科学研究的一般方法。 教学难点：使学生真正领会光合作用发现过程的几个经典实验的设计思想，并将其运用到设计一些简单实验的过程中去。
教学程序	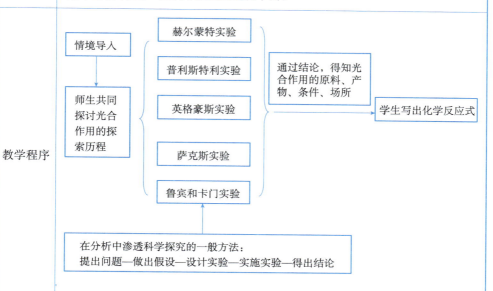

教学流程	教学环节与教学内容	教师活动	学生活动	设计意图
	引入	介绍光合作用的相关研究现状，阐明光合作用的重要性； 回忆科学探究的基本原则。	回忆、答问	为教学作铺垫： 1. 唤起学生对光合作用研究历史的兴趣； 2. 复习科学探究的基本原则，为学生后续开展实验评价和设计提供理论基础。
	探究历程一：赫尔蒙特的研究	引导学生阅读并分析赫尔蒙特的实验，指出赫尔蒙特实验在科学性上存在的误区。	听讲、思考、理解、答问	1. 在过程中思考并理解光合作用的原料和产物之一的水的作用； 2. 初步理解对实验设计的无关变量的控制。
	探究历程二：普利斯特利与英格豪斯的研究	讲解并引导学生理解实验的基本过程、原理和结果；通过实验结果，进一步对光合作用的原理的反应式进行补充。	听讲、思考、理解、答问	1. 理解并能够分析实验的原理与结果； 2. 理解现代科学研究的特点之一就是可重复性； 3. 能够运用探究的基本原理对实验设计做出评价。

教学流程	探究历程三：萨克斯的研究	引导学生自主阅读并讨论分析实验设计；引导学生进行实验设计以证明水是光合作用的物质来源之一；通过实验结果，进一步对光合作用的原理的反应式进行补充。	阅读、分析、讨论、设计实验	1. 能够自主分析实验设计并对内容进行分类；2. 能够分析实验目的并依据情况进行可行的实验设计。
	探究历程四：恩格尔曼和鲁宾、卡门的实验	引导学生进行实验设计；分析恩格尔曼取材的原理及好处；通过实验结果，完成光合作用的反应式，并对光合作用进行定义；通过鲁宾、卡门的实验引导学生对同位素标记法进行阅读和理解并完善反应式。	听讲、思考、理解、阅读、答问	1. 理解光合作用的反应物和产物；2. 理解反应前后的元素转移路径。
	展示探究历程并拓展延伸	展示整个探究历程，并从实验材料和实验技术两个方面分析生物实验的发展和研究趋势；引导学生了解如何将理论转化为实践产品	听讲、思考	1. 使学生理解八类对光合作用的研究是从整体向局部、从宏观向微观、从判断推理向实证发展的；2. 从实验技术角度说明化学、物理学的发展为生物学的研究提供了技术支持，而其他学科向生物学的渗透极大地推动了生物学的发展。

五、教学特色分析

为落实生物学学科核心素养，为学生提供基于真实情境的单元学习任务，我们在本单元的设计中设计并嵌入了若干单元探究活动。通过多样的活动为单元教学助力，同时也为基于学情和校情的特色活动设计奠定基础。基于此，本部分将重点阐述单元中的探究型活动的设计。

（一）本单元中可被纳入的单元活动类型

1. 基于生物学错误观念的科学论证活动

学生已有的经验、观念和理论可能是模糊的、片面的，甚至是错误的，一般教学方法难以修正某些错误观念，或者错误观念易反复出现。利用学生的错误观念，例如"种子在长成参天大树的过程中，土壤或水为植物建造自身提供了全部原料"等开展论证学习活动，可让学生相互检视、质疑，暴露观念出错的关键所在，激发强烈的认知冲突，促进学生深入思考、反思，修正、摈弃错误观念，构建、理解科学观念，从而能够有效降低错误观念的重复出现。

2. 指向科学本质观的科学史探究

关于细胞代谢中的诸多科学探索史的特点反映了生命科学的研究与发展的历程，例如"光合作用的研究历史""酶化学本质的研究历史"等，体现了科学是在不断修正、完善中发展的。在论证教学时教师可提供某一生命现象，或提供至少两个竞争性解释、观点，还可提供支持或反对的证据，例如真实的实验数据、图表，科学家研究过程、研究方法与逸事等史实资料，让学生分析、质疑这些证据与解释、观点之间的关系，选择其认为正确的解释、观点，并说明理由。同时，指导学生解释、辩驳所得实验数据或证据，交流探究过程和结论，帮助学生构建、理解与应用生物学重要概念，理解生命科学的发展过程、生物科学方法与思维方式，形成物质与能量观、结构与功能观等基本生命观念。

3. 由定性向定量进阶的科学探究活动

将实验由定性引向定量的进阶是新课改强调的重点。本单元涉及多个重要的实验："探究温度对淀粉酶活性的影响"、"叶绿体色素的提取分离及叶绿素含量的测定"及"探究影响光合作用强度的环境条件"。实验安排上由定性向定量进阶。通过指导学生分组讨论、作出实验假设、设计探究实验计划来测试某一科学观点，要求学生设置观察或实验的变量、实验步骤，讨论其他可行的实验方法。引导学生观察、记录实验现象和实验数据，还要留有充足的时间让学生分析实验现象，解释、质疑所得的实验数据，交流探究过程，论证实验结论。提供过程性评价单，并要求学生在实验报告中整理和分析所获得的数据及资料，制作相关图表；以清晰简洁的文字阐述自己要研究的问题或研究目标及原因。如，做了什么探究实验？怎样进行实验？为什么进行这样的实验？结论是什么？为什么？或者提供有待改进的实验报告，让学生讨论，说明应改进之处及理由。同时，在单元内容教学后，利用学生的拓展课或自修时间，提供单元实验任务，如"探究提高小麦产量环境条件的方案设计"。给予学生综合利用所学知识内容和实验方法的机会，并使学生通过小组合作提升科学探究能力。不同的实验可以帮助学生在学习的不同阶段巩固和提升所学内容，进而达到课标中规定的素养目标。

（二）在单元中嵌入活动的方式

本单元内容围绕高中生物大概念"细胞的生存需要能量和营养物质，并通过分裂实现增值"下的重要概念"细胞的功能绝大多数基于化学反应，这些反应发生在细胞的特定区域"展开，包括实验课在内共计 12 个课时。在教参要求设置的实验活动"探究温度对淀粉酶活性的影响"、"叶绿体色素的提取分离及叶绿素含量的测定"及"探究影响光合作用强度的环境条件"之外，本设计计划在单元中嵌入三个活动，具体内容见图 4。

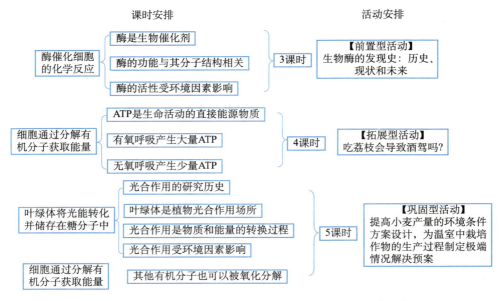

图 4　"面包中的'卡路里'"单元的课时及探究型活动安排

1. 前置型活动——生物酶的发现史：历史、现状和未来

在前几章的学习中，学生已经对生物体所需的物质及细胞结构有所了解。承接上一章的内容，在本章课程开始前，引导学生自主探索生物酶的相关研究，既是从科学史的角度反映生命科学的研究与发展的历程，体现科学是在不断修正、完善中发展的，培养学生的科学态度，也是对本单元的重难点酶的结构与功能的初步探究。

2. 拓展型活动——吃荔枝会导致酒驾吗

课本中通过探究不同供氧环境下酵母的呼吸方式，引导学生展开科学探究，实验结果清晰直观，利于学生进行定性观察，进而得出结论。在本单元中穿插设计拓展型探究活动"吃荔枝会导致酒驾吗"，可以让学生通过查阅资料进行探究，进而在此基础上设计并实施实验。通过指导学生分组讨论、作出实验假设、设计探究实验计划测试某一科学观点，要求学生设置观察或实验的变量、实验步骤，讨论其他可行的实验方法。引导学生观察、记录实验现象和实验数据，让学生分析实验现象，解释、质疑所得的实验数据，交流探究过程，论证实验结论。

3. 巩固型活动——阶段性小组汇报：提高小麦产量的环境条件方案设计，为温室中栽培作物的生产过程制定极端情况解决预案

在本单元的课程结束后，学生已经对重要概念有了一定的理解，应当在此基础上设置以应用为导向的巩固型活动。在本单元中，设置了两个小组探究型课题，学生可以自由选择并开展组队探究。活动内容存在引导学生关注生活，应用所学内容解释生活中的现象。在活动过程中，教师应指导学生解释、辩驳所得实验数据或证据，交流探究过程和结论，帮助学生构建、理解与应用生物学重要概念，理解生命科学的发展过程、生物科学方法与思维方式，形成基本的生命观念。

六、学习效果评价及作业设计

（一）评价方式与作业设计

正如一张照片不能反映一个时代的变迁，单次考试成绩也不足以证明学生已经达到了预期的结果，只有收集学生在不同类型的评价任务中的成绩或表现，并将其编纂成"证据集"才能够有效表明学生的理解程度和目标的达成度。为了有效地将传统的考评方式与多元评价方式结合，本单元的评价设计参考了基于理解的教学评价设计，将多元评价方式穿插其中，如图 5 所示。

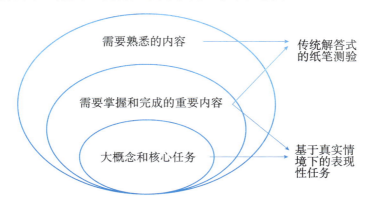

图5　基于理解的教学评价设计

在单元中的每一个课时或重难点后，设置以传统纸笔测验为主的小测验，意在实现对学生理解的非正式检查，并依据结果对后续课程内容进行微调。在阶段性的重要概念或教学重难点结束后，对学生需要掌握和完成的重要内容进行测评，选取的方式可以是传统的纸笔测验，也可以是表现性任务和项目。例如在

"植物细胞的叶绿体从太阳光中捕获能量，并将其转化为细胞可利用的化学能储存在有机分子中"这一次位概念的学习后，结合本单元的具体情境可以安排探究小麦产量提升的生长环境设计实验。该实验要求学生自主选择并设置实验环境，自主设计实验方案并综合运用之前学习的知识内容。在活动过程中学生可以运用多元的方式对给出的设计方案进行合理性上的论证。这一探究性活动的安排对学生综合运用所学知识的能力以及探究思维的能力等要求较高。

而在完成整单元的学习后，教师应在知识复现的基础上对学生的能力进行更高维度的检验，同样可以选取开放性高的、源自真实情境的任务。例如，结合多地的洪涝灾害，可以设计题目"请为温室中栽培作物的生产过程制定极端情况解决预案"，引导学生展开科学论证活动。学生可以对"如遇到持续的阴雨天气，为了保证作物的产量，对温度的控制应当如何进行"这样的问题展开探究。

（二）评价量表

单元教学评价是单元学习的重要环节，教师不仅要评价知识目标，还要评价核心素养目标，要将知识评价和素养评价建立联系，以体现学生在完成任务过程中对结构化知识的理解和应用能力、核心素养的外观行为表现等。评价内容可以是任务完成的质量、小组成员的协作情况、学生行为表现自我评价和自我反思等。评价可以采用任务单、学生自评和互评表、小课题研究论文、实物展示和答辩、纸笔测试等形式。评价的结果要及时反馈，可以利用线上工具收集学生的即时评价结果，以帮助教师改进教学。

1. 诊断性评价

诊断性评价一般是指在某项教学活动开始之前教师为了解学生知识基础的一种手段。在学习"面包中的'卡路里'"这一单元内容之前，学生已经具备了相应的知识基础。为了解学生的知识和能力水平，便于教师制订针对性教学计划，教师可使用课前测试来展开诊断。同时在进行诊断性评价中，教师可利用已有教学经验重点突出学生可能存在的先备知识误区，从而加以攻克。

2. 过程性评价

过程性评价是教学评价中的重要环节，用以记录学生的学习过程，辅助监控学生进行元认知能力的培养。教师通过日常记录的方式积累学生在学习过程中的细节，为对学生进行个性化辅导和教师开展教学提供抓手。在本单元的教学过程中，我们设计并实施了以下三种过程性评价单，具体见表3、表4、表5和表6。

（1）单元学习记录单。

表3 单元学习记录单

学习内容： 姓名： 日期：
学 习 回 顾
基于本节所学内容，绘制思维导图：
在本节内容学习完成之后，仍令我感到难以理解的内容有：
产生该问题的原因是：
请利用本节内容所学知识，举例解释该内容在生活中的一些实际应用：

表4 学习评价

评价维度	评价指标	自评			组评			师评		
		1	2	3	1	2	3	1	2	3
生命观念	知道结构与功能相适应									
	知道细胞代谢和个体新陈代谢过程中贯穿着物质与能量的变化									
	知道生物体内的代谢途径都处于动态平衡中									
科学思维	能够对某些事物进行比较与分类									
	能够从局部与整体的角度对研究对象进行分析与综合									
	能够理解具体到一般或一般到具体的归纳或演绎过程									
	锻炼抽象与概括的思维方式									
	能够理解、建构物理模型、数学模型和概念模型									
	能够进行具有目的性和反思性的判断									
科学探究	能够提出有意义的问题									
	能够针对问题解决的过程设计详细的计划									
	能够获取有价值的信息									
	能够应用科学术语阐明实验结果，展开交流									

续表

评价维度	评价指标	自评			组评			师评		
		1	2	3	1	2	3	1	2	3
社会责任	能够关注生物学在周边环境中的应用									
	能够尝试解决现实生活中与生物学相关的问题									
	能够指出错误的科学知识，并向他人宣传正确观念									

说明：1—完全符合；2—基本符合；3—完全不符合。

（2）组内评价。

表5　组内活动评价单

小组内评价					
编号	一级指标	二级指标	成员1	成员2	成员3
1	学习态度	积极			
		较积极			
		应付			
2	完成组内的任务	迅速完成			
		按时完成			
		不能按时完成			
3	他的意见对我的帮助	非常有帮助			
		有帮助			
		无帮助			
4	他对小组的贡献	贡献非常大			
		较有贡献			
		无贡献			
5	在组内进行交流情况	交流讨论多			
		有交流			
		没有交流			

（3）组间评价。

表6 组间活动评价单

一级指标	指标说明	评分范围	得分							
			第一组	第二组	第三组	第四组	第五组	第六组	第七组	第八组
讨论区分享（20分）	分享形式新颖、汇报内容清晰	0～10								
	分享的知识内容全面、正确和客观，能形成完整的框架	0～10								
合作分工（20分）	在汇报过程中展示明确的小组分工，简单介绍合作过程	0～10								
	成员间互帮互助，每个组员都积极参与课堂活动，给予每个人展示的机会	0～10								

七、专家点评

"核心概念－大概念－重要概念－次位概念"的统整内容的方式值得采用。

"进化观"大概念的单元教学设计 ——

一、知识背景、指导思想与理论依据

在我们的生活中，微小的变化经过日积月累，在连续不断的作用下可以发展为巨大的差异，就像"滴水穿石""千里之堤，溃于蚁穴"一样。为什么世界上的事物多种多样？为什么有些事物从古至今一直存在，有些事物随着时代的发展不复存在？从古至今存在的事物是否一成不变呢？这些问题可以通过生物学中的"进化观"解释，见图1。

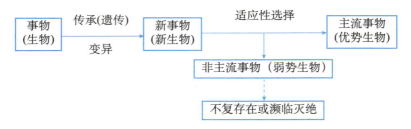

图1　"进化观"对事物的解释

"进化观"不仅能解释事物发展的规律，而且能指引我们更好地适应自身存在的环境，最终达到与环境和谐共处的状态。因此，本设计选取"进化观"这个大概念为主题设计对象。考虑到所任教的学段以及我们大多数学校都是分学科教学，因此，我们将立足初中学段，针对生物学教学展开有关"进化观"这个大概念的单元教学设计。

在设计中我们用到的主要是威金斯的"逆向设计"思想。我们在教学过程的设计中采用了威金斯提出的"WHERETO"关键元素的考虑方法。他提到设计一个有效的、参与度高的学习计划需要考虑的关键元素包括：W（where，why，what），表示学习的目标、为什么学习这些、学习的要求；H（hooked），就是会被吸引的深入钻研的核心观点；E（explore，experience），表示有足够机会探索、体验核心观点；R（re-think，rehearse，revise，refine），表示在及时反馈的基础上有足够的机会重新思考、排练、修正和完善其作品；第二个 E－2（evaluate），代表有机会评价自己的作品并设立未来的目标；T（tailored），代表合适灵活的，能适应所有学生的兴趣和学习风格；O（organized），则代表能有组织、有顺序并且能有吸引力和有效地开展教学活动。

我们认为教学过程的设计就是基于一个基本问题展开探索和思考。这种思考既要遵循"学科逻辑"，也要遵循"心理逻辑"。优秀的单元设计就是为学生提供许多机会使学生以自己的方式探讨问题和表达观点。

二、教学目标的设定

（一）学科分析

我们要在新课改的背景下帮助初中生发展核心素养、建构大概念，首先必须对不同学段的课程标准进行纵向比较，厘清相同概念的发展进程，从而明确大概念与其他概念的关系，最终确定概念的进阶关系，这样更有利于我们科学地把握课程的深度和广度，同时也可以避免过度拔高。

从图 2"进化观"内容的进阶关系中，我们不难发现小学阶段对这一主题的学习主要是认识各种各样的生物，初中阶段在此基础上丰富了生物多样性，因此初中阶段应该把生物的不同特征作为教学的重点，这也有利于根据生物的不同特征对生物进行分类，从而对相关内容进行掌握。此外，从"地球上现存的物种丰富多样，它们来自共同的祖先"这个重要概念我们也可以看出初中阶段应该把认识生物的多样性作为重点，因为高中教材侧重于生物"共同的祖先"的相关内容，而初中课标中有关"生命的起源"的内容只要求"描述生命起源的过程"，属于知识目标中的了解水平；但考虑到该节是过渡，可以多提供给学生一些延伸性的阅读内容。有关"进化"的内容是初、高中生物学学习的衔接点，而对于相关分子机制的揭示则是高中阶段学习的重点。初中阶段教师应该把握好教学的深度，学生只要可以初步理解"生物进化是环境选择生物和生物的有利变异适应环境的共同作用"即可，相关的遗传学证据应该放到高中阶段；但在初中阶段要帮助学生了解如染色体、DNA、基因、显性性状、隐性性状等相关概念。

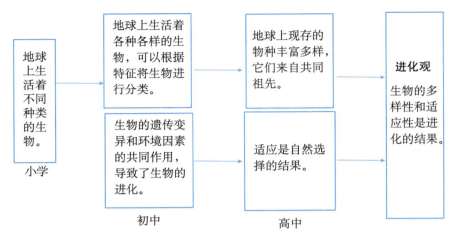

图 2 　"进化观"内容的进阶关系

（二）教育分析

学生在小学阶段已经学习了有关植物、动物、细菌和真菌的内容，但他们对知识的认识还停留在感性认识的阶段。初中阶段是学生抽象思维发展的初始阶段，"类化"事物是他们这个阶段要发展的一个重要能力。此外，随着信息时代的来临，如何辨别生活中的科学知识的真伪也成了一个重要议题。在"进化观"单元，学生的第一个难点在于准确寻找不同生物的共同点从而根据生物的特征给它们分类，并且将这种分类思想应用于现实生活中。第二个难点就是用"进化观"的思想思考现实生活中的问题。这就要求教师在教学设计的一开始就要从整体去思考这个单元的教学。

"进化观"单元可以划分为三个主题，这三个主题主要有六个育人价值，其中"生物的多样性"主题主要有以下两个育人价值：（1）认识生物多样性的价值，从而树立保护自然的正确意识；（2）根据不同生物的特征尝试对生物进行分类。"生命的起源与进化"主题主要有三个育人价值：（1）理解"进化观"在促进社会发展和改善人类健康方面的意义；（2）通过科学史让学生理解证据的意义；（3）从"进化观"的角度思考问题（选择与适应）。"生物的遗传与变异"主题的育人价值主要是理解生命的延续和发展（遗传和变异）。这三个主题下对应的课程标准内容以及未来迁移的核心素养见表1。

表1　"进化观"单元对应的核心素养

主题	课标中对应的内容	对应的核心素养
生物的多样性（进化的结果）5课时	尝试根据一定的特征对生物进行分类。	类化事物的能力。识别热点问题的真伪。应用观察法认识生物的多样性。认同保护环境的必要性和重要性。
	概述植物的主要特征以及与人类生活的关系。	
	概述动物的主要特征以及与人类生活的关系。	
	描述病毒、真菌、细菌的主要特征以及与人类的关系。	
	保护生物多样性的重要意义。	
生命的起源与进化（选择与适应）4课时	描述生命的起源过程。	基于事实和证据，运用归纳的方法概括出生物学的规律。利用相关内容阐明个人观点。
	概述生物进化的主要历程。	
	认同生物进化的观念。	
生物的遗传与变异2课时	说明DNA是主要的遗传物质。	以恰当的方式阐述相关概念的内涵，并把遗传、变异等术语应用于生活实践。
	描述染色体、DNA和基因的关系。	
	举例说出生物的变异。	
	举例说出生物的性状是由基因控制的。	

（三）具体内容分析

预期学习结果可以通过学习迁移、理解意义和掌握知能三方面去设计。课程标准中的内容必须达成，但不能满足实际设计中的最终目标；因此，我们有必要对标准进行"拆解"，如果无法做到"拆解"课标中的既定目标则会导致评估不足。下面我们将对三个主题下的内容进行"拆解"（见表2、表3和表4）。

表2　"生物的多样性"主题内容"拆解"

第一阶段：明确预期学习结果	
	学习迁移
课程标准：尝试根据一定的特征对生物进行分类；概述植物的主要特征以及与人类生活的关系；	学生能自主地将所学运用于观察事物、类化事物、解释生活中的问题、识别热点话题的真伪、保护环境；能应用新情境中的内容证明自己的观点。

	理解意义	
	深入持久理解	核心问题
概述动物的主要特征以及与人类生活的关系；描述病毒、真菌、细菌的主要特征以及与人类的关系；保护生物多样性的重要意义。	**学生将会理解：**①观察法是一种认识事物的重要方式；②根据不同的分类标准，事物的分类结果不同；③生物对环境的适应是长期进化的结果；④生物的多样性与人类的健康息息相关。	**学生将不断地思考：**①如何进行全面的观察？②如何对事物进行分类较为合理？③如何描述生物所处的环境？④我们能为生物多样性保护做些什么？⑤人类活动是如何威胁生物多样性的？
	掌握知能	
	学生该掌握的知识是：①生物圈中四大类绿色植物的主要特点；②生物圈中的主要动物及微生物的特点；③生物与环境的关系；④保护生物多样性的措施。	**学生应形成的技能：**①根据一定的标准对生物进行分类；②学会观察；③厘清生物适应环境的逻辑；④点评相关论据及话题的真伪。

表 3 "生物的遗传与变异"主题内容"拆解"

	第一阶段：明确预期学习结果	
	学习迁移	
课程标准：说明 DNA 是主要的遗传物质；描述染色体、DNA 和基因的关系；举例说出生物的变异；举例说出生物的性状是由基因控制的。	学生能自主地将所学运用到用遗传、变异等术语解释生活中的问题；能对社会热点议题进行科学评价。	
	理解意义	
	深入持久理解	核心问题
	学生将会理解：①生物的性状会伴随着特定的基因遗传给后代；②自然选择会作用于变异体之间进而推动进化，形成多种多样的生物；③变异是普遍存在的。	**学生将不断地思考：**①近亲结婚有什么危害？②亲代的基因怎样传给子代？③生物之间的差异来源于什么？④科学技术的发展对社会可能有哪些影响？

掌握知能	
学生该掌握的知识是： ①孟德尔遗传规律的内容； ②基因、DNA、染色体的概念； ③基因是通过精子或卵细胞结合传递的； ④变异产生的原因。	**学生应形成的技能：** ①能用遗传、变异等术语解释生活中的问题； ②能对社会热点议题进行科学评价。

表 4　"生命的起源与进化"主题内容"拆解"

	第一阶段：明确预期学习结果	
课程标准： 描述生命的起源过程； 概述生物进化的主要历程； 认同生物进化的观念。	**学习迁移**	
	学生能自主地将所学运用到归纳、概括事物的规律中，并能在新情境中基于事实和证据阐明个人观点；学生可以从"进化观"的角度思考问题（选择与适应）。	
	理解意义	
	深入持久理解	核心问题
	学生将会理解： ①生命的起源过程与宇宙的进化息息相关； ②环境选择了生物； ③生物的有利变异适应了环境。	**学生将不断地思考：** ①生命为什么会选择特定的进化方向？ ②为了研究生物的进化我们能从哪些方面收集证据？
	掌握知能	
	学生该掌握的知识是： ①生命起源的过程； ②生命起源的证据； ③生物进化的历程； ④研究生物进化的方法； ⑤生物进化的原因； ⑥自然选择的内容。	**学生应形成的技能：** ①归纳、概括事物的规律； ②基于事实和证据阐明个人观点； ③从"进化观"的角度思考问题。

三、大概念的提炼与获取

(一) 多角度分析课程标准，确定大概念的内涵

如表5所示，高中生物学课程标准提出的大概念是"生物的多样性和适应性是进化的结果"。"地球上生活着各种各样的生物，可以根据特征将生物进行分类"是初中阶段"生物多样性"主题下相对较大的概念，但是初中阶段也有关于"进化"和"自然选择"的内容。这时我们将如何针对学段确定适合本学段的教学内容呢？我们就可以对课标进行纵向比较。

表5　不同课程标准中"进化观"单元下的概念

小学课程标准中的重要概念	初中课程标准中的重要概念	高中课程标准中的重要概念	高中课程标准中的大概念
• 地球上生活着不同种类的生物。 • 植物和动物都能繁殖后代，使它们得以世代相传。	• 地球上生活着各种各样的生物，可以根据特征将生物进行分类。 • 为了科学地将生物进行分类，弄清生物之间的亲缘关系，生物学家根据生物之间的相似程度，把它们划分为界、门、纲、目、科、属、种等不同等级。"种"是最基本的分类单位。 • 不同类群的生物各有其特征，在生物圈中具有不同的作用，因此保护生物的多样性极为重要。 • 地质、化石记录、解剖学等从不同方面为进化理论提供了证据。 • 生物的遗传变异和环境因素的共同作用，导致了生物的进化。	• 地球上现存的物种丰富多样，它们来自共同祖先。 • 适应是自然选择的结果。	• 生物的多样性和适应性是进化的结果。

从表5中可以明显看出，在"进化观"单元下，有关植物、动物、人体的知识是小学和初中生物学教学的衔接点，"生物进化"的相关内容是初、高中的衔接点，而且初中阶段"多种多样的生物"的相关内容是对小学内容的扩展。此外，温·哈伦从科学教育的角度提出了"生物的多样性、存活和灭绝都是进化的结果"这样的大概念。

通过表5的梳理和关键内容的标记，根据温·哈伦提出的科学大概念我们就

可以确定教学的方向了，同时也可以准确把握本学段教学的深度，从而避免不必要的重复和过度拔高。从上面的内容我们可以归纳"进化观"的内涵，见图 3。

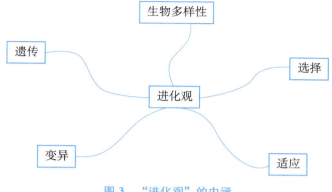

图 3 "进化观"的内涵

从图 3 中我们可以看出要解释进化观就必须解释生物的遗传与变异、选择和适应以及生物多样性。因此，在本单元教学中应该抓住这些主干内容。

（二）依据内涵确定大概念的外延

概念所适用的范围即是这个概念的外延。从上面的叙述中我们不难得出"进化观"所蕴含的育人价值有以下几个方面：

（1）理解生命的延续和发展（遗传和变异）；

（2）认识生物的多样性；

（3）理解"进化观"在促进社会发展和改善人类健康方面的意义；

（4）根据生物的特征尝试对生物进行分类；

（5）通过科学史让学生理解证据的意义；

（6）从"进化观"的角度思考问题（选择与适应）。

四、教学过程设计

（一）单元概述

本单元的内容分布在初中阶段的不同学期，跨度较大。其中生物的多样性内容是在承接小学阶段感性认识的基础上开展的。因此要先从学生已有经验和基础上出发展开对生物多样性相关内容的深入理解，同时要从一开始就向学生渗透"生物的多样性是进化的结果"。遗传与变异是理解进化观理论的基础，但由于初中阶段学生欠缺相关化学、物理知识，不易拔高学习，因此要做到点到为止，并且要留有空白以便让感兴趣的同学继续探索。在前两个主题开展完之后就可以从生命的起源进行追问，进一步从全局理解进化观。

（二）关键教学与学习活动

三个主题的关键教学与学习活动见表 6、表 7 和表 8。

表 6 "生物多样性"主题下的关键教学与学习活动

本主题的"受众"有可能是环境保护单位
1. 以导入性问题（新闻联播中转动的地球呈现的绿色、白色、蓝色分别代表生物圈的哪部分？）吸引学生思考生物圈的范围及生物圈中的生物。（H）
2. 介绍基本问题并讨论本主题的终极表现任务：我们如何保护生物圈中生物的多样性？为什么要保护生物的多样性？我们能提出哪些保护措施？（W）
3. 介绍关键术语和概念，以满足多种学习活动的需要。学生阅读教材及 PPT 中的相关任务。学生记录自己所观察到的生物及其生活的环境。（E）
4. 评价学生记录的不同观察结果的优缺点。（R，E-2）
5. 在课本上学习动物、植物、微生物、病毒的特征、生活环境以及与人类的关系。然后按照它们的特征、生活环境以及与人类的关系练习对生物的分类。（E）
6. 检测：给出同一事物具体的分类结果，分析分类的标准是什么。判断生物分类的结果是否正确。（E）
7. 回顾和讨论恐龙的灭绝。分析恐龙与植物的进化有什么联系，并从已有资料中找到支持自己观点的内容。（R）
8. 学生以小组的形式查阅有关新冠病毒的内容，讨论防治病毒的方法。（R）
9. 分享保护生物多样性的方案并进行全班讨论。（E，E-2）（记录、寻找教学中的疏漏和误区）
10. 小组成员交换方案进行互评，每个人再基于反馈进行修改。（R，E-2）
11. 提供"生物多样性丧失后对人类传染病的影响"的真实情景，让学生考虑我们人类该如何与大自然和谐相处。（E）
12. 教师示范如何阅读和分析保护生物多样性的方法，然后让学生根据情境制定自己保护生物多样性的方法。（E-2，T）
13. 列举和本主题有关的热点话题，点评相关论据并分析话题的真伪。（E）

表 7 "生物的遗传与变异"主题下的关键教学与学习活动

本主题的"受众"有可能是婚姻类节目的观众，手机用户
1. 导入问题：生物的特征是如何从亲代遗传给子代的？你遗传了父母的哪些特征呢？（H）
2. 介绍基本问题并讨论本主题的终极表现任务：①近亲结婚有什么危害？②亲代的基因是怎样传给子代的？③生物之间的差异来源于什么？④科学技术的发展对社会可能有哪些影响？（W）

3. 阅读教材内容自主学习 DNA 是主要的遗传物质，染色体、DNA 和基因关系的相关内容。（E）

4. 完成生殖过程中关于染色体、基因变化的填图练习，看谁填得正确。小组讨论、互评对错，并改正。（R）

5. 引导学生学习孟德尔遗传规律的内容。小组讨论区分显性性状和隐性性状以及区分显性基因、隐性基因的方法。（E）

6. 检测：能在情景题中写出控制生物性状的是哪些具体基因以及后代可能的性状。小组互评、讨论对错。（E，E-2）

7. 阅读有关达尔文的资料，思考"近亲结婚的危害？"（H）

8. 从生物学的角度写出一个理想的伴侣应该具备哪些特征，并进行互评和讨论，交流自己选择的原因。（E，E-2）

9. 自主学习生物的变异的相关内容。（E）

10. 讨论变异给人们的生活带来了什么？小组讨论，跳出变异不好的误区，用辩证的思维看待变异。（E，E-2）

11. 对社会热点议题进行科学评价。通过科学家利用遗传变异原理造福人类的例子理解科学发展对社会的影响。（E）

12. 用遗传和变异的知识设计一份开发新型农产品的方案，小组讨论方案并改善。（O，R）

13. 检测：能否区分真实情境中的遗传、变异现象。（O）

14. 整理讨论内容做美篇进行科普。

表8　"生命的起源与进化"主题下的关键教学与学习活动

本主题的"受众"有可能是弟弟/妹妹等家庭成员或同班同学（讲故事），以及手机用户（以美篇等形式分享）

1. 导入问题：随着时间的推移，物种发生了怎样的变化？新的物种是如何在自然选择中产生的。（H）

2. 生命是如何产生的？学习了生物进化的内容后我们能解释哪些现象？我们为什么要学习生物进化的内容，在哪些方面能指导我们的生活？（W）

3. 阅读教材内容了解生命起源的过程，梳理生命起源的证据，概括生物进化的历程，查阅资料了解研究生物进化的方法，思考生物进化的原因。（E）

4. 讨论生物进化的原因，并能从资料中找到支持自己观点的证据，加以说明或书面记录。（R）

5. 分析手机的使用是否有利于生物的进化，写出自己得出结论的原因。小组讨论，进行互评，并把本组的观点加以整理以美篇的形式分享。（O）

6. 观看视频，举例说明不同生物适应环境的方法。（T）

7. 叙述自己是如何应对变化的，从进化观的角度分析你是否适应了初中生活。讨论、相互评价。（E-2，O，T）

8. 写一篇科普文章"假如我是……生物，我将如何变异"。自评、相互评价。（E-2，T）

9. 自我评估自己是否适应了自己所生活的环境。讨论如何去影响和改变环境。（O）

10. 检测：本主题下的内容。（R）

11. 写一个关于生物进化的故事，并讲给别人听。（E-2）

五、教学特色分析

在进行大概念单元设计时逐步深刻认识大概念的指引作用，使自己的思维突破就课上课的禁锢。我们在平时的教学中也时常思考知识的迁移和真实情景的创设，虽然还在探索的路上但从理念上已经有了质的飞跃，在教学设计的过程中有以下修正体验，故此记录。

（1）在选择核心问题时主要应该考虑的是是否有助于理解大概念，但在选择具体教学内容时应注重相关学科内容的整合。

（2）在设计评估办法时有时会出现评估的方法在目标中找不到的情况，这时应该重新审视目标是否遗漏了隐含的重要基本问题。

（3）当发现学科内容繁杂时可以考虑把不同的细节放到多个大概念下进行多角度理解。

（4）在设计的过程中时常突然冒出一些想法，这时应该回到目标并及时填充。

（5）当设计完时我突然想到了"受众"，发现自己没有考虑到这一点，于是又返回去思考。

六、学习效果评价及作业设计

为了目标和评价一致，我们可以利用理解维度设计评估办法。威金斯提出在确定评估办法的时候我们应该思考以下问题：

（1）评估办法是否能为我们的有效改进措施提供依据。

（2）评估办法是否存在因学生其他方面能力强而忽视对主题的深刻理解这样的情况。

（3）当评估办法与目标不匹配时我们应该考虑是否该放弃目标或增加评估办法。

（4）为了保证结果在不同情境或挑战中可靠，我们是否应该考虑同时使用几种不同类型的评估。

（5）这些任务真的值得付出时间和努力吗？

（6）在具体评价学生时我们是否写下了将其归于某类的原因。

如果对以上问题的回答都是"是"，那么我们的评估办法就较为可行。对"进化观"单元的三个主题的具体评估办法设计见表9、表10和表11。

表 9 "生物的多样性"主题评估办法

评估标准	评估办法	
深入持久理解: ①观察法是一种认识事物的重要方式; ②根据不同的分类标准,事物的分类结果不同; ③生物对环境的适应是自然选择的结果; ④生物的多样性与人类的健康息息相关。	**解释:**为什么同样的事物的分类结果不同?	给出同一事物具体的分类结果,分析分类的标准是什么。判断生物分类的结果是否正确。
	释义:生物随着环境的变化而变化。	说明恐龙的灭绝与植物的进化有什么联系,并从已有资料中找到支持自己观点的内容。 用生物随着环境的变化而变化的观点提出防治病毒的方法。
	应用:为保护生物多样性提出合理的措施。	设计保护生物多样性的方案。
	洞察:"观察"对认识事物的影响。	评价学生记录的不同观察结果的优缺点。
	移情:提供"生物多样性丧失后对人类传染病的影响"的真实情景,让学生考虑我们人类该如何与大自然和谐相处。	作为人类的一员,写一篇保护生物多样性的科普文章,与其他生物进行谈判。
	自知:意识到保护生物多样性的重要性。	提出保护生物多样性的方法,从中发现自己是否真的理解了相关内容。

表 10 "生物的遗传与变异"主题评估办法

评估标准	评估办法	
深入持久理解: ①生物的性状会伴随着特定的基因遗传给后代; ②自然选择会作用于变异体之间进而推动进化,形成多种多样的生物; ③变异是普遍存在的; ④科学技术的发展对社会有多方面的影响。 (在设计评估办法时发现需要补充的内容)	**解释:**近亲结婚有什么危害?	从生物学的角度写出一个理想的伴侣应该具备哪些特征,进行互评和讨论,交流自己选择的原因。
	释义:亲代的基因是怎样传给子代的?	完成生殖过程中关于染色体、基因变化的填图练习,看谁填得正确。
	应用:能用遗传、变异等术语解释生活中的问题。	能否区分真实情境中的遗传、变异现象。
	洞察:生物之间的差异来源于变异。	跳出变异不好的误区,用辩证的思维看待变异。对社会热点议题进行科学评价。
	移情:人类利用遗传变异原理造福人类。	通过科学家利用遗传、变异原理造福人类的例子理解科学发展对社会的影响。
	自知:新的物种的产生是偶然的,但是否能延续是环境选择的结果。	设计一份开发新农产品的方案。

表 11 "生命的起源与进化"主题评估办法

评估标准	评估办法	
深入持久理解：①生命的起源过程与宇宙的起源与演化息息相关；②环境选择了生物；③生物的有利变异适应了环境。	**解释：**生命的起源过程与宇宙的起源与演化息息相关。	能从资料中找到支持自己观点的证据，并加以说明。
	释义：生物的有利变异适应了环境。	叙述自己是如何应对变化的，举例说明不同生物适应环境的方法。
	应用：思考我们现在的生活方式是否有助于生物的进化。	分析手机的使用是否有利于生物的进化，写出自己得出结论的原因。
	洞察：生物只有适应了环境才能更好地发展。	从进化观的角度分析你是否适应了初中生活。讨论、相互评价。
	移情：生物的有利变异适应了环境。	写一篇科普文章"假如我是……生物，我将如何变异"。自评、相互评价。
	自知：意识到生物只有适应环境后才能影响或改变环境。	自我评估自己是否适应了自己所生活的环境。讨论如何去影响和改变环境。

七、专家点评

目标设计与大概念十分匹配，以真实情景为主线串联整单元的学习将极大地激发学生的兴趣。

指向数学核心素养的单元统整教学

——以"立体图形的表面积与体积"为例

一、知识背景、指导思想与理论依据

　　面对提高核心素养教育对教师教学提出的新要求，如何真正在课堂教学中实现学生核心素养的养成，成为当前教学研究与探索的重点问题。相比零碎化的知识，核心素养要求学生具有关键能力、必备品格、高尚价值观念。换言之，核心素养覆盖的内容涉及众多复杂的知识、技能与情感态度。学科核心素养是核心素养在学科层面的具体体现，其落实面临线性知识体系困境、浅层学习桎梏以及情景固化遮蔽三个问题。2018 年 1 月，我国正式发布《普通高中数学课程标准》（2017 年版），首次提出"以学科大概念为核心"来推动高中学科核心素养的落实。而学科核心素养的落地，往往是跨课时、跨学期、跨学年的长线浸润过程，单单通过一两节课是根本无法实现的，因此需要从整体到局部的设计，改进、加强大单元设计是现阶段有效落实学科核心素养的可行对策。

二、教学目标的设定

（一）课程标准分析

　　《义务教育数学课程标准》（2011 年版）将"图形的测量"的课程内容主要安排在第一、二学段，其要求主要包括：体会测量的意义，体会并认识度量的单位及其实际意义，了解测量的一些基本方法，掌握一些基本图形的长度（包括周长）、面积和体积的测量方法和公式，在具体问题中进行恰当的估测。

　　对于图形，人们往往首先关注它的大小。一般地，一维图形的大小是长度，二维图形的大小是面积，三维图形的大小是体积。图形的大小是可以度量的，度量的关键是设立单位，而度量的实际操作就是测量。图形测量的相关知识对每个学生的学习和适应未来的生活都是有用的，测量过程中蕴含的方法和思想有助于学生提高分析问题和解决问题的能力。

（二）教材分析

就立体图形的表面积与体积而言，一年级上册、五年级下册和六年级下册的教材内容如表 1 所示。

表 1 "立体图形的表面积与体积"教材分析对比

一年级上册	五年级下册	六年级下册
在分类、观察等操作活动中，形成对长方体、正方体、圆柱和球的直观认识，知道这些立体图形的特征和名称，并能进行识别。	经历观察、操作等探索活动过程，认识长方体、正方体的特点及其展开图。	通过动手操作、观察等活动，认识圆柱与圆锥，了解圆柱与圆锥的基本特征，知道圆柱与圆锥各部分的名称。经历由面旋转成圆柱、圆锥的活动，体会面与体之间的关系，在参与数学活动中积累活动经验，丰富对现实空间的认识，发展空间观念。
经历观察、想象和交流的过程，积累认识立体图形的数学活动经验，初步培养表达和归纳能力，初步建立空间观念。	在解决实际问题的过程中，探索并掌握长方体、正方体表面积的计算方法，能解决一些简单的应用问题。	在解决实际问题的过程中，探索并掌握长方体、正方体体积的计算方法，探索某些不规则物体体积的测量方法，能解决一些简单的实际问题。	经历圆柱侧面展开等活动，认识圆柱展开图，探索并掌握圆柱表面积的计算方法，并能运用圆柱表面积的知识解决生活中一些简单的问题。
能正确识别生活中的长方体、正方体、圆柱和球。感受数学与生活的密切联系。	经历展开与折叠的活动过程，体验长方体、正方体等图形展开与折叠之间的关系，发展空间观念。	在观察、操作等活动中，进一步发展动手操作能力和空间观念。	经历"类比猜想—验证说明"的活动，探索并掌握圆柱和圆锥体积的计算方法，体验某些实物体积的测量方法，体会圆柱、圆锥的体积知识在生活中的实际应用，能解决一些简单的实际问题。

"转化"作为重要的数学思想方法，也是合情推理时常用的数学思想方法。教材重视"转化"等数学思想方法的渗透，引导学生运用"转化"思想探索圆柱和圆锥体积的计算方法。圆柱、长方体和正方体都是直柱体，体积的计算方法是一致的，因此是渗透"转化"思想方法的有效学习素材。再结合对某些实际问题的解决，使学生能够巩固和拓展对数学知识的理解，体会数学知识在生活中的广泛应用，丰富对现实空间的认识，逐步形成学习数学的良好情感与态度。

（三）学情分析

洞察学生的具体学情，既是"大概念"统领下进阶教学的出发点，也是"大概念"统领下进阶教学的归宿。通过"大概念"教学，促使学生将已有知识结构与新知识进行融合、融通，从而演变、生发出更为上位的知识结构，实现对学生已有知识经验的改造、提升。洞察学生的具体学情，是跨越学生已有认知节点的关键，也是实现学生学习进阶的关键。

比如，学生对圆柱、圆锥的体积的学习存在较大障碍，主要表现在体积计算公式的推导过程与以往的长方体、正方体的体积计算公式推导发生冲突，学生仍按照立体图形中含有单位体积的个数进行计算。而圆柱与圆锥的表面均是曲面，没有办法进行单位体积的度量，运用度量的本质意义无法得到圆柱、圆锥的体积计算公式，这涉及解决问题方法的转型。所以，教师在单元实施中如何帮助学生实现这一转型是关键所在——运用"转化"的思想，将曲面的立体图形转化成我们能够计算体积的图形，即化曲为直。这些探索体积的思路与做法采用的都是与学生已有的学习完全不同的方式，对学生来说存在一定的难度。基于这样的学情，如何组织单元学习是单元重组中需要重点突破的。

（四）目标设定

为了理解大概念和主要问题，学生需要获得哪些所知（knowing）、所能（doing）、所成（being），即关键知识、技能与情意态度价值观。这些关键知识、技能与情意态度价值观主要是站在学期/学年或单元/模块层面来讲的（见表2）。

要获得关键知识、技能与情意态度价值观需要具体化内容标准，就是要解读内容标准，使其成为课堂教学与评价的目标。关键在于把握其基本内涵，并基于教学实际确定学习基础（即所知、所能、所成）。这些所知、所能、所成相当于我们习惯的三维目标，它们是作为掌握大概念的学习要求的必要内容，或者说作为掌握学科核心素养或核心素养的必要内容。

表 2 "立体图形的表面积与体积"的目标设定

	单元目标	形成性目标
知识技能	（1）通过实验活动，了解体积（容积）的实际含义。	体积是对物体大小的数值化描述。
	（2）认识常用的体积（容积）单位，感受其大小的实际意义，掌握单位之间的进率转换。	①体积单位产生的必要性及使用途径；②体积单位的确立，建立体积单位的直观表征，选择恰当的体积单位刻画待测对象的大小；③体积（容积）单位之间的转换。
	（3）探索和掌握长方体、正方体、圆柱及圆锥的体积计算方法，能够解决与其体积有关的简单实际问题。	①计数长方体包含的体积单位个数；②抽象单位计数与长方体长宽高之间的关系，验证、归纳长方体的体积公式；③尝试建立底面积与长×宽之间的联系。
	（4）探索不规则物体的体积测量方法，提高动手操作能力，进一步发展空间观念。	①体积守恒规律，利用实验等多种方法测量不规则物体的体积；②运用转化的方法解决问题。
过程方法	（1）通过比较待测对象体积大小的活动，在直接度量和间接度量中，体会待测对象的可量化属性。	体积的度量是对物体大小的数值化表示，是未知量里含有单位标准的计数过程。
	（2）经历确定体积（容积）单位的过程，体会度量单位的实际意义，发展空间观念，形成体积量感。	①体积与形状无关，与含有体积单位的数量有关；②对物体体积的大小有直观感觉，能正确估计物体的体积大小。
	（3）探索长方体、正方体的体积计算方法，发展推理能力。	①在探索过程中能够建立联系，进行转化；②根据联系进行算法推理、归纳。
	（4）在"类比猜想—验证说明"的过程中，沟通立体图形体积之间的联系。	运用转化思想，发展类比、归纳等合情推理能力。
情感态度价值观	在具体情境中培养发现并提出问题，运用知识分析解决问题的能力。	①积极参与学习活动、独立思考，主动与同伴合作探究，分享交流观点；②对结论进一步反思质疑；③感悟数学的严谨与结论的科学。
	主动参与探究活动，能够独立思考、合作交流，在过程中反思质疑。	

三、大概念的提炼与获得

在学科构成中，大概念代表了学科核心观念，大概念以及在应用大概念解决问题上的表现体现了学科课程标准的要求。由于学科核心素养代表了学科课程的目标，因此对大概念的理解与应用体现了学科核心素养的要求，如图 1 所示。

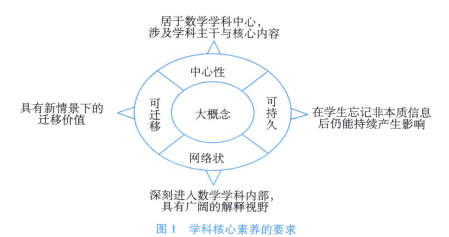

图 1　学科核心素养的要求

【大概念】单位是将整体转化为部分，使之可测量和可比较的统一标准工具。

如庞加莱所述：如果没有测量空间的工具，我们便不能构造空间。度量是人们对客观事物某一方面的属性进行刻画的数值化表示。进一步来说，度量就是将一个待测量和一个标准量（度量单位）进行比较，"标准"的个数就是度量的数值化结果。

对任何待测对象的量化，都必须使用统一的度量标准，由此体现了"单位"作为度量内核的突出地位。在初步借助实物或图形建立单位表征、获得感性认识后，通过不断实践，逐步形成量的抽象与思维形象的融通，使得"单位"思想不断深入，量感不断发展。与此同时，在这样螺旋式上升的探索中，从长度单位中收获的经验不断迁移至对面积、体积单位系统的构建，进而使图形度量的单位观念切实着陆于学生头脑中。

【大概念】从现实空间中抽象出关键数学特征，认识要素并研究要素之间的关系。

小学数学教学的终极目标在于，"会用数学的眼光观察现实世界，会用数学的思维思考现实世界，会用数学的语言表达现实世界"。弗兰登塔尔认为"与其说学数学，倒不如说学习数学化"，这个观点点明了数学学习的本质所在。"数学化其实就是从外部的现实世界到数学内部，从数学内部发展，再到现实世界中的全过程，数学化的本质在于三个阶段，即现实问题数学化、数学内部规律化、数学内容现实化"。

四、教学活动设计

学习活动是单元整合教学的主体，是学生身心发展的源泉，因此学习活动的设计也就成为单元整体架构的核心内容。好的学习活动应以激发学生的兴趣为导向，以活动任务为驱动，以自主探究、生生互动、师生互动为主要实施方式，使学生在活动中真正获得发展。因此，在整体设计单元学习活动时，要创设真实可感、富含意义的学习任务，以凸显学生在活动中的主体地位。在整个单元的实施过程中，教师应通过工具撬动学生的学习，让学生在二维与三维的相互转化中，深度把握立体图形各要素之间的关系，发展空间观念。教学活动设计见表 3。

表 3 "立体图形的表面积与体积"教学活动设计

主题	活动	内容安排	学习任务
丰富活动经验，发展空间观念	"围"长方体	面的特征（1 课时）	利用方格纸为 7×4 的长方形配上其他 5 个面使之成为长方体。
	"搭"长方体	棱的特征（1 课时）	用 3 种长度的小棒（每种足够多）分别搭出没有一个面是正方形的长方体、有的面是正方形但不是所有面都是正方形的长方体和 6 个面都是正方形的长方体。
	"拆"长方体	平面展开图（2 课时）	①明确什么是正方体的平面展开图；②将正方体沿棱展开成平面图形；③排除重复情况；④观察已拆解的情况，猜测还有哪些可能的展开图；⑤以小组为单位对猜测情况进行验证；⑥判断平面展开图，明确判断方法。
	"折"长方体	表面积（2 课时）	将一张长方形方格纸进行折叠，形成一个长方体空心纸柱，对长方体的侧面积、表面积进行研究。
	"切"长方体	正方体截面（实践活动）	遵循"类比猜想—验证说明"的研究思路，通过动手实践切出三角形、长方形、正方形、梯形、平行四边形、五边形、六边形等截面形状。

		体积与容积 （1课时）	经历筛选体积单位的活动，体会正方体作为体积单位的优越性。
丰富活动经验，发展空间观念	"量"长方体	体积单位 （1课时）	通过对常用体积单位的感知以及对相互关系的探索，建立体积单位的表象，加深对体积与体积单位的理解，在推理的过程中发展空间观念。
		长方体体积 （2课时）	①选择64个1立方厘米的小正方体搭成不同的长方体，记录每个长方体的体积和它的长、宽、高； ②观察表格中的数据并进行猜想； ③对猜想进行验证； ④分析明理：长方体的体积为什么等于长×宽×高/底面积×高呢； ⑤交流归纳，发现每种数量的小正方体搭成长方体的体积公式。
		不规则体积 （1课时）	测量石块体积。 设计实验过程，探究不规则物体体积的测量方法；尝试用多种方法解决问题。
	"包"长方体	包装中的学问 （实践活动）	怎样包装表面积最小？ 课上对四个完全相同的长方体的包装问题展开研究。"是否长、宽、高的和越大，表面积越大""是否最长棱与最短棱的差越小，表面积越大"。
			课下开展实践研究，利用"六连包"的情况对课堂上的猜想进行验证并引发新的思考。

五、教学特色分析

（一）理解表面积、体积的意义是学生掌握表面积、体积的计算方法的关键

理解表面积、体积的意义是学生探索、发现表面积、体积的计算方法的前提，是学生理解并掌握计算方法的关键。这一学习过程也加深了学生对长方体特征的进一步理解。对于儿童来说，空间与图形更多地依赖生活经验的积累，而对图形进行拼合、分割、变形等动手操作活动则可帮助儿童积累和丰富有关图形与空间观念的经验。在长方体的体积教学中，学生的操作过程应当成为学生学习活

动的重要组成部分。回归本原，长方体的体积就是体积单位的个数，只有在实践操作的过程中学生才能对长方体的长、宽、高以及体积建立紧密的联系，也只有疏通体积单位与长、宽、高以及体积的关系，学生最终才有可能将计算公式从记忆的层面上升到理解和运用的层面。

（二）让学生在经历过程中得到发展

经历过程是达成教学目标的重要途径。这意味着教师要充分发挥学生的主动性、积极性，充分运用学生已有知识和经验去传授新知识，同时尽可能采取自主的、合作的、探究的学习方式组织教学。在关注结果的同时更应关注知识获得的过程，让学生知其然更知其所以然。教师在操作中要疏通数学要素的关系，使学生初步形成三维空间观念：由一个顶点出发，从三个方向引出的长、宽、高决定了它所占空间的大小，感受长、宽、高与长方体大小的联系，使学生对空间中的物体具有三维空间知觉和空间能力，从而形成三维空间观念。

（三）让学生在联系生活中体会学习计算长方体的表面积、体积的价值

掌握计算方法不是最根本的目的，不是为了计算表面积、体积而学习方法，其根本目的是使学生获得解决问题的方法。要培养学生将情景数学化的能力，把数学和生活、生产联系起来，提取数学信息，体会计算表面积的价值，体会数学从生活中来又回到生活中去，增进学生对数学的理解。

六、学习效果评价及作业设计

（一）学习评价

为判断该大概念的学习要求是否得以落实，我们进行了三个方面的评价设计：针对大概念的学习要求设置任务及其评分规则，针对上述知识技能要求设置表现性任务及其评分规则，参考课堂表现进行评价。

1. 知识与技能的评价标准

通过对上述目标的分析，可以知道"理解""掌握""运用"是知识与技能目标的基本要素。下面我们针对这些要素，提出具体的要求，使之成为知识与技能的评价标准，如表 4 所示。

表4 知识与技能的评价标准表

评价要素		表现性任务评价	评价等级
知识与技能的评价标准	理解评价	能说明长方体的表面积是指长方体表面积的大小。知道立体图形的表面的大小都可以称作表面积。	1.0
		知道长方体的表面积与6个面的大小有关，与它的长、宽、高有关。	1.0
		能用简单确切的语言描述长方体表面积的含义。	1.0
		能用文字或字母表达长方体表面积的计算方法。	2.0
		知道长方体表面积的计算方法是根据长方体的特征和表面积的含义，用计算长方形面积的方法得出的。	3.0
	掌握评价	根据长方体表面积的计算方法，能正确计算长方体的表面积。	2.0
		根据正方体的特征和长方体表面积的计算方法，能正确地计算正方体的表面积。	2.0
		根据长方体和正方体表面积的计算方法，自己能提供所需的条件和数据，并进行实际计算。	3.0
		根据表面积的计算公式，能说明公式中每个数据和每步运算的实际意义。	3.0
	运用评价	能运用"表面积"的术语表达长方体物体和立体图形外表部分的大小。	2.0
		能运用长方体、正方体表面积的计算方法计算形状是长方体或正方体的物体的表面积。	2.0
		能运用长方体、正方体表面积的计算方法计算少底或少盖的形状是长方体或正方体的物体的表面积。	2.0
		能运用表面积的计算方法解决生活中与长方体、正方体表面积计算有关的实际问题。	3.0

2. 过程与方法的评价标准

在知识与技能的评价标准得到确定的基础上，从大概念的教学理念出发，组织学生参与活动，引导学生经历理解、掌握和运用的活动过程，让学生在达成知识技能目标的同时，促进发展性目标的落实。因此，过程与方法是学生在学习中获得知识、得到发展必不可少的内容。但是，必须看到并加以承认的是，由于学生经历的活动不同、方法不同、过程不同，所达到的效果也是不同的，为此，有必要对过程与方法提出评价标准（见表 5）。

表 5　过程与方法的评价标准表

评价要素		表现性任务评价	评价等级
过程与方法的评价标准	操作评价	给长方体纸盒的每一个面分别标明上、下、前、后、左、右。	1.0
		用三种颜色将纸盒的上下、前后、左右三组面表示出来。	1.0
		先将纸盒的上面与后面相交的一条棱剪开，再将左右两个面与上面相交的两条棱剪开，最后将上下方向的 4 条棱剪开，将纸盒展开为由 6 个长方形组成的平面图形。	2.0
		在展开图上找一找，每个长方形的长和宽与长方体纸盒的长、宽、高的关系。	3.0
	观察评价	观察纸盒的展开图，指出面积相等的长方形，想一想为什么相等。	1.0
		观察纸盒的展开图，想一想面积相等的长方形可以分成几组。	1.0
		观察纸盒展开图和长方体模型，思考展开图的面积与长方体纸盒表面的大小有什么关系。	2.0
	迁移评价	根据长方体的特征，能找出展开图中面积相等的长方形。	1.0
		根据长方体的长、宽、高，能联想到长方体中每个长方形的长和宽。	2.0
		根据长方体表面积的含义，知道计算表面积的步骤和方法。	2.0
		根据长方体表面积的计算方法，联想到正方体表面积的计算方法。	3.0
	探索评价	怎样把长方体纸盒的表面展开成平面？思考，并尝试获得最好的方法。	2.0
		能通过展开长方体纸盒又还原的方法，发现纸盒的展开图就是长方体的表面，展开图的面积就是长方体外表部分的面积。	3.0
		能根据长方体表面积的含义，用不同的方法计算长方体 6 个面的总面积，发现长方体表面积的计算方法。	3.0
		能根据计算长方体表面积的思想方法，自觉地去寻求发现正方体表面积的计算方法。	3.0

续表

	评价要素	表现性任务评价	评价等级
过程与方法的评价标准	交流评价	在交流中使不同水平的学生理解表面积的含义。	1.0
		在交流中用自己的方法表达计算长方体表面积的方法。	2.0
		在交流中呈现不同的方法（算式）。	2.0
		在交流中学生能用自己的语言说明公式所表达的意思。	2.0
		在交流中要让自己理解别人的意思，又要让别人理解自己的意思。	3.0
	概括评价	通过对长方体纸盒和纸盒展开图的观察，能把它们都有 6 个面、都表示 6 个面的大小的共同点归结起来，从而得出什么是长方体表面积的结论。	2.0
		对于长方体表面积的计算，从都是计算 6 个面的面积之和的共同点出发，找出比较简单的方法，归纳长方体表面积的计算方法。	3.0
		在学习长方体表面积计算的基础上，学生能自己得出正方体表面积的计算方法。	3.0

3. 情感与态度的评价标准

情感与态度是学生在学习过程中对学习内容、学习活动、学习方式、学习效果及教师的教学行为的内心感受和需要的满意度体验，从而做出积极与消极、主动与被动、喜欢与讨厌、热情与冷淡、愉快与痛苦的反映（见表6）。

表 6　情感与态度的评价标准表

	表现性评价	评价等级
情感与态度的评价标准	乐意灵活运用计算表面积的方法去解答较难的变式题	1.0
	在活动中，能主动地提出问题	2.0
	先独立思考，再和同学老师交流	2.0
	能积极参与操作、观察、探索和交流活动	2.0
	能主动地评价自己的学习，对存在不足的知识与技能乐意纠正	3.0

（二）单元作业设计

作业一：长方体和正方体

一、选择题

1. 一个正方体的棱长是 6dm，它的表面积和体积相比（　　）

　A. 体积大　　　　　　　B. 表面积大　　　　　　　C. 无法比较

2. 下列有 ☐ 的立体图形是（　　）。

A.　　　　　　　　　B.　　　　　　　　　C.

3. 一个长方体的棱长总和是 64cm，这个长方体的长、宽、高的和是（　　）。

　A. 16cm　　　　　　　B. 8cm　　　　　　　C. 4cm

4. 一个墨水瓶的容积约为 50（　　）。

　A. L　　　　　　　　B. dm³　　　　　　　C. ml

二、填空题

1. 把三个棱长都是 4cm 的正方体拼成一个长方体，表面积减少了＿＿＿＿＿cm²，它的体积是＿＿＿＿＿cm³。

2. 观察下图，盖住的面中有几个点？

（　　）　　　　　　　　　　　（　　）

3. 图2是图1的表面展开图。将这个正方体先向前翻滚一个面，再向右翻滚一个面，这时正方体朝上一面的数字是＿＿＿＿＿。

图1　　　　　　　　　　　图2

三、做图题

1. 在下面的方格纸上画出一个长方体的展开图。

2. 将下面没有画完的长方形和正方形画完。

四、解决问题

1. 一块长方形铁皮如下图，从四个角各切掉一个边长为 3cm 的正方形，然后做成盒子。这个盒子用了多少铁皮？它的容积有多少？

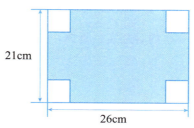

21cm

26cm

2. 将一个棱长为 1 单位的正方体沿水平方向按任意尺寸切成 3 段，再竖着按任意尺寸切成 4 段，求表面积。

作业二：圆柱与圆锥

一、填空题

1. 一个圆柱形玻璃容器的底面直径是 10cm，把一块完全浸在该容器水中的铁块取出后，水面下降 2cm，该铁块的体积是_____cm³。

2. 把一根长 2m 的圆柱形木料锯成三段小圆柱后表面积之和增加了 24dm²，则原来这个木料的体积是_____dm³。

3. 把棱长 2dm 的正方体木块削成一个体积最大的圆柱体，则这个圆柱体的体积是_____。

4. 把一个底面周长是 9.42cm、高是 3cm 的圆柱形木材，沿底面直径垂直锯开，平均分成两块，则截面是_____形，面积是_____cm^2。

5. 将一个长为 6cm、宽为 4cm 的长方形，以长为轴旋转一周，将会得到一个底面直径是_____cm、高是_____cm 的圆柱体。

二、做图题

一个圆柱的底面直径和高都是 2cm，请你画出它的侧面展开图，并在图上标明有关数据。（小格边长为 1cm）

七、专家点评

内容翔实、具体，指向数学核心素养。

一言一语总关情

——口语交际系列大概念单元教学设计

一、知识背景、指导思想与理论依据

2020 年修订的普通高中各学科课程标准提出"以大概念促进学科核心素养的落实",明确指出大概念是各学科落实核心素养的重要途径。它是学科思想方法和学科理论体系的载体,能揭示学科知识内容之间的普遍联系并能反映学科本质。

大概念教学的产生和信息时代的到来息息相关。面对人工智能的挑战,我们不再需要工业时代的复制者,教育要培养的是能够做人工智能所做不到的事情的人。语文学科的核心素养——"语言建构与应用""思维发展与提升""审美鉴赏与创造""文化传承与理解"是培养人具有合作能力、丰富情感和专家思维的要素。

语文学科的性质契合了大概念教学。大概念的核心是真实性,这个真实性的意义是生活价值,所以这个"大"意味着与未来真实生活相关联。《义务教育语文课程标准》(2011 年版)明确指出了语文的课程性质:义务教育阶段的语文课程应使学生初步学会运用祖国语言文字进行交流沟通,吸收古今中外优秀文化,提高思想文化修养,促进自身精神成长。可见,语文是和学生生活密切相关的学科。

大概念是核心素养或学科素养与具体内容相结合的抓手,是学科核心素养落地的方式。它与核心素养的提出都是在目标层面思考培养什么样的人。所以,它启示我们将口语交际的教材内容进行整合,设计真实而复杂的情境,打通学校教育与真实世界的关系。因为大概念教学的核心是真实性,以及它产生的背景和对未来的指向,这让教材重组和课程重构有了依据和支撑。

二、教学目标的设定

(一)教学目标

根据上述背景，结合口语交际的意义和应该掌握的知能，我们设计了口语交际的教学目标，见表1。

表1　口语交际的教学目标

学会迁移	
具有日常口语交际的基本能力，能文明和谐地进行人际沟通和社会交往。	
理解意义	掌握知能
口语交际是在生活中面对不同情况做出反应，以及在长期的社会实践中形成的能力。	1. 了解口语交际中讲述、复述与转述、即席讲话、应对、讨论与辩论的相关知识，并能够区分不同类别；掌握这些类别的基本原则和常用方法。 2. 能够根据具体的情境，选择恰当的方式。
能够理解语言是有对象的目的性行为，口语交际需要考虑交流对象，需要结合具体场景，进行恰到好处的表达。	1. 耐心专注地倾听，能根据对方的话语、表情、手势等，理解对方的观点和意图。 2. 掌握多种交流方式，并能根据实际对象和具体场景灵活选用。
口语交际是生活中遇到的最多的场景，能够理解交流是为了沟通，为了达成共识、解决问题，体会、领悟方式是为目的服务的，成功的人际交往依靠的是真诚和善良。	在反复的活动实践中增强参与意识，善于总结，提升自己的思维和表达能力，提高自身素质。

(二)学科分析

依据学科大概念重新组合口语交际的教学内容。

依据语文学科的核心素养"语言建构与应用""思维发展与提升""审美鉴赏与创造""文化传承与理解"，和《义务教育语文课程标准》（2011年版）在"具体建议"中指出的，"口语交际能力是现代公民的必备能力。应培养学生倾听、表达和应对的能力，使学生具有文明和谐地进行人际交流的素养"，我们将学科大概念确定为"具有日常口语交际的基本能力，能文明和谐地进行人际沟通和社会交往"。

依据这一学科大概念，我们将口语交际的相关五个内容——讲述、复述与转述（八年级上学期）、应对、即席讲话（八年级下学期）、讨论（九年级上学期）重新组合，放在八年级上学期的最后一个月进行。

需要说明的是，因为学校有选修课和社团课程做专门讲解和培训，就没有将辩论（九下）放在这里。

（三）教育分析

教材要考虑中小学衔接的问题，因而七年级的相关内容只融合在综合性学习中，没有设置专题。

其实，口语交际从孩子们走入校园的那一天，甚至是更早的时候即在他们和别人表达自己的愿望时，就产生了。

现在的学生从初中开始，几乎每节语文课都有 5 分钟的课前表达；尤其是在北京这样的大都市中，有些七年级的学生就参加了北京市科技创新大赛等，需要答辩、即兴演讲。

所以学生其实有大量的生活经验，我们需要的只是归类、整理，用一些学生没有意识到的方式加以点拨，对之进行有意识的技能训练。

有了大概念的引领，就可以将口语交际的相关内容关联起来，放在八年级上学期结束前完成教学。另外，口语交际能力不是一蹴而就的，能够倾听他人，善于表达自己，具备快速的反应思维……需要经过反复的有意识的训练，只有这样学生才能在日后的生活中解决实际问题。

学生在未来的生活中，遇到的最多的且最真实的情境就是每天和他人的沟通和交流。具备良好的口语交际能力，能文明和谐地进行人际沟通和社会交往，将会影响他们的生活和职业幸福感。

结合教材内容和学生实际情况，我们把这个版块教学放在了八年级上学期的后期。在新年即将到来的时候，学校有科学节和艺术节，学生可以学以致用。

（四）具体内容分析

1. 教学内容在教材中的位置

在统编版初中语文教材中，口语交际一共有讲述、复述与转述（八年级上学期）、应对、即席讲话（八年级下学期）、讨论（九年级上学期）、辩论（九年级下学期）六个内容。以前，这六个内容都是随着教材而讲的。教材这样编排有它的考虑：为了与小学语文较好衔接，七年级的口语交际主要融合在综合性学习中，培养学生一般的口语交际能力。八、九年级则以口语交际专题的形式和活动探究单元的形式，对常见的口语交际类别进行分项训练，同时，兼顾文体学习，以提高学生的口语表达能力。比方说，将讲述放在"新闻消息"后面，实际上是因为新闻对于语言表达的准确和生动有具体要求。将讨论和辩论放在九年级，是因为学生在九年级学习了议论文，可以更有章法、更有说服力地表达自己的观点、阐述理由。

2. 重新组合教学内容的其他思考

口语交际是需要在实践中才能形成的能力。将教学内容整合重构、前置，是为了让学生在大量的生活体验中有意识地去体会、思考、总结，从而再实践、再提升。

（1）在现代社会，口语交际是一个人生存与发展不可或缺的能力，能力的获得需要学习，语文课程便是习得口语交际能力的重要渠道。在口语交际中听与说是相辅相成的，所以在口语交际教学中，听与说的能力需要共同提高。在教材中设置口语交际专题，有助于开辟特定的学习场域，营造合适的学习氛围，集中多样的学习任务，使学生在较短时间内能有较多收获。

（2）虽然将五个内容重新组合在一起，但并不是要集中学完；而是在一个月的学习过程中和课文学习穿插进行，借助整个单元来引导学生反思、总结生活—提炼知识体系—总结策略方法—在真实情境中解决问题，从而在这样的循环中提升思维、培养能力，这也是教材中所倡导的增加实践机会，提高运用方法的熟练度，从而提高口语交际能力。

（3）重组过程关注的是学生在解决问题过程中思维的培养，在实际生活的运用中不断提升能力，重视情境的合理化、真实性，不拘泥于教材的原有编排顺序。

口语交际的学习不可能一蹴而就，因为口头表达经验是慢慢积累的，能力也是逐渐提高的，所以把调整教学内容顺序就是要把专题学习集中习得的优势和日常学习反复巩固的特点结合起来，增加反复练习的时间，比方说利用课前 5 分钟等坚持练习，同时在今后的语文学习中应引导学生特别关注自己的口语表达。

3. 重新组合教学内容和教学思路

根据具体教学内容的分析，我们将教学内容和教学思路进行了适当重组，见表2。

表 2　重组后的教学内容和教学思路

教学内容	所在位置	调整后位置	具体要求	整体教学思路
讲述	八年级上学期	八年级上学期后期	讲述见闻，内容具体、语言生动	反思、总结生活—提炼知识体系—总结策略方法—在真实情境中解决问题
复述与转述			复述转述，完整准确、突出要点	
应对	八年级下学期		为人有则，善于倾听，快速思维	
即席讲话			自信、负责地表达自己的观点，清楚、连贯，有说服力	
讨论	九年级上学期		能够有理有据地发表自己的看法，有集中统一的议题、秩序井然的过程、互动合作的交流、相对一致的结论	

三、大概念的提炼与获得

(一)学科大概念的确立

具有日常口语交际的基本能力，能文明和谐地进行人际沟通和社会交往。

(二)学科大概念的提炼与获得——自上而下地深入

（1）大概念是连接学科核心素养和课程内容的桥梁。

在统编版教材中，八年级语文上册对应口语交际之"讲述、复述与转述"；下册对应口语交际之"应对、即席讲话"；九年级上册对应口语交际之"讨论"。这样的课程内容承载着哪些核心素养的培养任务呢？

语文学科的核心素养是"语言建构与应用""思维发展与提升""审美鉴赏与创造""文化传承与理解"，很明显，口语交际承载着"语言建构与应用""思维发展与提升""文化传承与理解"的核心素养培养任务。

（2）大概念直指学科本质。《义务教育语文课程标准》（2011 年版）明确指出语文的课程性质："义务教育阶段的语文课程，应使学生初步学会运用祖国语言文字进行交流沟通，吸收古今中外优秀文化，提高思想文化修养，促进自身精神成长。"

（3）大概念是核心素养落实的实施路径，它能统摄大量的学科知识，形成学科系统。《义务教育语文课程标准》（2011 年版）在"具体建议"中指出："口语交际能力是现代公民的必备能力。应培养学生倾听、表达和应对的能力，使学生具有文明和谐地进行人际交流的素养。"

四、教学过程设计

详细的教学过程及教学活动设计见表 3。

表 3 教学活动设计

教师活动	学生活动
环节一：创设情境，导入新课	
教师活动 1 在我们去故宫的活动中，看得出大家非常喜欢故宫，觉得它神秘、厚重。	**学生活动 1** 1. 学生观看当时的活动小视频 2. 学生基本上会喜欢这样的活动

11月27日，由北京市委教育工委、市教委与故宫博物院、国家大剧院联合主办的"见字如面·对话故宫"书信交流活动启动。9位学生代表向全市中小学生发出倡议："期待我们一起，见字如面，对话故宫！" 　　大家喜欢这个活动吗？ 　　如大家所愿，学校团委决定响应号召，参加这次书信交流活动。校团委书记和学生会主席商量后，决定由学生会发起此次活动。假如你是学生会主席，你将如何完成此次活动？	3. 此时学生的讨论热情比较充沛，引导学生梳理出流程 

活动意图说明

这是北京市的真实活动，通过创设这样一个情境，让学生在参与中思考，在活动中体会学习和生活的关系，让学生感受到在面对生活中的问题时所学知识能派上用场，激发学习兴趣。在学生活动的三个流程中，分别落实复述、讨论、转述、讲述和即席讲话的相关知识，并能结合生活加以应用。

环节二：召集会议，说明目的

教师活动 2	学生活动 2
1. 作为学生会主席，你将召集学习部、活动部的成员，你会如何设计自己的发言？复述团委老师的话，让大家了解活动，清楚目的，共同策划此次活动。 2. 大家能想到用复述的方式很好，复述是我们常用的口头表达形式。生活中，我们将和某人聊天时听到的故事讲给另外的人听，或者将电视中看到的内容讲给别人听，包括复述课文，都是复述。 我们一起来回忆一下这些经历，看看能否总结出一些复述要注意的问题。 3. 教师在学生梳理的基础上，点拨提升。	1. 请三位同学分享发言思路，大家交流哪个思路较易梳理并达成共识。 团委老师表述得很清楚，基本复述团委老师的话可以让大家了解活动的目的，清楚意义。 2. 学生自主发言，总结复述时要注意的问题。 3. 学生根据总结的复述要点，阅读团委老师的话，并进行思考，复述。同时，根据要点量表进行评价。 团委老师的话（PPT展示）如下： 11月27日，北京市委教育工委、市教委与故宫博物院、国家大剧院联合主办"见字如面·对话故宫"书信交流活动启动。9位学生代表向全市中小学生发出倡议："期待我们一起，见字如面，对话故宫！"

疫情期间，北京市7位初中生发起了"拿起纸笔·见字如面"书信交流活动，号召同学们以书信形式交流，弘扬传统文化，感受独特魅力。2020年9月10日，北京市教委发出第二期活动通知，倡议同学们远离手机，拿起纸笔，参与书信交流和朗诵活动。

启动仪式上，故宫博物院院长王旭东向青少年发出邀请："未来，故宫欢迎更多学生走进故宫，了解故宫承载的中华优秀传统文化，拿起纸笔记录心中感悟，让古老的故宫焕发出青春的活力。"

我们学校也响应号召，参与这个活动。希望大家放下手机，拿起纸笔，透过一纸书信写下思念，抒发情感。在这个过程中，大家通过走进故宫博物院这样的文化殿堂，浸润在传统文化中，从中华5 000年文明中领略古人的智慧，感悟今天的文化。这样的熏陶对于你们厚植爱国情怀，增强文化自信有很大意义。而且，我们现在对话故宫、对话历史，以后还可以对话时代、对话未来。

附：评价量表

注意要点	复述关注	自评	他评
对原材料的处理	根据要求选取内容要点		
逻辑条理	适当进行综合、概括，要点之间要有内在联系，注意条理清楚		
语言表达	转换为自己的语言，多用口语，语言表达要准确、清晰、连贯		

活动意图说明

本环节引导学生关注生活，并善于从生活经验中总结知识、梳理经验，完善知识结构，更好地将知识运用到实际生活中以解决问题，同时让学生在思考、讨论与分享中不断总结、提升。

环节三：讨论流程，设计方案

教师活动3	学生活动3
既然大家已经达成一致，那我们就赶紧来讨论流程、设计方案吧。 一听到讨论，我看到大家已经习惯性地坐在一起了，说明这个活动我们太熟悉了。话说对于我们这么熟悉的讨论，大家了	1. 学生结合平时的课堂讨论，发现问题，并整理出相关的规则。 常见问题： （1）主题不够集中，跑题现象严重，有时成了聊天； （2）发言往往集中于某几位同学，做不到所有人都发言； （3）有的同学过于激烈，听不进其他同学的意见。 明确讨论的目的：

解多少呢？什么是讨论？怎么才是正确的讨论？	研究、解决问题，寻求卓见，达成共识。 讨论的总原则： 紧扣议题、言无不尽、包容合作。 围绕目的和原则，为避免出现上述常见问题，整理相关规则（学习量表）：

讨论原则：紧扣议题、言无不尽、包容合作			
讨论规则	备注说明	自评	他评
预先公布相关要求，明确讨论的主题、注意事项等	相关要求必须具体、明确、有可操作性		
发言的观点要明确	清楚、明确表达自己的观点，有的放矢，突出重点		
发言时间与次数有要求	每人的发言时间不能太长，否则容易跑题；发言次数也不能太多，否则容易形成一言堂		
不同问题依次讨论	发言不要偏离当前问题，只有在一个问题讨论完毕后，才能讨论另一个问题		
参与者发言机会均等	每一个参与者都要发言，特别是意见不同的参与者		
就事论事，文明表达	讨论的目的是研究、解决问题，发言时应理性客观地发表意见，坦诚谦虚地对待不同看法，互相信任、互相帮助		
尊重发言的完整性	不随便打断他人发言，学会尊重别人，尊重别人就是尊重自己		

2. 在这个量表的指导下，展开有效讨论；

3. 每组互派一名观察员，看其他组的讨论的组织和效果；讨论结束后，每组围绕量表和以前的讨论进行比较、自评；观察员围绕量表进行点评。

活动意图说明

通过发现以前讨论中存在的问题，归纳整理出规则和要求，这本身就是一种思维的提升；在生活中养成反思的习惯，将会受益终生。口语交际能力需要不断在生活中实践才能得以提升。

环节四：组织开展，落实环节

教师活动 4	学生活动 4
1. 根据活动方案，学生会邀请语文组的老师当评委。作为学生会主席，你要叮嘱活动部部长向语文组的教研组长发出做活动评委的邀请。老师暂且做学生会主席。	1. 我悄悄地把要说的话告诉了一个学生，并且叮嘱学生要寻找理由再找一名学生帮他向老师转达，直至找到第四个学生； 2. 请第四个学生把听到的内容向老师转达； 3. PPT 展示老师最初的话，和第四个学生转述的话进行对比，想一想转述需要注意哪些方面的评价量表。

转述原则	注意细节
准确、完整	根据转述对象，改变人称、时间、空间等
把握重点，不遗漏要点	一定传达传话人的本意

活动意图说明

对于转述，学生从小学就接触，不是难点，所以要通过有趣味的活动，吸引学生注意转述的细节。

环节五：活动表彰，复盘总结

教师活动 5	学生活动 5
1. 在语文组老师的认真评比下，"见字如面·对话故宫"活动选出了 15 封写给故宫的信。在总结会上，学校将邀请 5 位同学现场展示自己写给故宫的信。我们班也有一位同学入选，我们有幸先一饱耳福。 2. 学生可能喜欢各种形式的表达，引导学生思考：对于信，是单纯朗读好还是以讲述形式表达好？	(见下表)

讲述的总体要求：讲述见闻，内容具体，语言生动			
讲述的原则	采用的方式		
注意对象与场合	观察场合	正式场合	1. 斟酌言辞，想好开头和结尾 2. 语调平缓自然，语气庄重严肃
		日常聊天	语气语调多变化，但要得体
	注意对象	关注听者的性别、年龄、身份、职业及与自己的关系	
重点突出、条理清楚、控制时间	确定重点	高潮部分饱满生动	
		铺垫部分简洁平实	
	梳理顺序	条理清晰，符合事情发展过程。忌旁逸斜出。	
运用技巧、自然得体	恰当选用插叙、倒叙、补叙、设疑、铺垫和各种修辞手法		
	利用停顿、重复来加重语气语调		
	注意口语特点，多用短句		

根据评价量表，小组内每位同学自选一个场景进行讲述，大家共同评价，促进表达。

教师活动6	学生活动6

教师活动6

1. 作为颁奖活动的主持人，听完同学的这封信后深有感触，想请获奖代表发表一下获奖感言。

2. 主持人听到了大家的笑声，为什么会发出笑声呢？大家要知道，神态也是一种无声的评价。

3. 那我们请获奖同学说一说，你刚才是怎么想的？为什么会以这些话作为获奖感言呢？

4. 是的，这样的发言就是一种即席讲话，它对发言者的要求要更高一些。即席，说明没有充足的准备时间，更考验说话者的聪明才智。

我们来看两段获奖感言。

这两段获奖感言获得无数好评，我们来看一下，他们的共同特点是什么？

5. 除了大家提到的，因为时间短，即席讲话一定要观点明确、针对性强。要有自己的语言特色，这样才能吸引人。

6. 我们大家都喜欢看即席发言，因为它闪烁着智慧的光芒。即席讲话需要有意识地锻炼和长期培养，大家要抓住每一次机会。

现在请每个组在下发的纸条上写一个你们组最向往的场景，要写清楚背景、场合和要求的内容，例如：在同学的生日聚会上送祝福。

学生活动6

1. 获奖学生发表感言。

最可能出现的情况：

学生模仿电视当中的获奖感言，集中表达的是各种谢意。

2. 学生的评价：

听到的这种感言太多了，和电视里的一样。

3. 学生的回答基本上会是：

紧张，不知道该说什么，就说了最常听到的。

4. 学生观看：

(1) 2020年诺贝尔化学奖2位获奖女科学家的获奖感言视频。

(2) 1949年，珍·惠曼因在《心声泪影》中成功扮演了一个聋哑人而获得金球奖。在颁奖大会上，她的感言是："我因一句话没说而获奖，我想我该再一次闭嘴。"

5. 学生自己体会、思考，之后交流发言阐述共同特点：

(1) 简洁明了，主题突出；

(2) 能够就地取材，引起共鸣。

6. 根据自己总结和老师的提示，梳理总结即席讲话的学习量表。

即席讲话总体原则：有自己的观点，有一定的说服力			
原则	技巧和方法	自评	他评
清楚特定的背景、场合	就地取材，作为切入点——引起共鸣		
观点明确，针对性强，条理清楚	讲话妥当、得体，不能模棱两可、含糊其词——掷地有声		
讲究方法	鲜明的语言特色——印象深刻		

7. 学生以小组为单位写场景。

8. 收回每个小组的纸条，放在盒子里。请同学们上来抽纸条，根据纸条上的场景发表即席讲话。

根据学习量表、评价依据，指出亮点和需要改进的地方。

活动意图说明

即席讲话是对一个人综合能力的考查，相对来说是难点。让同学们在自己归纳总结的基础上，设置场景，增加趣味性，在实际的场景中不断反思提升，锻炼能力。

教师活动7

1. 昨天下课后，有同学找到我，说："这个活动太有意思了。"但是，他觉得颁奖仪式上少了一个环节，若再增加一个环节，这个活动在他眼里就完美了。那这节课，我就把话筒交给他。

2. 谢谢同学。听了你的总结，你对刚才获奖同学的答记者问很满意。刚才你是集中从内容角度做的评价。你还能从其他方面，比方说语气语调、反应等方面给出评价吗？

3. 这个评价就涉及因果，更深了一层。那你能说说什么情况下会比较激烈吗？

4. 老师特别高兴看到同学们在回答问题时有理有据，这说明我们同学的思维在提升。
像外交部新闻发言人这样的答记者问，我们在史书上也看到很多。谁能举出古代、现代社会中你印象最深的例子并分析一下你印象深刻的原因。

5. 大家对刚才举的例子印象深刻，最重要的原因就是充满智慧、维护尊严。这些场景从语文的角度说，都属于应对。善于应对，是一个人综合能力的表现。
请大家阅读教材，结合教材内容和大家刚才举的例子，了解应对的种类和特点，看看有哪些应对的基本策略和常用方法，可以增强我们的应对能力。整理出我们的学习量表。

6. 从刚才激烈的场景中看得出大家特别喜欢我们外交部两位新闻发言人，喜欢他们的智慧、喜欢他们对国家尊严的维护。

学生活动7

1. 主持学生上场，做自我介绍。
同学们好！就像老师刚才说的，这个活动我特别喜欢。因为这些内容都是我们生活中的。以前我觉得汉字我基本上都认识了，学习语文没用，但是现在我发现，我们学习的知识确实能指导我在生活中更好地解决问题，展示自己。我觉得这个活动在表彰环节之后，应该再加一个"答记者问"，让这些获奖同学能和我们分享一下经验。同学们觉得怎么样？
既然大家热情这么高，我就暂时充当一下主持人。有请我们的嘉宾——获奖选手上台。各位同学，由于时间关系，本场记者见面会只能回答5个问题，请各位记者抓紧时间、抓住机会。

2. 获奖小选手答记者问。

3. 主持人：
各位记者提的问题非常有针对性，我们也从获奖同学的回答中受益颇多。
下面我把话筒还给老师。

4. 学生主持人。
语气语调比较平缓，反应挺快。

5. 请其他同学补充。
语气语调比较平缓是因为内容比较平实，不需要抬高或者压低声音。

6. 学生。
最近外交部新闻发言人华春莹和赵立坚的答记者问就比较激烈。因为涉及国家的主权、人权问题，反击得非常好。

7. 学生举的例子。
我们学过的《陈太丘与友期行》中陈元方在对友人的回话中机敏、有理有据地反击，维护了父亲。
在我们学过的《晏子使楚》里，晏子用自己的智慧维护了国家的尊严。类似的例子还有孔融、钱钟书、周恩来、华春莹、赵立坚……

8. 学生读书、归纳、总结学习量表。

其实，生活中，课堂上的发言、日常聊天、讨论中的相互回应，包括我们有时要面对别人的质疑、调侃、诘问、挑衅等，都涉及与人的交往。

也许，我们还不能像外交部新闻发言人那样迅速反应、快速思维，这些都是可以有意识地进行训练、培养的。

但是，我们心底里的善良、坦诚、情怀却是无法通过训练得来的。即使我们无法迅速反应，只要我们怀有一颗善良的心、与人交往时讲诚信，有情怀，我们就能笑着走向未来，就能文明和谐地与人交往。

7. 板书设计

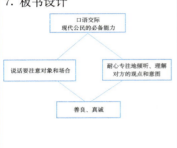

应对的总要求：善于应对是现代公民的必备能力，要具有文明和谐地进行人际交流的素养		
善于应对的基本原则	基本策略	常用方法
要为人有则	维护公理，坚守自尊，善待他人，有礼有节，不卑不亢	自嘲、归谬、巧换概念、针锋相对、转换话题、仿词、移用、别解、谐音、对比、夸张、譬喻等
要善于倾听	听懂对方的言下之意，分辨对方的态度与情感	
要快速思维	随机应变，迅速判断对方的意思，明确应对的方向，选择应对的材料和方法，进而组织语言表达——一切思维活动要在瞬间完成	
要广泛阅读	丰富词汇，汲取并积累应对经验	

9. 学生四人一组，互相提问、应对，针对评价量表进行评价学习，锻炼思维，提升能力。

10. 播放外交部记者招待会当中的两个记者的提问，请学生假设自己是外交部新闻发言人，选择一个问题作答，学生根据评价量表进行评价学习。

11. 播放新闻发言人针对这两个问题的回答，学生对照自己的回答，找出差距。

五、教学特色分析

（一）能够在大概念教学下建立学科大概念，并重新建构单元教学

大概念是核心素养或学科素养与具体内容相结合的抓手，是学科核心素养落地的方式。《义务教育语文课程标准》（2011 年版）明确指出了语文的课程性质："义务教育阶段的语文课程，应使学生初步学会运用祖国语言文字进行交流沟通，吸收古今中外优秀文化，提高思想文化修养，促进自身精神成长。"

大概念教学与核心素养都是在目标层面思考培养什么样的人。根据这样的同一性，我们将口语交际的教材内容进行整合，设计真实而复杂的情境，希望打通

学校教育与真实世界的关系。因为大概念教学的核心是真实性以及它产生的背景和对未来的指向，让教材重组和课程重构有了依据和支撑。《义务教育语文课程标准》（2011 年版）在具体建议中指出："口语交际能力是现代公民的必备能力，应培养学生倾听表达和应对的能力，使学生具有文明和谐地进行人际交流的素养。"因此，我们将学科大概念确定为"具有日常口语交际的基本能力，能文明和谐地进行人际沟通和社会交往"。

　　这一学科大概念的提出，将口语交际的相关内容关联起来。"倾听、表达和应对"都是口语交际中的基本技能，这些基本技能都是学生在现实生活中遇到真实情境时所需要的综合能力（见表 4），能够打通学校教育与真实世界的关系。

表 4　口语交际中"应对"所对应的知能

学科大概念	掌握知能
具有日常口语交际的基本能力，能文明和谐地进行人际沟通和社会交往	1. 通过实例了解应对的种类和特点，提高应对的知识。
	2. 在具体实践中学习并掌握应对的基本策略和常用方法，增强应对能力。
	3. 在运用中能够体会真诚和善良是良好的人际交往的基础。

（二）真实情境贯穿教学始终，培养学生解决问题的实际能力，逐步形成学科核心素养

　　教学来源于生活，又在生活中解决问题。教学不仅是工业时代的一种简单传承，更重要的是引导学生在真实情境中去经历、去体验、去感悟、去创造。

　　大概念的核心是真实性，这个真实性的意义是生活价值，所以这个"大"意味着与未来真实生活相关联。

　　本单元通过北京市教委发起的一个真实活动进行实践教学，在活动中学生经历的都是真实场景；而这些真实场景又是学生在生活中几乎每天都会遇到的，有实践的积累，缺少的是知识的总结和思维的提升。我们借助整个单元来引导学生反思、总结生活—提炼知识体系—总结策略方法—在真实情境中解决问题，从而在这样的循环中提升思维、培养能力，这也是教材中所倡导的增加实践机会，提高运用方法的熟练度，从而提高口语交际能力。

　　教学中选择的两个视频也是最新的社会热点，贴近学生生活，既能激发学生兴趣，又有针对性。

（三）科学使用评价，促进课堂效率的提高和学生学习能力的形成

　　对评价量表的使用，客观、有效地对课堂中一些同学的学习行为进行了量

化，既便于发现个性化问题，又便于了解共性问题，为今后课堂教学活动的预设与调整提供了准确的数字支持。

每个主题下的评价量表，更多关注的是学习中的评价，而评价过程也是学习过程。评价的目的在于及时发现亮点，促进有效学习。

六、学习效果评价及作业设计

在学习中评价，在评价中学习。评价是教学活动的有机组成部分，没有评价的学习是不完整的。依据《深化新时代教育评价改革总体方案》，为推进核心素养导向的教学改革，应将评价科学纳入教学设计，保证教学目标的有效实现，发挥评价对育人的导向功能。因此，本单元教学设计设计了针对整个课堂表现的评价，在关注多主体评价的同时，在学习过程中通过结合学习内容，设计了过程性评价，关注改进结果评价，以帮助学生完成真实的学习。

在大概念教学中，基于真实情境的评价方式给教学带来的启示就是要聚焦对概念的深刻理解和对学生应用知识解决问题能力的培养，而不是对具体知识点的简单记忆。只有这样才能让对具体知识的学习更好地服务于学生学科核心素养的提升。

（一）课堂学习评价

需要说明的是，通过设置"学习态度""学习能力""学习方法""学习目标"四个大的评价项目（见表5），形成对学生学习习惯和学科思维的引导和评价，从而在学习中评价，在评价中学习。

对于口语交际系列专题，在每个主题下又有针对各自主题的小的评价量表。

表5　课堂学习评价

评价目标	评价标准	权重	得分		
			自评	组评	师评
学习态度	尊重他人意见，不固执己见	5			
	善于发现合作伙伴的长处	5			
	遇到挫折相互鼓励，群策群力	5			
	回答问题时的仪表仪态、语气语速、口头表达能力	5			

续表

评价目标		评价标准	权重	得分		
				自评	组评	师评
学习能力	发现问题	对于课堂上不明白的问题能主动向老师请教	5			
		主动思考问题，积极提出问题或主动回答老师提出的问题	10			
	探究问题	对课堂中出现的问题敢于质疑或对某些结论敢于否定	10			
		有"金点子"：有高于一般同学的看法和建议，得到师生的认同并被采纳和实施	15			
		有"金钥匙"：有化难为易、事半功倍的好办法并被采纳使用	15			
学习方法		上课不是被动听课，而是主动学习，会记录学习要点，会主动思考，积极发问	5			
		与老师的双向交流情况	5			
		在小组中的表现情况	5			
学习目标		对本节课的教学内容的掌握程度	5			
		能应用课堂知识、技能解决相关生活问题	5			
总分			等级			
备注		总分＝自评＋组评＋师评，其中自评占总分的 20%，组评占总分的 40%，师评占总分的 40%。分为四个等级，标准为： A 等：总分 90 分及以上；B 等：总分 80～89 分；C 等：总分 70～79 分；D 等：总分 60～69 分				

（二）学习过程评价

围绕口语交际的六个内容与学习过程相关的评价量表见表 6～表 11。

1. 复述环节评价量表

表 6 复述环节评价量表

注意要点	讲述大家	讲述师	讲述实习者
对原材料的处理	根据要求选取内容所有要点	根据要求选取内容大部分要点	根据要求选取内容部分要点
逻辑条理	能恰当进行综合、概括，要点之间有内在联系，条理清楚	能适当进行综合、概括，要点之间有内在联系，条理较为清楚	能适当进行综合、概括，条理较为清楚
语言表达	转换为自己的语言，多用口语，语言表达准确、清晰、连贯	转换为自己的语言，多用口语，语言表达较为准确	转换为自己的语言，多用口语，语言表达较为清楚

2. 讨论环节评价量表

表 7 讨论环节评价量表

讨论原则：紧扣议题、言无不尽、包容合作			
讨论规则	备注说明	自评	他评
预先公布相关要求，明确讨论的主题、注意事项等	相关要求必须具体、明确、有可操作性		
发言的观点要明确	清楚、明确表达自己的观点，有的放矢，突出重点		
发言时间与次数有要求	每人的发言时间不能太长，否则容易跑题；发言次数也不能太多，否则容易形成一言堂		
不同问题依次讨论	发言不要偏离当前问题，只有在一个问题讨论完毕后，才能讨论另一个问题		
参与者发言机会均等	每一个参与者都要发言，特别是意见不同的参与者		
就事论事，文明表达	讨论的目的是研究、解决问题，发言时应理性客观地发表意见，坦诚谦虚地对待不同看法，互相信任、互相帮助		
尊重发言的完整性	不随便打断他人发言，学会尊重别人，尊重别人就是尊重自己		

3. 转述环节评价量表

表 8　转述环节评价量表

要点	优秀	良好	合格
转述原则	准确、完整，能够把握重点，不遗漏要点	较为准确、完整，不遗漏要点	基本准确、完整，基本不遗漏要点
注意细节	根据转述对象，改变人称、时间、空间等，完全传达出传话人的本意	根据转述对象，改变人称、时间、空间等，基本传达出传话人的本意	根据转述对象，能一定程度上改变人称、时间、空间等，一定程度上传达出传话人的本意

4. 讲述学习评价量表

表 9　讲述学习评价量表

讲述的总体要求：讲述见闻，内容具体，语言生动			
讲述的原则	**采用的方式**		
注意对象与场合	观察场合	正式场合	1. 斟酌言辞，想好开头和结尾 2. 语调平缓自然，语气庄重严肃
		日常聊天	语气语调多变化，但要得体
	注意对象	关注听者的性别、年龄、身份、职业及与自己的关系	
重点突出、条理清楚、控制时间	确定重点	高潮部分饱满生动	
		铺垫部分简洁平实	
	梳理顺序	条理清晰，符合事情发展过程，忌旁逸斜出	
运用技巧、自然得体	恰当选用插叙、倒叙、补叙、设疑、铺垫和各种修辞手法		
	利用停顿、重复来加重语气语调		
	注意口语特点，多用短句		

5. 即席讲话评价量表

表 10　即席讲话评价量表

即席讲话总体原则：有自己的观点，有一定的说服力			
原则	**技巧和方法**	**自评**	**他评**
清楚特定的背景、场合	就地取材，作为切入点——引起共鸣		
观点明确，针对性强，条理清楚	讲话妥当、得体，不能模棱两可、含糊其词——掷地有声		
讲究方法	鲜明的语言特色——印象深刻		

6. 应对学习评价量表

表 11　应对学习评价量表

应对的总要求：善于应对是现代公民的必备能力，要具有文明和谐地进行人际交流的素养		
善于应对的基本原则	基本策略	常用方法
要为人有则	维护公理，坚守自尊，善待他人，有礼有节，不卑不亢	自嘲、归谬、巧换概念、针锋相对、转换话题、仿词、移用、别解、谐音、对比、夸张、譬喻等
要善于倾听	听懂对方的言下之意，分辨对方的态度与情感	
要快速思维	随机应变，迅速判断对方的意思，明确应对的方向，选择应对的材料和方法，进而组织语言表达——一切思维活动要在瞬间完成	
要广泛阅读	丰富词汇，汲取并积累应对经验	

（三）作业设计

针对上述内容，设计的单元作业见表 12。

表 12　单元作业

单元作业
1 作业目标： （1）能更好地掌握口语交际中讲述、复述与转述、即席讲话、应对、讨论的相关知识，并能够区分不同类别；掌握这些类别的基本原则和常用方法。 （2）在真实性场景中体验思考，在活动实践中善于总结，提高自己的思维和表达能力，提高自身素质，文明和谐地进行人际沟通和社会交往。成功的人际交往依靠的是真诚和善良。
2. 设计思路 以真实场景为依托，在实践中运用知识解决问题，积累经验、提升思维、培养良好的口语交际能力。
3. 具体内容 复述、讨论作业： （1）回忆以前课堂中的复述和讨论活动，想想面对我们最常用的学习活动，今天的学习给了你哪些思考？有哪些可以改进的地方？有针对性地写一篇反思。 讲述作业： （2）为爸爸、妈妈讲一个故事：可以是孔子对弟子谈自己关于修身治学的思考；可以是长妈妈给小时候的鲁迅讲美女蛇的故事；可以是《动物笑谈》中的讲述；可以是驿路梨花中，瑶族老人的一段直接讲述，还有哈尼族小姑娘的一段间接讲述；或者是你自己的一段经历……录制一段小视频。

要求：

1）讲述见闻，内容具体，语言生动；

2）能够注意对象和场合，表达得体；

3）重点突出、条理清楚、控制时间；

4）运用技巧、自然得体。

3. 即席讲话作业：

当天晚上七点登录微信群，现场抽签，10分钟后，针对所抽话题，限时录制3～5分钟的即席讲话视频。

要求：

1）有自己的观点，有一定的说服力；

2）清楚特定的背景、场合；

3）观点明确，针对性强，条理清楚；

4）讲究方法，有鲜明的语言特色。

4. 作业评价

从两组视频作业中，分别按照学习量表进行评价，大家为自己最欣赏的讲述选手和即席讲话选手投出手中的红星，每组选出一个得红星最多的视频进行全班演播，大家一起探讨交流可学习、可借鉴之处。

讲述内容学习评价量表：

讲述的总体要求：讲述见闻，内容具体，语言生动			
讲述的原则	采用的方式		
注意对象与场合	观察场合	正式场合	1. 斟酌言辞，想好开头和结尾 2. 语调平缓自然，语气庄重严肃
		日常聊天	语气语调多变化，但要得体
	注意对象	关注听者的性别、年龄、身份、职业及与自己的关系	
重点突出、条理清楚、控制时间	确定重点	高潮部分饱满生动 铺垫部分简洁平实	
	梳理顺序	条理清晰，符合事情发展过程，忌旁逸斜出	
运用技巧、自然得体	恰当选用插叙、倒叙、补叙、设疑、铺垫和各种修辞手法		
	利用停顿、重复来加重语气语调		
	注意口语特点，多用短句		

即席讲话评价学习量表：

即席讲话总体原则：有自己的观点，有一定的说服力			
原则	技巧和方法	自评	他评
清楚特定的背景、场合	就地取材，作为切入点——引起共鸣		
观点明确，针对性强，条理清楚	讲话妥当、得体，不能模棱两可、含糊其词——掷地有声		
讲究方法	鲜明的语言特色——印象深刻		

七、专家点评

  根据学生对口语交际学习的实际需求，整合统编版教材中口语交际的学习内容，以"具有日常口语交际的基本能力，能文明和谐地进行人际沟通和社会交往"为大概念进行单元教学设计，建立了讲述、复述与转述、应对、即席讲话、讨论等多种口语交际技能之间的关联，通过设置真实的语言实践情境，开展系列的口语交际活动，全面发展与提升学生的口语交际能力。

习得复述技能　提升言语素养
走向真实运用

—— 大概念视角下三年级下册复述故事单元教学

一、知识背景、指导思想和理论依据

（一）大概念视角下的学习对学生有着重要的价值

以大概念推进小学语文教学，能够简化和整合教学内容，对学生的学习来说有不凡的价值，主要体现在以下三个方面：

（1）大概念有助于学生全身心投入学习。"当学生建构个人意义和理解的时候，学生会在脑海中将事实性知识和技能与已有的相关概念进行交互的、迭代的处理加工。这种系统思考过程能够开发学生的智力并激发学生的学习。"①因为当学生是为自己而思考的时候，就很容易将事实性知识和概念性视角联系在一起思考，他们的智力和情感都会积极参与到学习活动中。

（2）大概念有助于学生迁移理解，为解决真实问题服务。大概念视角下的学习过程中会有大量推理、讨论、探索等协作性学习，这些经历将会让学生积极参与到对意义的社会性建构上，是以解决真实的问题为目标的。

（3）大概念有助于为学生提供终身学习的大脑图式。大概念视角下的学习，"学着超越事实的思考并进行跨时间、跨文化、跨情境的迁移概念和理解，将开阔学生的世界观，帮助他们发现新旧知识之间的横式和联系，并为他们的终身学习提供大脑图式"②。

---

① ②　埃里克森，兰宁. 以概念为本的课程与教学：培养核心素养的绝佳实践. 上海：华东师范大学出版社，2018：6.

（二）小学生更适合讨论学科大概念

大概念到底多大才合适？在理论上，小概念连接在一起而形成较大概念，较大概念又可归纳成几个顶层概念。越是顶层概念，越是抽象，并和实际的经验相去甚远。毋庸置疑，在解释一些经验时，顶层概念不如那些与实际事件和现象联系更为明显的概念有用。英国的温·哈伦等学者认为，"对于大多数学生来说，18 岁左右，本科生及以上学历的学生，更适合讨论跨学科概念。对于中小学生来说，他们以后并不一定从事以科学为基础的职业，学习那些不是很普适的、但是和他们的经验联系更为明显的概念看来会更为有用。"[①]因而，小学语文教学中的大概念，我们确定为"能为学生所理解的相关学科概念"。

二、教学目标的设定

（一）学科分析

《义务教育语文课程标准》（2011 年版）明确指出：语文课程致力于培养学生的语言文字运用能力，提升学生的综合素养，为学好其他课程打下基础……语文课程是一门学习语言文字运用的综合性、实践性课程。

教育部统编小学语文教科书，在编写上以"人文主题"加"语文要素"双线组织单元内容。从三年级开始，单元"篇章页"中就明确提出"单元语文要素"，单元内课文的学习要分层次、分角度落实本单元语文要素，语文园地"交流平台"要小结统整本单元语文要素的内容、内涵、方法等。单元内部各个板块要纵横联系，从而构建知识链。

同时，就整套教科书来说，"语文要素"又被分成若干个"点"，由浅入深、由易及难分布在各单元的课文导语或课后练习中，有梯度地螺旋上升。

因此，统编教科书大概念视角下的教学，需要注意这几点：

（1）"单元语文要素"只为提取学科大概念提供了视角和可能，"单元语文要素"并不能等同于单元教学的大概念。

（2）立足单元，开展整组教学，是比较符合教材编写意图的。基于教材单元内容的学习，在提取大概念时，要准确定位概念的大小。

（3）确定单元大概念的范围，要"瞻前顾后"，前面学了什么，后面还要学什么，教师要胸有成竹。

---

① 哈伦.以大概念理念进行科学教育.北京：科学普及出版社，2016：15.

（二）语文要素分析

复述对学生教育意义体现在以下三个方面：

（1）复述课文有利于培养学生的思维能力。

学生语言能力的发展是其思维能力赖以发展的重要前提，而思维能力的发展又可以促进语言的表达。复述的过程实际是知识与能力的相互转化，是新旧知识的相互渗透，是对语言知识的活化应用。无论是词语的选择，还是对句子的组织、时间顺序的安排，以及复述的条理、逻辑的推理，无一不是思维能力的体现。

（2）复述课文有利于巩固学生的语言知识。

要复述课文，首先得深入理解文章，尽力掌握足够的信息要点，再用自己的语言表达文章内容。在此过程中，学生不仅要理解和运用所学的新知识，还必须调动原有的知识。语言知识在反复运用的过程中，不断得到巩固。

（3）复述课文有利于发展学生的言说能力。

我们都知道，日常生活主要的交流方式有听、说、读、写，而"听"和"说"的比例远超"读"和"写"。语言表达能力是学生成长过程中一种非常重要的技能。语言表达能力不仅仅只是说话，更重要的是学会用语言和他人沟通交流，以及能够准确表达出自己的内心想法。复述能有效地提升学生的语言表达能力。因为学生为了达成复述，必须熟悉课文内容，厘清思路，积累文本中大量的词汇和句式，同时，复述的过程，又能训练学生的心理素质，让他们实现自信、自如地表达。

（三）学习内容分析

统编小学语文教科书三年级下册第八单元以"有趣的故事"为主题，编排了《慢性子裁缝和急性子顾客》《方帽子店》《漏》《枣核》四篇课文，单元语文要素是"了解故事的主要内容，复述故事"。在此之前，学生在单篇课文学习中有过借助图片、根据提示等进行讲故事练习的经历，这是教材首次把"复述故事"作为单元语文要素进行集中学习，编写意图是"指向对故事内容充分了解和把握的基础上的详细复述"。教材编者建议教师要处理好阅读理解和复述的关系，教学时"避免对课文面面俱到、琐碎分析，要引导学生重点关注故事中的主要情节、让人意想不到的内容，体会故事的'有趣'，把时间更多地用在学习怎样复述故事上"。

教科书的课后练习和教师教学用书的教学建议，为一线教师指明了复述故事单元可以"教什么"以及"怎么教"，但对于"为什么教这些""为什么这么教"，教师心里仍然是没有底的。因而，教学时，难免出现教学目标定位偏差、教学内容选取失当、教学方法刻板僵化等问题。

1. "复述"的词典定义

《现代汉语词典（第 7 版）》对"复述"的解释有两条：一是把别人说过的话或自己说过的话重说一遍；二是语文教学上指学生把读物的内容用自己的话说出来，是教学方法之一。"复述故事"指向第二条。

2. "复述"与"讲故事"的区别

第一学段多次出现"讲故事"的练习，第二学段"复述故事"和第一学段"讲故事"的最大区别在于以下几个方面（见表 1）：

表 1 "复述故事"与"讲故事"的区别

区分项	第二学段"复述故事"	第一学段"讲故事"
与原文关系	忠实于原文	基于原文
话语形式	用自己的话	自己的话、原文中的话
听众	自己、他人	他人

"复述故事"要忠实于读物内容，要用自己的话讲，听众可以是自己也可以是他人；第一学段"讲故事"是基于读物内容，对是否用自己的话讲没有明确要求，学生可以用自己的话，也可以用故事中的原句，听众更多的是他人。

3. 语文课程标准对"复述"的要求

关于"复述故事"，《义务教育语文课程标准》（2011 年版）第一至第三学段"目标与内容"里都有明确的阐述：第一学段"口语交际"中提出"听故事、看音像作品，能复述大意和自己感兴趣的情节"；第二学段"阅读"中提出"能复述叙事性作品的大意"，"口语交际"中提出"听人说话能把握主要内容，并能简要转述""讲述故事力求具体生动"；第三学段"阅读"中提出"阅读叙事性作品，了解事件梗概，能简单描述自己印象最深的场景、人物、细节"，"口语交际"中提出"听人说话认真、耐心，能抓住要点，并能简要转述""表达有条理，语气、语调适当"。

横向看，三个学段都有关于"复述故事"的要求，只是第一学段在口语交际教学中提到，第二、三学段在阅读和口语交际中都有提到。可见，"复述故事"是三个学段都须关注的教学内容。

纵向看，三个学段对"复述故事"的能力要求呈螺旋上升的态势。第一学段只要求学生在日常的学习、生活中复述故事和音像作品的大意或自己感兴趣的情节。第二学段要求学生通过阅读教学，掌握"复述故事"的基本技能，并能在日常生活中把握主要内容，转述别人的话，具体生动地讲述故事。第三学段的要求更进一步了，要求学生能描述自己印象最深的场景、人物、细节，能抓住要点转述，还要根据表达的需要，做到语气、语调的适当。

显而易见，"复述故事"这一教学内容，在小学三个学段的学习中经历了"初步感知""理解运用""形成能力"三个螺旋式上升的层级。

三、大概念的提炼与获得

（一）分析真实学情，锁定复述故事的教学难点

任何学习都是在学生真实学情的基础上发生的。提取大概念之前，我们先对学生关于"复述"的学习难点进行了摸底，主要有：

（1）在复述故事时，关键信息提取不准确，关键信息有遗漏，导致复述不够清楚和完整。

（2）复述故事的过程中，有背诵课文现象，背诵不出时，不能灵活地用自己的语言续接。

（3）复述故事时，对象感不强，眼睛不能看着同学讲，表情也不够自然。

（4）复述故事时，不知道该如何根据内容，选择或设计合适的复述支架。

（二）对照课程标准，明确掌握复述故事的知能

基于学生真实的学情，对照《义务教育语文课程标准》（2011 年版）对"复述"的要求，我们梳理了关于"复述"学生必须掌握的知能是：

▶ （1）认识到复述故事是要忠实于原文信息的，知道原文的重要信息可借助表格、示意图等方式来提取。

（2）能领悟到对于不同的文本、场合、对象，具体复述时会有所区别，知道能根据不同复述现场的需要，采用不同的复述方式。

（3）能根据场合和对象倾听状态的不同，灵活调整复述的方法。

（4）复述故事要符合人物的特点，通过语言、动作等来塑造人物形象。

（5）理解复述是一种有目的的交际性行为，对交际对象的理解和反应是复述过程中的重要因素。

（三）设定基本问题，确定复述故事的大概念

基于以上理解，我们确定了关于本单元"复述故事"的基本问题为：

▶ （1）为什么要把握故事的主要内容？

▶ （2）什么时候要复述故事，该如何复述？

将本单元"复述故事"的小概念确定为：

▶ （1）复述故事要忠实于原文的重要信息，能借助梳理出的主要内容把故事复述清楚。

（2）复述故事要把握角色特点，用语言、动作来塑造人物形象。

（3）复述故事要用自己的话，根据听众的对象、目的、要求等的不同进行适当调整。

将本单元"复述故事"的单元学科大概念确定为：

▶ 复述故事是忠实于原文信息、有目的有对象的言语行为。

（四）绘制单元思维导图，阐述复述故事的单元结构

"复述故事"单元的大概念是"复述故事是忠实于原文信息、有目的有对象的言语行为"。本单元教学操作的关键点在以下四个方面：一是语文基本知识与技能的学习，如识记和理解本单元的生字新词、理解词句的意思、练习流畅朗读课文等；二是学习把握故事的主要内容，保证故事内容的"准确性"；三是根据提取的主要内容能清楚地用语言表述，体现复述故事的"目的性"和"灵活性"；四是复述能力评估，要结合真实的复述任务开展评估。

其中第二、三方面是对复述大概念的具体回应。这两个方面的课堂具体操作，要体现"复述故事"的性质，即"准确性"、"目的性"和"灵活性"。

对于"复述故事"的"准确性"，教学时，可借助表格、示意图等方式帮助提取文本的主要信息，以确保关键信息不遗漏。对于"复述故事"的"目的性"和"灵活性"，需要复述者把握角色特点，用语言、动作来塑造人物形象，根据复述对象、要求和目的的不同，调整复述的内容和方式。

四、教学过程设计

（一）单元课时设计

统编小学语文三年级下册"复述故事"教材单元序列如下：

（1）单元篇章页"有趣的故事"：了解本单元的学习内容及学习要求，布置真实性学习任务。（1课时）

（2）学习基础知识。（2 课时）

（3）学习把握故事主要内容。（3 课时）

（4）练习复述故事。（3 课时）

（5）真实性复述任务达成测评。（1 课时）

（二）单元教学过程设计

1. 单元教学目标

常规目标：

▶ （1）认识 32 个生字，读准 5 个多音字，会写 25 个汉字，会写 26 个词语。

　（2）分角色朗读课文，能读出故事中人物对话的语气，体会人物特点。

　（3）默读课文，交流自己觉得有意思的内容，体会故事的有趣。

大概念统领下的核心目标：

▶ （1）能借助表格、示意图等梳理故事的主要内容，复述故事时不遗漏重要情节。

　（2）练习借助故事中人物的语气、动作来塑造人物形象，把故事复述得生动。

　（3）练习根据听众的对象、目的、要求等的不同用自己的话进行复述。

2. 单元教学过程

"复述故事"单元教学设计包括以下五大模块：模块一"走进'复述故事'"（1 课时）；模块二"学习基础知识"（2 课时）；模块三"学习把握主要故事内容"（3 课时）；模块四"练习复述故事"（3 课时）；模块五"真实性复述任务达成测评"（2 课时）。

备注出来需要几课时是关于该内容的整体教学时间量，而非完整的常态课时量。以上内容是根据学习的实际需要确定的，具体阐述如下：

模块一　"走进'复述故事'"

了解什么是"复述故事"，布置真实性学习任务。可围绕以下问题展开：本单元学什么？阅读篇章页，明确本单元的学习任务。浏览目录，大致了解单元编排内容和特点；"复述故事"和以前学习过的"讲故事"有什么不同？结合已知，初步了解"复述故事"的概念，结合学生的认知实际，随机穿插"交流平台"里关于"复述故事"的论述；什么时候需要"复述故事"？布置真实性复述任务。

具体学习活动设计略。

模块二 "学习基础知识"

从多音字、生字、难读的句子几个方面设计预学单，课堂上通过多种方式重点练习学生难读易错的词句，使学生掌握识字、理解词语的方法。通过自由读、小组合作等方式流畅朗读四篇课文。

具体学习活动设计略。

模块三 "学习把握主要故事内容"

学习借助表格、示意图等把握故事的主要内容，分三课时开展教学：

第一课时：在准备阶段，思考讨论"有什么办法可以帮助把握故事的主要内容？"在建构阶段，以《慢性子裁缝和急性子顾客》为例学习借助表格把握故事主要内容，思考讨论"表格中有哪些内容，为什么要这样设计表格？表格后两栏该怎么填写？"理解本课时是按时间顺序来写的，后两栏填写要关注有关人物对比的语词，并借助表格说说故事的主要内容。在应用阶段，尝试借助表格把握《方帽子店》的主要内容。

第二课时：在准备阶段，思考讨论"除了借助表格外，还可以用什么方法来把握故事的主要内容？"在建构阶段，思考讨论"为什么《漏》采用了示意图加文字的方法来梳理故事的主要内容？"理解《漏》是按照地点转换的顺序来写的，示意图提示了五个不同的地点，用文字提示该地点所发生的事情，说说故事的主要内容。在应用阶段，仿照《漏》的示意图和文字提示的形式，按照时间或者不同的地点转换的顺序，提取《枣核》一文中的关键信息，设计一张故事情节图，并说说故事的主要内容。

第三课时：在准备阶段，回忆梳理"我们采用了哪些方法来概括故事的主要内容？"在建构阶段，"我们还曾经用了哪些方法把握故事的主要内容？"勾连前期经验，罗列梳理方法。在应用阶段，以课堂作业本中的课外阅读文章为例，也可从本学期学习的故事类课文中，选择任何一篇文章，借助表格、示意图、文字提示等方法，用自己喜欢的方式提取故事信息，说说故事内容。

具体学习活动设计如下：

第四课时

所需时间：60分钟

学习目标：

学习借助表格提取信息，及把握故事主要内容的方法，并能自主设计表格，按照一定顺序借助表格说清楚故事的主要内容。

学习过程：

一、准备阶段

1. 回顾课文：同学们，我们昨天读了一个有意思的故事《慢性子裁缝和急性子顾客》，大家还记得故事写了什么吗？

提示：请几位学生说一说。

2. 提出问题：复述故事要抓住主要内容来进行。这么长的故事，要把主要内容说清楚不容易。有什么办法可以更好地帮助我们梳理故事的主要内容呢？

二、建构阶段

1. 出示课后练习，阅读表格罗列的栏目。

提问引发思考：借助表格是帮助我们复述故事的好方法。表格中有哪些内容？为什么要这样列表格？

默读课文，填写下面表格，再借助表格复述这个故事。

时间	急性子顾客的要求	慢性子裁缝的表现
第一天		
第二天		
第三天		
又过了一天		

2. 默读课文后，进行小组交流。

（1）为什么表格的第一列是时间？

（2）为什么第二列和第三列要找出急性子顾客的要求和慢性子裁缝的表现？这样列表格的依据是什么？

3. 师生互动反馈。

（1）故事是按照时间顺序来写的，因此第一列按照时间节点进行了排列。

根据提示，迅速画出文中表示时间的句子：

①故事发生在冬天。

②不料，这位顾客第二天又跑到裁缝店来，说："我不做棉袄了！"

③可是第三天他又来了。

④又过了一天，那位顾客再来的时候，裁缝笑着问他："怎么，您那件短袖衬衫还能改成什么？"

（2）课文以人物对话形式展开，急性子顾客的要求和慢性子裁缝的表现形成了对比，凸显出了鲜明的人物特点。

① 以第一天为例，自由选择关键词填写表格，并试着连起来说一说第一天的主要内容。

② 互动交流，修改并完善第一行表格。

③ 小组合作完成后面三行的信息提取。

4. 借助表格，把四天连起来说一说故事的主要内容。

三、应用阶段

1. 略读课文《方帽子店》，尝试借助表格把握主要内容。

（1）默读课文，思考：课文是按照什么顺序写的，如果让你来制作一张表格，你会在表格中设置哪些栏目。

（2）小组合作学习。

第一步：每个学生说说自己的想法。

第二步：组员讨论，结合《慢性子裁缝和急性子顾客》的表格，设计一张符合《方帽子店》的表格。

第三步：根据共同设计的表格，尝试提取信息并填写表格。

第四步：借助表格，说一说故事的主要内容。

（3）汇报展示，集体交流。

提示：交流后可提示学生再次完善表格。

2. 从本单元后两篇课文中，任选一篇，自主设计表格，并仿照同样的方法，提取信息并填写表格内容。

3. 交流展示：借助表格完整梳理并汇报故事的主要内容。

第五课时

所需时间：40分钟

学习目标：

学习借助示意图和文字提示，按照地点转换顺序把握故事的主要内容，并能自主设计示意图或文字提示，按照一定顺序说清楚故事的主要内容。

学习过程：

一、准备阶段

1. 回顾借助表格说清楚故事的主要内容。

2. 提出问题：除了借助表格外，还可以用什么方法来帮助我们把握故事的主要内容呢？

二、建构阶段

1. 出示课后练习，读懂示意图。

借助下面的示意图和文字提示，按照地点变化的顺序，复述这个故事。

🏠　老公公、老婆婆说"漏"，吓跑了虎和贼。

　　虎驮着贼，贼骑着虎。

🍄　虎甩掉贼，贼蹿上树。虎和贼树下相遇，滚下山坡。

　　虎和贼以为对方就是"漏"，都吓晕了过去。

🏠　老公公、老婆婆又说"漏"。

　　提示：左边的图标画的是故事发生的地点，右边的文字提示是在该地点发生的事情。

　　2. 通过比较，引发思考。

　　（1）出示《慢性子裁缝和急性子顾客》的表格，进行对比。

　　（2）思考：借助表格是帮助我们复述故事的好方法。为什么这篇课文采用了这种方法来帮助我们梳理故事的主要内容？

　　提示：这篇课文是按照地点转换的顺序来写的，因此示意图就罗列了五个不同的地点，同时以一句话提示我们在这个地点所发生的事情。

　　3. 借助示意图和文字提示，自己尝试说一说故事的主要内容。

　　三、应用阶段

　　1. 默读、略读课文《枣核》，仿照《漏》这一课的示意图和文字提示，按照时间或者地点转换顺序，提取文中的关键信息，设计一张故事情节图。

　　2. 借助自己设计的情节图和文字提示，说一说《枣核》的主要内容。

第六课时

所需时间：30 分钟

学习目标：

练习综合运用表格、示意图、文字提示等方法，提取文本信息，把握故事的主要内容。

学习过程：

一、准备阶段

1. 回顾前期学习。

（1）链接情境：复述小达人活动，如果要从本单元中任选一篇故事进行复述，你打算选哪一篇？选择你最喜欢的方式，说一说故事的主要内容。

（2）回顾：我们通过哪些方法来概括故事的主要内容？

▶▶　我会借助表格、示意图等，梳理故事的主要内容，这样就能按顺序复述，重要情节也不会漏掉。

二、建构阶段

1. 勾连前期经验，罗列梳理方法：我们曾经还用了哪些方法来把握故事的主要内容？

例如：通过抓住事情的起因、经过、结果来概括《羿射九日》这篇课文的主要内容；通过抓住文中的关键句来把握《大禹治水》的主要内容等。

2. 补充个性学习方法：除了我们已经学过的这些方法之外，你还有哪些自己独创的或是擅长的方法？

例如：给故事加小标题、借助连环画或课文插图绘制思维导图。

三、应用阶段

1. 合作练习。

以课堂作业本中的课外阅读文章为例，小组合作完成对故事主要内容的梳理。步骤如下：

（1）根据文本内容，选择合适的方法。

（2）每人选择故事的一个部分进行梳理。

（3）说说自己选择的这部分故事的内容。

（4）组内互评后，修改完善，连起来再说一说故事的主要内容。

2. 拓展练习。

（1）从本学期学习的故事类课文中，选择任何一篇文章，借助表格、示意图、文字提示等方法，用自己喜欢的方式提取信息。

备选文章：《陶罐和铁罐》《美丽的鹿角》《一直窝囊的大老虎》《我不能失信》。

（2）借助表格、示意图、文字提示等方法，说说这个故事的主要内容。

模块四 "练习复述故事"

依托四篇课文，进行复述故事练习，分三个课时展开：

第一课时：在准备阶段，创设情境"把故事复述给爸爸、妈妈听，除了主要内容，还想把哪些内容告诉爸爸、妈妈？"知道要通过抓住人物的语言、动作等来复述。在建构阶段，以《慢性子裁缝和急性子顾客》中第一天为例，画出最能体现急性子和慢性子特点的语言、动作的语句，练习复述。在应用阶段，在原表格基础上，添加语言、动作等关键词，练习复述整个故事，回家复述给爸爸妈妈听。

第二课时：在准备阶段，创设情境"邀请某出版社的美术编辑一起将《漏》制作成一本图画书，派班级代表把故事复述给编辑听"。在建构阶段，以6~9自然段为例，学习抓住人物的心理和动作来复述，再进行小组合作，通过迁移法复述其他内容片段。在应用阶段，同桌合作复述，选出代表给美术编辑打电话复述故事。

第三课时：在准备阶段，创设情境"邀请他人来听你复述"，讨论分享复述时应注意什么，完成复述邀请卡。在建构阶段，自主复述，相互复述，分享展示。在应用阶段，送复述邀请卡，并完成复述，请听众在卡上勾选评价。

具体的学习活动设计如下：

第七课时
所需时间：60分钟

学习目标：

1. 通过教师示范，认识什么是复述。

2. 通过教师示范、合作学习，能够抓好人物语言、动作，并将《慢性子裁缝和急性子顾客》复述清楚。

学习过程：

一、准备阶段

1. 回顾主要内容。

导语：在前面几节课，我们借助表格、示意图等方法，了解了《慢性子裁缝和急性子顾客》和《漏》的主要内容，谁能试着说一说《慢性子裁缝和急性子顾客》的主要内容？

提示：请几位学生说一说。

2. 创设新情境。

（1）提供情境：爸爸妈妈很想了解你在语文课上学了什么故事。

认为前面几位同学谁更能顺利完成任务？说说理由。

（2）如果是你，你还想把故事中的哪些内容告诉爸爸妈妈？

提示：如故事中的人物语言等。（展示学生对相关内容不同程度的理解）

小结：在这个故事中，顾客和裁缝间发生了一次次对话，也有一些动作，很多同学都想把这些内容也一并告诉爸爸妈妈，那我们可以怎么做呢？

二、建构阶段

1. 聚焦第一天的第一次对话，体验角色，认识复述。

导语：根据四个时间，可以将课文划分为四个部分：现在就让我们聚焦故事发生的第一天。

（1）根据（表格中）裁缝的表现和顾客的要求，说一说第一天发生了什么。

（2）生活中的急性子和慢性子有什么特点？

提示：可以从他们的语言和动作上去发现。

（3）抓住语言特色进行复述。

①以第 2 自然段为例，说好急性子顾客的话。

第一步：试着读读急性子顾客的话。

第二步：针对顾客这段长长的话，画一画哪些语言不能省略？（能体现他特别急的地方）

第三步：这顾客真的是够急的，试着用自己的话说说这段话。

②以第 3、4 自然段为例，说好慢性子裁缝的话。

第一步：读一读裁缝的回答，这里将他的话合成一句话来说，怎么样？

第二步：试着用自己的话说说裁缝的话。

③分角色说，并表现急和慢的对比。

就动作来说，圈一圈第一天中，顾客和裁缝有哪些动作。

（4）教师示范，复述第一天的第一次对话。

导语：读着读着，老师基本上把这段话记住了。同学们觉得老师说得怎么样？是不是把他俩的话基本上说出来了，但又没有一字不变地背诵？其实，这种形式叫作复述。在复述时主要内容是不能改的，但是又不必一字不差地背诵，要用自己的话来说。谁能像我这样来复述一下？

2. 师生合作，复述第一天的对话。

导语：同学们，在第一天的故事中，顾客和裁缝还有四次对话，这四次对话我们也来试着进行复述。

（1）梳理刚才的方法：画出最能体现急性子和慢性子特点的语言，圈出表示他们动作的词语。

（2）分角色复述，教师来复述顾客部分，学生来复述裁缝部分。

3. 小组合作，完整复述第一天的故事。

（1）四人为一组，用上刚才画一画体现人物特点的语言，圈一圈想保留的表示动作的词语，尝试复述第一天的内容。

（2）选择小组进行汇报。

三、应用阶段

1. 同桌合作，练习复述整个故事，为晚上复述给爸爸妈妈听做好准备。

要求：①在原有的表格、示意图等提示材料的基础上，添加关于语言、动作的关键词；②两个人分角色进行第一次复述；③尝试独立复述，请同桌听一听是否有人物语言和动作。

2. 晚上复述给爸爸妈妈听，请爸爸妈妈勾选评价单。

评价：①是否能听懂故事的主要内容；②故事中是否加入了人物的语言和动作；③从孩子的复述中，是否能感受到顾客的急性子和裁缝的慢性子。

第八课时

所需时间：60分钟

学习目标：

1. 通过合作学习，能够抓住人物动作、心理，将民间故事《漏》复述清楚。

2. 能够根据理解，在复述时做适当调整。

学习过程：

一、准备阶段

1. 借助表格、示意图等，说一说《漏》的主要内容。

2. 创设情境：邀请某出版社的美术编辑和我们一起将《漏》这个故事制作成一本图画书，我们先要派出班级代表给这位老师打个电话，把这个故事复述给她听，看看她对这个故事的内容是否感兴趣。

二、建构阶段

1. 说说《漏》这个故事中最有趣、最吸引人的地方。

（1）以第6、7自然段为例，把握人物心理。

①读一读贼和老虎的内心想法。

②画一画，哪些心理想法在复述时要有所体现。

提示：可以注意一些对应的词，如"走南闯北、翻山越岭"。老虎和贼内心的疑惑，如"莫非"。

③尝试复述这两个自然段。

（2）以第8、9自然段为例，把握好人物动作。

①圈一圈描写老虎和贼动作的词语，体会他们内心的恐惧，如：浑身发抖、腿脚发软、撒腿就跑、不敢松手等。

②加上动作表演读。

③抓住贼和老虎的心理和动作尝试复述。

2. 四人为小组合作，把握好心理和动作进行复述。

（1）听了老婆婆说"就怕漏"，老虎和贼是怎么被吓跑的呢？

要求：①默读课文，找出贼和老虎的心理想法，画出能体现他们恐惧、困惑的地方。②圈出能体现人物动作特点的词语。③每人选择示意图中关于老虎和贼的一个场景，按顺序进行复述。

（2）小组反馈，点评。

三、应用阶段

同桌合作准备，选出复述得最清楚的小组作为班级代表，给美编打电话。

要求：①在原有的表格、示意图等提示材料上，添加关于心理、动作的关键词；②根据你们想要的画面效果，商量一下四个场景的详略等是否需要调整；③尝试复述，选一人作为汇报人。

第九课时
所需时间：60 分钟

学习目标：

1. 通过自主准备，能够把握好人物语言、动作、心理等，将故事《方帽子店》或《枣核》复述清楚。

2. 能够根据理解，在复述时做适当调整。

学习过程：

一、准备阶段

1. 回顾前两课，思考如何进行复述。

2. 选择故事，选择对象，准备复述。

导语：通过前面的学习，我们已经能够复述《慢性子裁缝和急性子顾客》，以及民间故事《漏》了。今天，我们要从另外两个故事中，选择一个进行复述，并且要邀请一个人来听你复述。既然邀请别人来听，我们就要有邀请卡——

邀请卡：①受邀对象；②选择的故事；③复述的时间、地点；④邀请人。

3. 组内讨论：分享自己的邀请卡，组员围绕复述时要注意什么互相出点子。全班分享。

二、建构阶段

1. 自主复述。

要求：①利用之前制作的表格或示意图等，先回忆故事的主要内容。②找出体现人物语言、动作或心理等的语句，可以以关键词的形式添加在表格或示意图上。③思考是否需要调整各部分的详略或顺序。④自主练习。

2. 在班级中找到选择同一个故事的人，互相聆听、补充、提建议。

3. 分享展示，根据邀请卡中的信息提出改进建议。

三、应用阶段

送邀请卡，并完成复述，请听众在卡上勾选评价。

评价：①是否能听清楚故事的主要内容；②故事中是否加入了人物的语言和动作；③是否喜欢这个故事；④故事中，令你印象最深刻的人物是_____。

模块五 "真实性复述任务达成测评"

结合单元起始课里提出的真实性任务，组织测评，以对学生的复述能力进行评估。

具体学习活动设计如下：

第十课时

所需时间：90分钟

"复述小达人"校园故事大赛

一、评估目标

为丰富学生的校园文化生活，培养学生的语言表达能力和表现能力，特举办""迎六一'复述小达人"校园故事大赛，本次活动旨在评估学生在真实情境中提取故事的主要信息，清楚、完整地复述故事，并且在复述过程中能根据听众表现调整复述策略的能力。

二、评估要求

复述形式为个人，可以是故事表演，也可以是情景剧，但不能是背诵故事，每个故事以5分钟左右为宜。

三、评估对象

学生、教师和家长。

四、评估工具

（1）不同类型的童话故事、民间故事、科幻故事。

（2）空白复述手卡。

五、评估步骤

（1）抽签：从准备的多个童话故事、民间故事、科幻故事等故事中抽取一个故事，以备参加"复述小达人"比赛。

（2）填写手卡：根据自己对抽取的故事的理解，在空白复述手卡上画表格或者示意图等支架来作为复述小助手，用来帮助自己复述。

（3）练习复述：根据自己对"复述"的理解，用自己最熟悉的复述方法练习复述这个故事。

（4）同桌互评：同桌之间相互复述故事，并且评估给出建议。

（5）小组评估：小组内开展复述比赛，把故事复述给组员们听，组长根据大家的意见评估一个综合等级。

（6）邀请家长评估：把故事复述给家长听，请家长根据自己的听后感受进行评估。

（7）评委评估：开展"复述小达人"比赛，每个学生复述自己抽到的故事，并且时间不超过 5 分钟。评委综合打分，评选出"复述小达人"。

五、教学特色分析

（一）教学目标站位高远了

在"复述故事"单元的篇章页里，单元语文要素是："了解故事的主要内容，复述故事"。原有的教学会将目标确定为以下两点：（1）初步掌握用表格、示意图等方法，梳理故事的主要内容；（2）借助梳理出来的主要内容，按顺序复述故事。但大家可能会发现这两个目标指向的是学习复述故事的方法。有了方法后，在真实的生活情境中，就能迁移运用了吗？显然是不能的。

大概念教学要求学生对"复述"和"复述故事"这两个基本概念有所认知。"复述"就是重复讲述，其核心是"要忠于原文的信息"，因为复述的是"故事"，还要强调生动，能吸引人。所以，我们提取的单元大概念是"忠实于原文信息、有目的有对象的言语行为"，结合"什么是复述，什么是复述故事"和"什么时候要复述故事，该如何复述故事"这两个基本问题，把教学目标调整为"初步掌握用表格、示意图等方法，学会梳理故事的主要内容"和"忠实于原文信息，能根据听众对象、目的、要求等的不同，把故事复述得吸引人。"如此，学生不仅知道了"我该怎么做"，还知道了"我为什么这么做"。

（二）课程内容结构化了

原有的教学是教师按照教材编排内容，一课一课依次教，学生则跟着老师一课一课依次学。"复述故事"单元涉及 4 篇课文，精读、略读各有 2 篇。在这种模式下，精读、略读交叉编排，精读课学一种方法，略读课练一种方法，再学一种方法，再练一种方法，因而在学生的认知结构里，知识是一块一块孤立着的。

大概念教学摒弃了课程内容线性呈现的方式，而根据学习目标把课程内容进行结构化处理，4 篇课文的学习内容是可以根据目标达成的需要随机调用的。如为了达成"忠于原文信息"这一目标，在学习"借助表格提取信息"这一方法时，4 篇课文都是学习载体，都可以随机调用，甚至可以引入课外相关的学习材料，而不是像原来的教学一样，学完一篇课文就放到一边。

（三）学习成果能迁移了

学科素养区别于应试能力的最大特质在于真实性，即学生最终获得的不是学校中封闭的知识成果，而是具有"超越学校价值"的知识成果。在原先的课堂上，学生学的更多的是"学校中封闭的知识成果"。而大概念教学下学生学的则是具有"超越学校价值"的知识成果。

在"复述故事"单元中，真实性任务是六一儿童节高年级学生要为低年级学生讲一个故事，学生要带着这个任务去展开学习、练习复述。因此，学校的庆六一活动，就可以安排"小小故事家进班级"，让学生的学习成果走向真实运用。

当然，大概念教学和原先的教学还有很多区别，如对学习空间的设计和优化、对学习成果的评估等，在此不一一赘述。

六、学习效果评价及作业设计

关于本单元学习效果的评估，从单元角度，设计了真实性任务（见表2），此任务贯穿整个单元的学习过程，是单元学习的目标，也是单元学习的归宿。在单元学习伊始，就提出此任务，学习结束后，以此任务作为考核内容和考核标准。

表 2　真实性任务

真实性任务（表现性任务）
1. G——目标（goal）：复述一个故事。
2. R——角色（role）：讲述人。
3. A——对象（audience）：同年级学生。
4. S——情境（situation）：六一儿童节故事复述大赛。
5. P——产品（performance/product）现场复述一个故事。
6. S——标准（standards）：具体指标如下。

统编小学语文三年级下册复述单元真实性任务考查指标	
等级	等级描述
3.0	能提取故事的主要信息，清楚、完整地复述故事，复述过程中能根据听众表现，调整复述策略。
2.0	能提取故事的主要信息，清楚、完整地复述故事。
1.0	能根据提取的信息，比较清楚地复述故事。
0.0	不能提取信息，不能复述故事。

本单元最后一课时的复述故事大赛，细化了考查指标，并邀请了不同角色人员参与评估，从而让学生的学习结果更趋向真实生活运用（见表3）。

表 3　"复述小达人"真实性任务考查指标

复述小达人 ——统编小学语文三年级下册复述单元真实性任务考查指标					
等级	评估标准	同桌互评	小组评估	家长评估	评委评估
优秀	能提取故事的主要信息（可以借助复述手卡），清楚、完整地复述故事，复述过程中声音响亮、语言流畅，故事角色情感鲜明，语气得当。				
良好	能提取故事的主要信息（可以借助复述手卡），清楚、完整地复述故事。没有背诵的痕迹。				
合格	能提取故事的主要信息（可以借助复述手卡），较清楚、完整地复述故事。有背诵的痕迹。				
待评	不能提取故事信息，不能复述故事。				

七、专家点评

整体不错，设计了关于真实性任务的评价量表，但对教材和学情的分析欠缺。

为未来而学　为理解而教

—— 以统编版小学语文三年级上册《祖国山河》为例 ——

一、知识背景、指导思想与理论依据

（一）知识背景

回顾语文课程改革和发展的历史轨迹，20 世纪我们主要实行的是以"双基"为中心的课程内容体系，21 世纪初期我们紧扣语文课程"三维"目标，尝试将语文知识融入学习活动，提升教学内容的开放性和综合性。近年来，高中课程标准在修订中提出要进一步精选学科内容，重视以学科大概念为核心，使课程内容结构化，以主题为引领，使课程内容情境化，促进学科核心素养的落实。这里的关键词"学科大概念"，萌芽于 20 世纪 30 年代怀特海有关学科概念的阐释。综合国内外研究成果，专家学者认为语文学科大概念是指蕴含在语文学科事实中的核心概念，包括学科思想、学科原理和思维方法。它处于语文学科的中心地位，构成语文学科的本体认知框架，体现了语文学科的本质属性；它具有抽象性、概括性、适用性和生成性，在语文学习中具备广泛的解释力；它能够引导学生把握学科整体结构和认知图式，使学生学会在不同的言语情境中恰当迁移和运用概念解决现实问题。

（二）指导思想

在工业时代向信息时代转型的背景下，素养导向的课堂变革应时而生。大概念作为在具体教学中落实素养的锚点，将教学目标从教授专家结论向培养专家思维转型，有助于提升学生解决真实性问题的能力。统编版语文教材围绕"人文主题"和"语文要素"双线组织单元，加强了不同年段、不同册次之间的纵向联系和单元内部的横向联系，核心知识呈现出由易到难、由浅入深的进阶式学习形态，体现了大概念的教学思路。

（三）理论依据

"大概念"也称作"大观念"，是反映专家思维的概念、观念或论题，具有生活价值；它指向具体知识背后的核心内容，指向问题解决的意义和对价值的理解，即理解为什么这样做；它促进对思维的激活，对问题的解决有更明确的方向和更多元的方法，具有可迁移性。单元整体教学是一个完整的学习过程，让知识经历条件化、情境化、结构化，从而让学生明白知识从何处来，去往何处，形成知识面，体现学科本质，让知识便于记忆与迁移。同时，正确的知识需要与习得知识的正确过程相匹配，只有这样，知识技能才有可能成为素养。以学习为中心，用大概念、大问题、大项目或任务组织单元学习，可以将碎片化的知识组织起来，将枯燥的知识情境化、生活化、现场化，从而激发基于深度学习的教与学，为培养整体的人提供钥匙，让核心素养真正在学生身上发生并内化为学生成长的持续性动力。

二、教学目标的设定

（一）学科分析

语文学科大概念是指蕴含在语文学科事实中的核心概念，包括学科思想、学科原理和思维方法等。统编教材在编写过程中已经蕴含"大概念"的教学理念。统编教材是以"人文主题"和"语文要素"双线来组织单元结构的，且每个单元的内容会聚焦到一个语文要素上。统编教材的"大概念"思想体现在：单元要素与"大概念"之间是密切关联的，学科的大概念是从单元语文要素中提炼概括形成的。

统编语文教材三年级上册第六单元共编排了四篇课文：《古诗三首》《富饶的西沙群岛》《海滨小城》《美丽的小兴安岭》，以及语文园地中的《早发白帝城》，用优美的语言、形象的笔法描绘了一幅幅祖国山河的壮美景象。本单元的语文要素是"借助关键语句理解一段话的意思""习作的时候，试着围绕一个意思写"。整个单元都以关键句为训练要点，通过文章体会什么是关键句，探寻关键句在一段话中可能的位置，关键句有什么作用，再通过语文园地及习作要求使用关键句，从而对关键句有较为灵活的、初步的掌握。借助"关键语句"理解文本内容是学生由形象思维到抽象思维的过渡，是培养概括能力的出发点。概括能力是知识结构中十分重要的部分，它既是一种语文能力又是一种阅读方法。对概括能力的培养，在小学阶段的不同学段中呈螺旋上升趋势。本单元是第一阶梯，即借助关键语句"理解"一段话的意思，在其他年级的教学中，进阶展开根据关键句"概括"一段话，"体会"思想感情，并"把握"主要内容等活动。

（二）教育分析

基于课标的要求和教学重点，笔者结合本单元的具体内容，依据学生基础水平和思维特点，进行单元内容的构建、重组，主要从学科知识和生活情境两个角度扩充课外资料，同时设定真实情境主题。

从学科角度构建内容：

本单元的要点是对"关键句"的学习，根据关键句在文中出现的位置及作用给单元原有课文分类。关键句在段首，起概括作用：《富饶的西沙群岛》《海滨小城》；关键句在篇尾，起总结作用：《美丽的小兴安岭》。通过分类发现，对于篇中缺少"关键句"的文章，笔者根据单元均是写景类文章，选取了《竹子》这篇文章来扩充学科内容。

从人文角度设定主题：

本单元的原人文主题是"祖国山河"，从课文内容出发领略祖国各地的美丽风光，激发学生的爱国情感。笔者考虑学生的年龄特点，从身边熟悉的场景出发重新设定学习情境，以"我为家乡代言"这个真实任务为线，将原单元课文中的祖国山河延伸到身边的家乡草木，并根据这一人文主题组建任务群，贯穿整个单元的学习。实现基于学生的生活经验，以"主题-探究-表达"的方式进行学习，在探究学习中积累优美的语言，发现关键句的作用，培养学生的概括能力，发展学生的思维，从而使学生通过恰当运用语言，让语文素养在学习中真正提升。

从学情角度确定目标：

三年级的学生特别是三年上学期的学生还处于直观形象思维阶段，他们借助读物中的图画阅读，因而对于"关键句"这一概念是陌生的，所以如何寻找和判断关键句，如何借助关键句理解一段话的意思，关键句的作用怎样，这一系列的抽象概括对于学生来说是学习难点。但学生具有结合上下文、图画、生活实际了解课文中词句意思的能力，对于儿童诗等能够展开想象，能简要讲述自己感兴趣的见闻和想法，这是学生具备的前概念。三年级学生进入中年级以后，学习进阶表现为能够联系上下文理解词句的意思，体会课文中关键句的表达情意作用，初步把握文章的主要内容，体会文章表达的思想感情，能清楚明白地讲述见闻，说出自己的感受和想法。

（三）具体内容分析

寻找到大概念后，要确定大概念的学习要求，即学生在理解与运用大概念上有具体的表现。大概念的学习要求反映学科素养，也是核心素养在学科上的反映。大概念的"大"需要将主要问题作为切入口来联结具体的教学目标，进而通过教学目标来落实大概念的学习要求。

由此，以大概念为中介，核心素养、学科素养、内容标准、大概念的学习要求、主要问题、教学目标之间在逻辑上形成了如图 1 所示的目标层级。

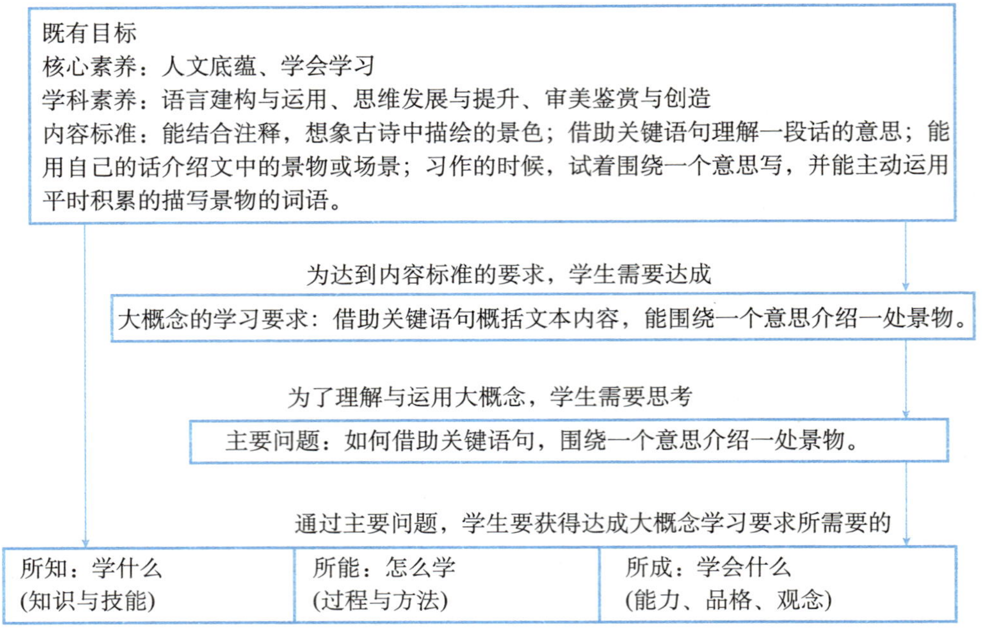

既有目标
核心素养：人文底蕴、学会学习
学科素养：语言建构与运用、思维发展与提升、审美鉴赏与创造
内容标准：能结合注释，想象古诗中描绘的景色；借助关键语句理解一段话的意思；能用自己的话介绍文中的景物或场景；习作的时候，试着围绕一个意思写，并能主动运用平时积累的描写景物的词语。

为达到内容标准的要求，学生需要达成

大概念的学习要求：借助关键语句概括文本内容，能围绕一个意思介绍一处景物。

为了理解与运用大概念，学生需要思考

主要问题：如何借助关键语句，围绕一个意思介绍一处景物。

通过主要问题，学生要获得达成大概念学习要求所需要的

所知：学什么 （知识与技能）	所能：怎么学 （过程与方法）	所成：学会什么 （能力、品格、观念）

图 1 以大概念为中心的目标层级

在探索主要问题的过程中，需要落实较大的教学目标，它们是理解与运用大概念的基础，同时也是学生获得达成大概念学习要求所需要的层级目标，从而从"向上"立足于"生活价值"的宏观思维与"向下"体现单元目标落实的微观思维两个角度阐述本单元的目标设计，主要体现在学会迁移、理解意义（大概念）、掌握知能的三层学习结果上（见表 1）。

表 1 大概念教学目标设计

学会迁移
能够在语文学习中掌握阅读方法，形成阅读习惯，通过观察周围的世界，用书面或口头方式通过正确运用语言文字表达自己的见闻、感受和想象，在与他人分享、对话、交流中学会合作，形成良好的个性和健全的人格。

理解意义（大概念）	掌握知能（学习结果）
串联：这里的串联是指古诗内容的概括方法，古诗中蕴含了很多景物，教师应引导学生用景物串联的方法概括古诗的内容，这样能为解读诗句的含义起到前期铺垫作用。 关键句：关键句指的是对表达文章内容或表现文章的中心起着重要作用的句子。整个单元都以关键句为训练要点，通过文章体会什么是关键句，关键句有什么作用，再通过语文园地及习作要求使用关键句，从而对关键句有较为灵活的、初步的掌握。对关键句的学习是培养语文概括能力的重要一步。	所知：学什么（知识与技能） 1.1　认识 42 个生字，会写 52 个字，会写 46 个词，并能理解词义，能将所学运用到具体生活情境中。 1.2　能结合注释，想象诗中的景色，并串联景物，能用自己的话说出诗句的意思。 1.3　借助关键句理解一段话的意思。 1.4　能围绕关键句说一段话。 1.5　能仔细观察一处景物，围绕一个意思用一段话写下来，并能主动运用积累的描写景物的词语。
概括与表达的有效实现：概括力的形成一方面有赖于学生阅读多篇文本，另一方面取决于通过针对式训练寻找规律，发现作用，同时在不断地反思和表达交流中修正、完善表达方法。	所能：怎么学（过程与方法） 2.1　通过阅读同类多篇文本的实践活动，交流总结关键句：什么是关键句，关键句的位置规律，关键句有什么作用。 2.2　通过语文学习任务、活动项目，将积累的描写景物的词语加以运用，由读到写到讲，培养创新思维。 2.3　在完成任务及活动项目的过程中，教师与学生，学生与学生，教师、学生与文本之间进行自主、合作、探究式对话，交流表达方法。
在表达交流的语文实践中，可以培养学生的合作能力，使学生形成良好的个性和健全的人格。	所成：学会什么（能力、品格、观念） 3.1　能清楚明白地讲述见闻，说出自己的感受和想法，讲述内容力求生动具体，表达流畅。 3.2　通过语文任务，乐于与同伴分享自己的所见、所闻、所感，共同讨论以解决问题，学会合作。 3.3　通过文本内容感受语言文字的魅力，感受祖国的壮美，热爱家乡，形成良好的个性和健全的人格。

三、大概念的提炼与获得

　　我们知道，大概念是一个兼具认识论、方法论和价值论并具有广泛迁移力的意义结构，它的意义结构使其成为连接课程内容与核心素养的中介，是核心素养落地于课程内容、切入具体知识的锚点。鉴于此观点，笔者从两个层面筛选大概念：

（一）自上而下，以追问的方式确定大概念

就语文素养来说，结合单元内容和单元要素"借助关键语句理解一段话的意思"，笔者做出思考：对于这一单元的建构，我们可以落实哪些核心素养？培养哪些语文能力？

对于语文学科素养，《普通高中语文课程标准》（2017 年版）中提出语文核心素养主要表现在"语言建构与运用""思维发展与提升""审美鉴赏与创造""文化传承与理解"四个方面。

《义务教育语文课程标准》（2011 年版）对语文素养做出了这样的解读："语文课程应激发和培育学生热爱祖国语文的思想感情，引导学生丰富语言积累，培养语感，发展思维，初步掌握学习语文的基本方法，养成良好的学习习惯，具有适应实际生活需要的识字写字能力、阅读能力、写作能力、口语交际能力，正确运用祖国语言文字。语文课程还应通过优秀文化的熏陶感染，促进学生和谐发展，使他们提高思想道德修养和审美情趣，逐步形成良好的个性和健全的人格。"

《义务教育语文课程标准》（2011 年版）明确指出："阅读是运用语言文字获取信息、认识世界、发展思维、获得审美体验的重要途径。"本单元的语文要素中"借助关键语句理解一段话的意思"的目的是培养学生由具体到抽象的概括力。概括力是知识结构中十分重要的部分，它既是语文能力，又是发展思维能力的核心。所以，笔者将"语言是思维的工具或载体"作为学科大概念，这一概念可以成为连接"语言建构与运用""思维发展与提升""审美鉴赏与创造"三个方面的学科素养与单元课程内容的中介，使得学科素养与课程内容相互通融。在此，也就回到了笔者提出的第一个问题上，同时也回答了第二个问题中的一部分，进而发展了思维能力。

对于第二个问题"培养哪些语文能力"，我们知道，在阅读教学中除了教师、学生、文本间的"对话"之外，不同学段的阶段目标也十分重视"表达"。本单元所处的第二学段的阶段目标指出"与他人交流自己的感受"。本单元的单元教学要点也曾几次提及"用自己的话"表达意思、介绍景物，与同伴分享观察到的美景，围绕关键句说出一段话等，可见"表达"也是本单元的语文能力核心。为此回到第二个问题，在这一单元，我们可以培养学生的思维能力、表达能力、阅读能力、写作能力、正确运用语言文字的能力。

鉴于上述分析，笔者从上位的学科大概念"语言是思维的工具或载体"中提炼出中位的单元大概念，即"概括与表达"。

（二）自下而上，用归纳的方式获得大概念

从课程内容出发，通过横向比对，发现在小学阶段 1~6 年级对学生的概括与表达能力的培养中，体现着下面的系列主题（见表 2），使学生形成了进阶的语言建构与思维发展。

表 2　小学语文教材中涉及的语文要素

年段	单元	人文主题	语文要素
三年级上学期	第六单元	祖国山河	借助关键语句理解一段话的意思
三年级下学期	第四单元	留心观察	借助关键语句概括一段话的大意
四年级下学期	第一单元	田园生活	抓住关键语句，初步体会课文表达的思想感情
六年级上学期	第六单元	保护环境	抓住关键句，把握文章的主要观点

学段的阶段目标中的"表达"进阶体现为："乐于与人交流"（第一学段）；"与他人交流自己的阅读感受"（第二学段）；"做出自己的判断"（第三学段）。

本单元中的"概括与表达"学习进阶：（1）想象诗中的景色，用自己的话解释诗句；（2）用自己的话介绍文中的景物或场景；（3）借助关键句理解一段话的意思；（4）能围绕给出的关键句说一段话；（5）能交流、总结一段话中关键句可能的位置及关键句的作用；（6）能仔细观察一处景物，围绕一个意思用一段话写下来；（7）能反思、交流与分享自己所用关键句是否恰当表现了景物或场景的特点。

可见，单元内容的上位的学科大概念"语言是思维的工具或载体"，及中位的单元大概念"概括与表达"，在义务阶段的小学语文教学中能使学生形成进阶式学习结构。

四、教学过程设计

本单元的学习基于儿童的视角，从孩子熟悉的身边生活出发，设定语文学习的大概念、大主题、大任务、大情境，引领孩子以语文的方式自主探究、合作交流，传递语文学科知识，启发孩子会思考、乐表达、爱实践，从而围绕主要问题组织和创设学习活动。

大概念：语言是思维的工具或载体。

大主题：我为家乡代言。

大任务：创作一本描绘家乡的手绘，做一回演讲者。

大情境：海选"家乡小小代言人"。

基于以上活动任务，我们进行如下的过程设计，即"内容构建—课时进程—

本质问题—真实情境—学习活动"五步骤的学习过程导航（见表3）。

表 3　教学过程设计：五步骤学习过程导航

学科大概念：语言是思维的工具或载体
单元大概念：概括与表达
单元学习策略：串联、关键句

单元概述：

你喜欢壮美的山水吗？你喜欢与作者（文本）对话吗？你喜欢把自己的所见所感与小伙伴分享、交流吗？

本单元中，你会看到富饶的西沙群岛，南国的海滨小城，美丽的小兴安岭……你会学习到描写山水美景的古诗，你还会学习到新的描写景物的词语、句子，用关键句理解一段话、表达一段话，围绕一个意思介绍一处景物或场景。你需要在生活情境中完整地说一段话，向他人介绍你眼中的美丽景物或场景。

◆你的任务：前不久，我们的家乡沈阳成为东北唯一一个入围国家中心城市的城市。实现沈阳振兴发展，是我们沈阳人共同的期盼。现在校园广播站面向全校学生评选"沈阳小小代言人"，请大家踊跃参与，做个小小代言人。

◆目标：能借助已学的诗句、好词佳句，选择一处景物或场景，围绕一个中心意思进行书写，然后进行精彩演说。

◆单元学习路径：在文本阅读中积累描写景物的词语、诗句、句式；学习"围绕关键语句写一段话"的表达方式。

主要问题：如何借助关键语句、围绕一个意思介绍一处景物。

单元内容构建	课时	核心问题	任务情境设定	学习具体活动
内容：第17课古诗三首《望天门山》《饮湖上初晴后雨》《望洞庭》，语文园地中的《早发白帝城》。 建构意图：通过古诗集的学习，形成"串联"概括的学科概念，理解诗句，积累描写景物的诗句，为后续作文储备素材。	1课时	问题1：你能结合注释，想象古诗中描绘的景色，通过"串联"景物，用自己的话说出诗句的意思吗？ 问题意图："串联景物"是概括诗句内容的方法，这一问题指向所要形成的学科具体概念——概括。	**实践生成1：** 随着时间的流转，我们已经进入了信息时代，人们的衣、食、住、行较我们的祖先有了很大的变化，但有一些地方变化却不大，你知道是什么吗？（身边的山水风景） 这节课，就让我们跟随诗人的脚步，边走边欣赏诗句中的风景，同时绘制景点手绘图。	**读诗句：** 通过预习单及工具书识记古诗中的生字和词语； 熟读古诗并背诵； 在古诗中批注勾画出诗句中的景物。 **想画面：** 结合注释，想象古诗中描绘的景色。 **说画面：** 用自己的话说出诗句的意思。 **画画面：** 绘制景点手绘图，并写上描写风景的诗句和词语。

内容：第18课《富饶的西沙群岛》、第19课《海滨小城》、第20课《美丽的小兴安岭》、课外篇《竹子》；语文园地中的"词句段运用"。 建构意图：对体现了语文要素"借助关键句理解一段话的意思"的三篇课内文本及一篇课外文本、语文园地中的"词句段运用"，根据"关键句"的位置作用进行学习，将第18、第19课"关键句"体现在句首的在一课时中进行学习，体现在段中、段尾的在另一课时进行学习。两个课时的学习，要同时关注"关键句"的作用的训练，并结合"语文园地"的内容。这样依据学科知识特点划分内容和课时，有助于强化学生对学科大概念"关键句"的"概括"理解。	2课时	问题2：课文中有些句子很重要，可以帮助我们理解一段话的意思，你能从课文中找出来吗？ 问题3：你能发现这些"关键句"都在段落、篇章中的什么位置，它能告诉你什么呢（它有什么作用）？ 问题4：你能根据一幅画面，围绕一个意思写一段话和同学交流吗？ 问题意图：3个问题将什么是关键句、关键句的位置、关键句的作用、关键句的表达运用进行结构化联结，突出了对学科具体概念"概括"的深入解读。	**实践生成2：** 这一单元的课文均描写祖国各地的优美景观，因此在前一课时追寻古人足迹绘制"景点"地图的基础上，通过设定"当一回小导游"生活情境，绘制旅行路线图。	通过预习单及工具书识记文中的生字和词语，积累描写景物的词语； 在中国地图上找一找西沙群岛、海滨小城、小兴安岭的地理位置。 在文中找到"关键句"，能通过关键句理解一段话的意思。 观察关键句在文中的位置，体会其作用，围绕给出的关键句说一段话。 学习文中的表达方式，选择一个画面，以小导游的身份进行介绍。

内容：习作《这儿真美》。设计意图：形成本单元的第二个语文要素"习作的时候，试着围绕一个意思写"。	2课时	问题5：你能仔细观察身边的美景，围绕一个意思写一段话吗？问题6：你愿意将你笔下的美景分享给同伴吗？问题意图：将课文中的祖国山河的景观延伸到"身边美景"，同时关注"运用从课文中学到的方法，围绕一个意思写"，再次强化单元大概念——概括与表达。	**实践生成3：**完成了"古人足迹—祖国风光"后，下一站我们回到自己的身边，看看周围的花园、果园、校园、家园……许多美丽的地方，让我们把身边的美景拍摄下来，举办一场"谁发现的美景最美"摄影展。	举办"谁发现的美景最美"摄影展。交流美景上都有哪些景物，给美景确定一个"主题名字"。为美景图片配文字。围绕一个意思用一段话写下来，注意运用平时积累的词语。自评：读习作、改错字。同伴交流展示习作：圈好词好句。点评：从"是否围绕一个意思写""是否用上了积累的词语""是否检查并改正了错别字"三方面进行。
内容：做一回演讲者，发表演讲——《我为家乡代言》。设计意图：将本单元用于描写景色及景物的写法落实到实际应用文本演讲稿中，同时落实学科大概念、单元大概念，将"语言建构与运用""思维发展与提升"学科核心素养巧妙融入语文实践，让核心素养融入课程之中。	1课时	问题7：经过前面的学习，相信你已经学会了如何围绕一个意思描写景物，那么你现在可以介绍你眼中的"最美沈阳"，为沈阳代言吗？问题意图：经过学习，大家将储备好的词汇、表达方式综合起来，写一篇演讲稿，做一回演讲者，借此活动任务，既落实了大概念，也培养了学生的学科素养，同时让核心素养融入课程之中。	**迁移提升：**历经的"古人足迹-祖国风光-身边最美摄影展"这一序列化的语文任务，为此刻的迁移提升做好了铺垫，在这一课时，进行单元之初的大主题"我为家乡代言"的演讲比赛。	手绘沈阳展：每一处美景都要配有适当的文字。演讲评选：根据手绘画面进行演说。评委点评。

| 综合实践活动 | 1课时 | 在"我为家乡代言"任务中，有一项挑战性的小组作业——《手绘最美沈阳》，哪个小组能为大家边展示边讲述你们的制作经历？问题意图：将一次学习变为终身学习的契机，将作品变成有价值的物品，体现合作意识，通过这一项综合性活动，发展学生的核心素养。 | **课后拓展**
进行校园义卖：出售小组合作完成的《手绘最美沈阳》。 | 1. 绘制义卖海报；
2. 进行校园义卖；
3. 将所得款项用于购买图书并捐给希望小学。 |

五、教学特色分析

基于"大概念"的教学需要打通教学与现实世界的路径，触发并引导学生运用专家思维进行"大概念"学习，建立理解为先的深度学习模式。这一单元的教学特色体现在以下几个方面：

特色一：问题导引，持续探究。

在单元学习中，设立了单元的主要问题"如何借助关键语句，围绕一个意思介绍一处景物？"根据教材要素、课后问题从这一问题中抽象出来的可迁移的规律，是指向"大概念"理解的，然后在单元中的每一课时下根据主要问题设置"核心问题"，一步步引领学生积极探究，激发学生的动机，慢慢揭示出"大概念"。

特色二：真实情境，任务驱动。

在单元导引学习时，就创设了一个真实的情境：前不久，我们的家乡沈阳成为东北唯一一个入围国家中心城市的城市……现校园广播站面向全校学生评选"沈阳小小代言人"，请大家踊跃参与，做个小小代言人。这样，学生在整个单元学习中始终处于情境之中，同时大任务也贯穿教学始终。这样一个真实的情境就打通了课堂教学和现实世界的通道，学生的学习激情和学习内驱力也就被调动起来了。最后提出评价标准，让学生能判断自己是否完成了任务和完成的程度。

特色三：深度学习，任务评估。

深度学习有五个特征，即主动的学习机制、联想与建构、本质与变式、迁移与应用、价值与评价。在课时活动中通过探究实践，能让学生参与活动与体验；通过纵向的单元内容和横向的课内外知识的贯通，鼓励学生展开联想，从具体到抽象，再回到具体情境，从而实现知识的迁移；通过创设真实情境和任务，培养学生的爱心、责任心，从而实现语文学科的育人功能。

对于任务评估，要确定目标和评估标准，设计确保学习目标达成的过程，目标设计、评价设计和过程设计要相互贯通、联结起来，要像评估员一样思考，引导学生达成评估任务，从而既学会评价自我，又学会评价他人。

六、学习效果评价及作业设计

（一）作业设计

"教者若有心，学者必有益"。作业设计应围绕学科大概念"概括与表达"进行，指向学生对学科概念进行迁移应用，以解决真实世界的问题。作业设计应以知识目标为线索，以应用主题为主线，将单学科和跨学科相融合，以体现独立、合作的作业主体，采用书面、口头、表演的多种作业形式，从而保证作业过程中既有准备型作业又有即时作业、延时作业。

文本作业：请你根据一幅画面，围绕一个意思写一段话和同学交流。

实践作业：

（1）实践1——古人足迹。

随着时间的流转，我们已经进入了信息时代，人们的衣、食、住、行较我们的祖先有了很大的变化，但有一些地方变化却不大，你知道是什么吗？（身边的山水风景）

这节课，就让我们跟随诗人的脚步，边走边欣赏诗句中的风景，同时绘制景点手绘图。

（2）实践2——祖国风光。

这一单元的课文均描写祖国各地的优美景观，因此在前一课时追寻古人足迹绘制"景点"地图的基础上，通过设定"当一回小导游"生活情境，绘制旅行路线图。

（3）实践3——身边美景。

完成了"古人足迹-祖国风光"后，下一站我们回到自己的身边，看看周围的花园、果园、校园、家园……许多美丽的地方，让我们把身边的美景拍摄下来，举办一场"谁发现的美景最美"摄影展。

探究作业：小组合作完成《手绘最美沈阳》，完成后，讲述自己眼中的最美沈阳。

（二）学习评价

将目标学习具体化，体现"学-评-教"一体化，让教学跟着评价走，从而有效达成目标。笔者综合运用对话交流、文本分享、小组研讨、学习反思等评价策略，整体以表现性评价为主，通过设定评价量表，融入诊断性评价和形成性评价，构建了一套描述学生学习历史轨迹的"学历案"，以此考查学生是否达到学习效果，进而提供有针对性的学业指导。

鉴于以上思考，笔者采取斯恩特提出的评价方式：对学习进行评价、对评价进行学习。

1. 对学习进行评价

表4呈现了基于大概念"概括与表达"学习要求的评价，可供参考。

表 4　基于大概念"概括与表达"学习要求的评价设计

大概念的学习要求	表现性任务	表现性任务评价标准		
		优秀	良好	尚待努力
借助关键语句理解文本，展开想象，形成学生与文本的深入对话。	任务1：祖国山水行。 1. 在地图上找到西沙群岛、海滨小城、小兴安岭、日月潭、黄山的地理位置，认读并识记本单元课文中的相关生字词语； 2. 欣赏诗句中的风景，通过读诗句、想画面、说画面等方法绘制自己的景点手绘图，积累描写风景的诗句； 3. 以课文为例，做一回"小导游"，进行角色扮演，通过学习"抓住关键句"来介绍一处景点或风景。	1. 能准确认读并识记相关生字和词语； 2. 对诗句的画面想象合理，对诗句的解读表达流畅； 3. 能清楚明白地介绍一处景物，用词生动形象。	1. 能准确认读并识记相关生字和词语； 2. 对诗句的画面想象合理，对诗句的解读表达比较流畅； 3. 能介绍一处景物，用词比较形象。	1. 能认读并识记部分相关生字和词语； 2. 对诗句的画面想象不太合理，表达不流畅； 3. 能介绍一处景物，用词简单。

续表

大概念的学习要求	表现性任务	表现性任务评价标准		
		优秀	良好	尚待努力
仔细观察一处景物，能够围绕一个意思用自己的话与同伴进行交流，注意对关键句式的表达方法的运用。	任务 2：请到我的家乡来，我为家乡做代言。前不久，我们的家乡沈阳成为东北唯一一个入围国家中心城市的城市……现校园广播站面向全校学生评选"沈阳小小代言人"，请大家踊跃参与，做个小小代言人。GRASPS 任务设计提示：◆目标（goal）：借助已学的诗句、好词佳句，选择一处景物或场景，围绕一个中心意思进行书写，然后进行精彩演说。◆角色（role）：手绘作者、演讲者。◆对象（audience）：伙伴、教师、家人、其他人。◆情境（situation）：评选"沈阳小小代言人"。◆产品（product）：为了成为代言人需要与伙伴合作完成《手绘最美沈阳》旅行手册，结合手绘作品，进行一次演讲。◆成功的标准（standard）：见评价标准，你的演讲表达要生动真切，要努力得到观众的支持。	1. 描述家乡的一处景物，能围绕一个意思完整表达，并能说出自己的感受；2.《手绘最美沈阳》作品集中的用词与画面融合，具有一定的吸引力；3. 运用了阅读和生活中学到的描写景物的诗句、词语，能合理运用标点符号。	1. 描述家乡的一处景物，能围绕一个意思完整表达，并能说出自己的感受；2.《手绘最美沈阳》作品集中的用词与画面比较融合；3. 运用了阅读和生活中学到的描写景物的诗句、词语，对标点符号的运用出现错误。	1. 描述家乡的一处景物，能围绕一个意思完整表达，并能说出自己的感受；2.《手绘最美沈阳》作品集中的用词与画面不匹配；3. 运用了阅读和生活中学到的描写景物的诗句、词语，标点符号的运用错误很多。

2. 对评价进行学习

"对评价进行学习"是大概念教学格外强调的，它要求学生不仅要学会评价他人，更关键的是要学会评价自我。自我评价的核心是对认知的认知，这也是威金斯提出的理解的最高层次——自知。因此，笔者在大概念学习迁移任务后，设计了一份自我评估小报告（见表5）。

表5　自我评估表

评估问题	评估依据	自我评价	老师评价	伙伴评价
你能在一篇文章中快速找到关键句吗？	在课文阅读中能够找到关键句，能够找到关键句在文中的位置并认识它的作用。			
你能围绕给出的关键句说一段话吗？	根据所给的关键句，能够围绕一个意思展开联想，进行介绍。			
你是否可以围绕一个意思表达一处景物？	仔细观察一处景物，能够围绕一个意思用自己的话与同伴进行交流。			
你是否能通过自己的观察，围绕一个意思完整表达自己的感受？	描述家乡的一处景物，并能借助已学诗句、词语围绕一个意思进行完整表达，能够说出自己的感受。			

注："伙伴评价"中的"伙伴"可以是见证你本次内容学习的同学、朋友、家人等。

七、专家点评

构建了大概念统摄下的进阶概念框架，"学科大概念—单元大概念—学科具体概念"的层级结构为该单元设计的成功打下了重要基础。

"如何抢救呼吸困难的新冠肺炎病人"大概念单元教学设计

一、知识背景、指导思想与理论依据

(一)单元背景概述

"如何抢救呼吸困难的新冠肺炎病人"这一单元的学习主题是在当前全球范围内新冠肺炎疫情极为严峻的形势下开发设计的。设计者在分析科学课标、科学教材内容(教科版四年级上学期"呼吸与消化"单元、北教版五年级下学期"认识人体"单元)的基础上,采用基于大概念的逆向教学设计程序进行单元整体的重构设计。

本单元的主题从分析新冠肺炎病人为何出现呼吸急促、呼吸衰竭甚至死亡的病症(单元初始课)出发,引导学生关注身边的真实世界,立足真情境提出可探究的真问题(如新冠肺炎病人为什么会呼吸衰竭?呼吸衰竭病人的心脏为什么会停止跳动?等等)。学生带着研究问题围绕人体的呼吸系统和血液循环系统开展本单元的学习探究,而学生在学习过程中获得的知识旨在为"假如你是一位医生,如何抢救呼吸困难的新冠肺炎病人"这一问题提出可能的解决方案,即学以致用。

(二)指导思想与理论依据

英国科学教育专家温·哈伦在《科学教育的原则和大概念》一书中指出,科学教育的目标不是去获得一堆由具体事实和学科理论杂乱无章地堆积起来的知识,而应该是实现一个向核心概念逐步趋向的进展过程,这样做有助于学生理解与他们生活相关的事件和现象[1]。也就是说,在科学教

---

① 哈伦. 科学教育的原则和大概念. 北京:科学普及出版社,2011.

育中学生掌握的科学知识绝不应该是孤立的事实和零散的科学结论，而应是通过一定的逻辑相互关联，形成以核心概念为统摄的具有层次性的结构体系。大概念可以揭示学科知识的本质和学科知识之间的联系。单元整体教学设计应该围绕学科核心概念进行设计。

1. 威金斯的 UbD 理论："以终为始"的逆向设计

（1）立足大概念的逆向教学设计。美国课程改革专家威金斯等人积极倡导的 UbD（understanding by design）理论强调单元整体教学设计。威金斯在《追求理解的教学设计》一书中提到，最好的设计应该是"以终为始"，从预期的学习结果（教学目标）逆向设计教学活动。先确定预期学习结果和核心评估任务，再去设计教学活动。预期学习结果的确定需要以核心素养为指引从而提炼学科核心概念（或大概念）。

（2）立足解决关键问题的整体教学设计。单元整体的教学设计旨在通过精选有限的教学活动促进学生达到对某一核心概念的深度理解。威金斯认为衡量"理解"的一个基本指标是能把所学知识迁移到新的环境和挑战中，而不仅仅是对知识的回忆和再现，即新情境中的问题解决。因此，单元整体的教学设计离不开围绕学科关键问题或基本问题（essential question）的深入探究。为了帮助学生对主要概念和过程进行深入、持久的理解，单元整体教学设计离不开真情境和真问题的设计。

2. 基于大概念的教学设计程序

为了促进学生对大概念的理解和应用，教学设计者应加强对学科知识结构的深入理解。北京教育学院科学教育团队建立的科学教育知识结构体系（见图1）强调大概念统摄下对知识结构的系统把握[1]，强调知识的整体性和知识之间的普遍联系。在系统把握科学知识结构的基础上，基于大概念的教学设计程序（见图2）应该是：围绕大概念，以科学事实为载体，通过分析来龙去脉、相互关联，在把握一般概念的形成过程中，领悟大概念的本质，培养科学的思维方法。

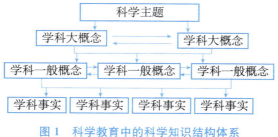

图1　科学教育中的科学知识结构体系

---

① 胡玉华. 科学教育中的核心概念及其教学价值. 课程·教材·教法，2015，35（3）：79-84.

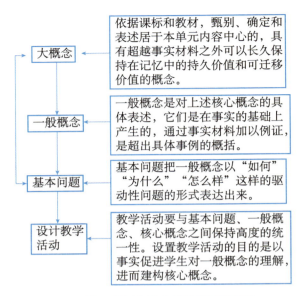

图 2　基于大概念构建的教学设计程序

3. 基于大概念和关键问题的单元整体教学设计程序

　　基于对以上理论和思想的学习和研究，本人主要围绕学科大概念和关键问题逆向考虑"如何抢救呼吸困难的新冠肺炎病人"单元的整体教学设计，具体的单元整体教学设计程序见图 3。从理解学科大概念出发，梳理大概念下的若干一般概念（子概念），并将其转化为关键问题，再从庞杂的知识中精选有限的学科事实从而将其设计成有逻辑性、有层次性的教学活动。学生在解决问题的过程中学习相互关联的科学知识，在掌握一般概念的过程中逐渐达到对核心概念的深度理解和迁移应用，从而在问题解决过程中培养科学思维。

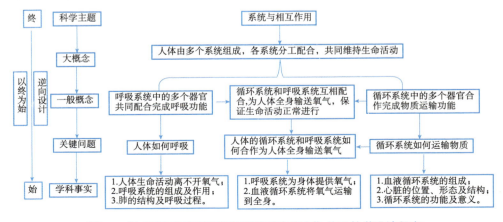

图 3　"如何抢救呼吸困难的新冠肺炎病人"单元教学设计程序

二、单元教学目标的设定

（一）单元教学内容分析及课时分配

本单元从分析新冠肺炎病人为何出现呼吸急促、呼吸衰竭直至死亡的病症（单元初始课）出发，引导学生关注身边的真实世界，立足真情境提出可探究的真问题（如新冠肺炎病人为什么会呼吸衰竭？呼吸衰竭的病人心脏为什么会停止跳动？等等）。学生带着以上驱动性问题围绕人体的呼吸系统和循环系统开展本单元的探究学习。本单元共 5 课时，每课时 40 分钟。具体课时分配及其主要内容见表 1。

表 1　"如何抢救呼吸困难的新冠肺炎病人"单元课时分配及其主要内容

课时	主要内容
1	（1）分析和讨论新冠肺炎病人的病症，形成单元基本问题。 （2）比较安静状态下和运动后的呼吸和心跳，初步科学地感知呼吸和心跳的关系。
2	（1）探究呼出去和吸进来的气体的成分差别，理解人体呼吸的意义。 （2）认识呼吸系统的组成和肺的结构。 （3）研讨呼吸系统某器官损伤对呼吸的影响，初步理解多器官互相配合完成呼吸。
3	（1）自制肺部模型类比呼吸器官，借助模型变化探究肺的吸气和呼气过程。 （2）破坏肺部模型的不同部位，理解呼吸系统由多个器官配合行使呼吸功能。
4	（1）认识心脏的构造和血液循环系统的组成。 （2）比较、分析一分钟的心率和脉率数据，推断心脏的功能和心跳的意义。 （3）构建"快递派送流程"模型进行类比推理，理解呼吸系统和循环系统合作为身体输送氧气。
5	（1）应用所学知识解释用体外膜肺氧合机（ECMO）抢救新冠肺炎病人的原理。 （2）学习人体的心肺保健。

（二）单元育人价值

通过本单元的学习：

（1）一方面能使学生通过掌握呼吸系统、循环系统的组成及功能、肺的呼吸过程、人体循环过程等学科事实，逐步实现对"人体由多个系统组成，各系统分工配合，共同维持生命活动"（生命科学领域要求）这一核心概念的深刻理解，甚至达到对"系统与相互作用"这一跨学科主题的初步理解。

（2）另一方面，通过贯穿单元始终的对新冠肺炎病人呼吸急促、呼吸衰竭甚至死亡等症状及抢救措施的分析讨论，提升学生的社会参与度，培养学生的社会责任感和珍爱生命的意识。通过学习人体心肺器官的保健常识，引导学生养成良好的生活和行为习惯，培养学生健康生活的意识（国家核心素养要求）。

（3）单元始终围绕解决问题开展教学，通过建构物理模型（自制肺的模型）、类比推理（快递派送过程类比血液循环过程）等方式培养学生的科学思维（科学学科核心素养要求），提升问题解决能力。最后通过分析新冠肺炎重症病人运用体外膜肺氧合机（ECMO）进行抢救的案例，促进学生对知识和能力的迁移应用，同时理解工程师们创造诸如心肺机之类的技术对病人保持生命的重要意义（技术工程领域要求）。

（三）单元学情分析

本单元的主题涉及人体的呼吸系统和血液循环系统，每一位学生时刻都在进行着呼吸和心跳，对此有许多经验性的感性认识。疫情期间学生也从各种途径了解到很多新冠肺炎的相关信息。

（1）为了更好地了解学生的知识储备情况，本人设计了《关于小学生对新冠肺炎了解程度的调查问卷》，通过问卷星平台向京师实验小学 4～6 年级的学生发放。通过对回收的 218 份问卷进行关键词和关键语句的分析发现：

1）如图 4 所示，学生对呼吸道、鼻、咽、喉、肺、呼吸、心脏、血管、血液循环等名词已经较为熟悉，他们知道呼吸需要空气，鼻腔、咽、喉、肺可以帮助人体呼吸，心跳和体内血液流动有关。但是学生无法解释人体如何呼吸，心脏为什么要跳动？绝大多数学生对"人类为什么要呼吸？为什么不呼吸就会死亡？吸进去的氧气去哪里了？新冠肺炎如何阻止人类呼吸？"等问题都有强烈的探究兴趣。可见，关于人体结构及生命活动的教学不能仅仅只是介绍这些器官的形态、结构等零散、碎片化的内容，更重要的是引导学生建立知识间的内在联系，理解身体各个器官如何一起工作完成了氧气在人体内的运输，从而保证人体生命活动的顺利进行。

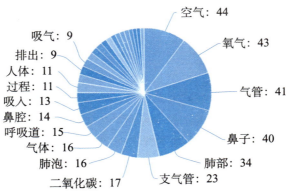

图 4 呼吸过程需要哪些器官或结构？（问卷第 8 题）

2）学生关于新冠肺炎病人为什么会出现呼吸急促、呼吸衰竭等症状很感兴趣。如图 5 所示，他们知道新冠病毒会使肺部感染，使其发炎，但对感染路径不清楚，说明学生对呼吸系统相关知识的了解比较零散。关于如何抢救病人，很多学生会提到使用呼吸机、吸氧等方法，但无法解释为什么要用这种方法，说明学生只是懂得这些名词，却无法解释其背后的工作原理。

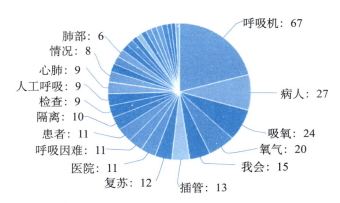

肺部：6
情况：8
心肺：9
人工呼吸：9
检查：9
隔离：10
患者：11
呼吸因难：11
医院：11
复苏：12
插管：13
呼吸机：67
病人：27
吸氧：24
氧气：20
我会：15

图 5　你觉得如何抢救呼吸困难的新冠肺炎病人（问卷第 14 题）

（2）对学生思维方面的考虑。五年级学生的思维已经从具体形象思维向抽象逻辑思维过渡，但仍需要同具体、直接的感性经验相联系，因此教学需要提供丰富的感性材料。他们的观察、比较等能力在前期学习中得到了培养，但他们的推理、分析、综合思维等能力还比较薄弱。同时五年级学生的动手能力比较强，教学中若多设计一些探究实验、小制作、体验活动等，更能激发学生的学习欲望。

（四）单元教学目标

1. 单元教学目标与对应的核心素养

在深入分析学生已有学情、课标要求以及教材的基础上，设计者从单元整体视角确定本单元的学习目标，并明晰目标与相关核心素养要求的对应关系，具体见表 2。

表 2　单元教学目标与对应的核心素养

单元整体教学目标		对应核心素养
科学概念	1. 知道人体的生命活动离不开呼吸和心跳； 2. 知道血液循环系统的组成和心脏跳动的意义； 3. 知道呼吸系统由多个器官配合完成呼吸功能； 4. 理解呼吸系统和循环系统互相配合为人体全身输送氧气，保证人体生命活动的顺利进行。	**科学学科核心素养：** 科学观念：系统及其相互作用＋结构与功能观。从科学视角解释现象和解决实际问题。

续表

单元整体教学目标		对应核心素养
科学探究	1. 能通过资料分析、研讨等方法提出可探究的科学问题； 2. 能运用分析、比较、类比、推理等方法形成科学解释； 3. 能通过观察、实验、查阅资料、案例分析等方式获取信息； 4. 能基于搜集到的信息、证据提出自己的想法。	**科学学科核心素养：** 1. 科学探究：形成问题—获取证据—科学解释—交流讨论。 2. 科学思维：模型建构＋科学推理。
科学态度	1. 乐于参加观察、实验、制作等科学活动，并能克服困难，完成预定的任务； 2. 能对社会现象和问题表现出探究兴趣，具有强烈的社会责任感； 3. 重视人与人之间的合作与交流，勇于表达、乐于倾听、尊重他人的不同意见。	**国家核心素养：** 1. 文化基础—科学精神—勇于探究：具有好奇心和想象力；积极寻求有效的问题解决方法。 **科学学科核心素养：** 1. 科学态度—探究兴趣＋合作分享＋追求创新。
科学、技术、社会与环境	1. 养成良好的生活和行为习惯，预防心肺疾病产生，形成健康生活的意识； 2. 了解人类和社会的需求是科学技术发展的动力。	**国家核心素养：** 1. 自主发展—健康生活—珍爱生命：养成健康文明的行为习惯和生活方式等。 2. 社会参与—实践创新—技术应用：具有学习并掌握技术的兴趣和意愿。

2. 单元教学目标与分课时目标的关系

如表 3 所示，本单元的整体教学目标对分课时目标的确定具有指导作用，单元整体目标指向核心概念和关键能力的培养，而分课时目标是单元整体目标的具体和细化，要切实在教学实践中达成目标。从学科概念目标的角度分析，第 1 课时目标的实现是后续 3 个课时探究学习的基础，在第 2、3、4 课时中，前一课时都为后一课时的学习打下了坚实的知识基础，第 5 课时是对前面课时目标达成的检测，考查学生对知识的理解和迁移应用。从科学探究和科学态度目标的角度分析，单元整体的教学目标贯穿了各个分课时。

表3　单元教学目标与分课时目标

单元整体教学目标		分课时教学目标
科学概念	1. 知道人体的生命活动离不开呼吸和心跳。 2. 知道循环系统的组成和心脏跳动的意义。 3. 知道呼吸系统由多个器官配合完成呼吸功能。 4. 呼吸系统和循环系统互相配合为人体全身输送氧气，保证人体生命活动的顺利进行。	课时 1	(1) 知道人体的生命活动离不开呼吸和心跳。 (2) 能基于所学知识，通过资料分析、讨论等方法提出可探究的科学问题。 (3) 能对社会现象和问题表现出探究兴趣，具有社会责任感。 (4) 能通过搜集、分析、比较实验数据来得出结论。 (5) 重视人与人之间的合作与交流，勇于表达、乐于倾听、尊重他人的不同意见。
科学探究	1. 能通过资料分析、讨论等方法提出可探究的科学问题。 2. 能运用分析、比较、类比、推理等方法得出科学探究的结论。 3. 能通过观察、实验、查阅资料、案例分析等方式获取研究对象的信息。 4. 能基于搜集到的信息、证据提出自己的想法。	课时 2	(1) 能够描述呼吸系统的组成及功能。 (2) 知道呼吸是人体与外界环境进行气体交换的过程。 (3) 理解呼吸系统由多个器官配合完成呼吸功能。 (4) 能基于实验现象、数据进行分析和推理，得出科学结论。 (5) 能乐于与人合作交流，勇于分享，善于倾听别人的想法。
		课时 3	(1) 能借助模型解释肺的吸气和呼气过程。 (2) 理解呼吸系统由多个器官配合完成呼吸功能。 (3) 能制作肺的模型并利用模型进行类比推理，通过观察、记录、分析等方法得出自己的结论。 (4) 善于与人合作交流，勇于分享自己的想法。 (5) 能对模型进行调试改进以实现模型的作用。
科学态度	1. 乐于参加观察、实验、制作等科学活动，并能克服困难，完成预定的任务。 2. 能对社会现象和问题表现出探究兴趣，具有强烈的社会责任感。 3. 重视人与人之间的合作与交流，勇于表达，乐于倾听、尊重他人的不同意见。	课时 4	(1) 知道心脏的构造和功能。 (2) 知道循环系统的组成和心脏跳动的意义。 (3) 能基于实验测得的心率、脉率数据进行比较、分析，提出自己对血液循环的想法。 (4) 乐于与人合作、倾听他人意见，实事求是记录实验数据。 (5) 呼吸系统和循环系统互相配合为人体全身输送氧气，保证人体生命活动的顺利进行。
科学技术、社会与环境	1. 养成良好的生活和行为习惯，避免心肺疾病产生，形成健康生活的意识。 2. 了解人类和社会的需求是科学技术发展的动力。	课时 5	(1) 能从系统相互作用的观点解释体外膜肺氧合机（ECMO）的工作原理。 (2) 知道勤洗手、戴口罩的重要性，养成良好的生活习惯。 (3) 能形成健康生活的意识，避免心肺疾病产生。 (4) 能进一步关注有助于呼吸系统的最新工程的进展。 (5) 了解人类和社会的需求是科学技术发展的动力。

三、大概念的提炼与获得

本单元涉及小学科学课程标准——生命科学领域中的以下内容：

10.人体由多个系统组成，各系统分工配合，共同维持生命活动。

10.2 人体具有进行各种生命活动所需的器官。

10.2.1 简要描述人体用于呼吸的器官。

10.2.2 列举保护这些器官的方法。

而本单元大概念的提炼与获得是在具体分析以上课标要求、教材具体内容的基础上确定的。我们确定本单元的大概念为：人体由多个系统组成，分工配合，共同维持生命活动。这一大概念位于"系统与相互作用"这一跨学科主题之下。这个大概念又包含着三个相互联系的一般概念（见图6）。

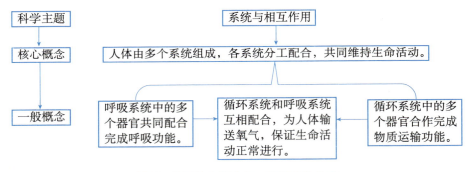

图 6　单元核心概念与一般概念的关系

四、教学过程设计

本单元的教学过程设计具体见图 7，主要以问题来串联各课时的教学环节，分课时之间以及每个课时的每个教学活动之间都有清晰的逻辑关联。待所有问题解决后，学生能初步应用所学内容解释单元初始课提出的真问题（新冠肺炎病人为何出现呼吸困难等症状？），并且尝试提出可能的治疗方案。本单元的课程资源主要包括阅读资料、微课、微视频、实验材料、探究学习单等。

	问题线索	教学活动	设计意图
课时1	新冠肺炎病人为什么会出现呼吸急促、呼吸衰竭等病症？ 运动起来会怎样？ 如何测量呼吸和心跳？	通过开展"分析肺炎诊疗方案资料"头脑风暴，形成单元基本问题。 利用实验记录单和听诊器探究比较安静时和运动结束时的呼吸频率和心率。	聚焦单元可探究的基本问题群，培养学生提问题的能力。 引导学生科学感知呼吸和心跳的关系，初步意识到呼吸和心跳的紧密联系。
课时2	什么是呼吸？有什么作用？ 人体的呼吸需要依靠哪些器官？ 如何测量呼吸和心跳？ 某个呼吸器官受到损伤，我们还能正常呼吸吗？	通过憋气一分钟、反复呼吸同一袋空气、清水变牛奶等探究活动，理解人体呼吸的意义。 利用微视频、画气体进出路线图，认识呼吸系统和肺的结构。 研讨某个呼吸器官损伤可能产生的疾病。	通过丰富的体验活动、小实验让学生理解人体呼吸的意义；认识呼吸系统的组成和肺的结构，为下一课时做准备；讨论呼吸器官损伤，启发学生关注呼吸系统中的多器官配合完成呼吸。
课时3	你能控制自己不呼吸吗？ 人体如何控制呼气和吸气？ 人体单靠肺能完成呼吸吗？	体验憋气一分钟和用力呼吸空气，感受胸部的变化活动。 利用微课制作肺的模型，利用肺的模型和呼吸系统类比学习单进行类比。 借助模型和"肺的吸气和呼气"探究学习单类比探究呼吸过程。 改变模型，探究人体呼吸需要多器官合作完成。	自制肺的模型活动能激发学生的探究兴趣。借助模型进行类比，直观形象地演示肺的呼吸过程，将抽象的呼吸过程象化，易于学生理解，有助于培养学生的逻辑推理能力。改变模型深入探究，引导学生理解"呼吸系统中的多个器官共同配合完成呼吸功能"这一科学概念。
课时4	进入肺部的氧气后面去哪里了？ 人体哪些器官能帮助运输氧气？ 人体如何运输氧气？ 呼吸衰竭为何会引起死亡？	利用微视频（利用人工呼吸抢救溺水的人），研讨聚集问题。 找找我们身上的心脏和血管。利用微课和挂图认识心脏和血管。 测量和比较脉率和心率，理解心跳的作用和血液循环。 构建"快递派送流程"模型，理解呼吸系统和循环系统的互相配合。	测量及比较脉率和心率的活动，有助于引导学生基于数据推理理解心跳和血液循环的意义。运用"快递派送流程"模型类比呼吸系统和循环系统的互相配合为人体全身输送氧气，帮助学生直观理解"系统之间的协作"，从而指向核心概念的理解。
课时5	如果你是医生，面对呼吸衰竭的新冠肺炎重症病人，你要如何抢救？ 如何保护心肺以避免肺疾病？ 本单元我学到了什么？我产生了什么新问题？	利用关于体外膜肺氧合机的阅读资料，应用所学知识解释医生该如何抢救呼吸衰竭的新冠肺炎病人。 研讨归纳心肺保健的常识，理解疫情期间，勤洗手、戴口罩、加强运动的必要性。 单元回顾总结，形成单元概念框架，提出新问题。	分析新冠肺炎病人运用体外膜肺氧合机进行抢救的案例，促进学生对知识和能力的迁移应用，同时理解工程师创造诸如心肺机之类的技术对病人保持生命的重要意义。

图 7　单元教学过程图

五、单元教学特色分析

本单元的教学特色主要有三点：

（1）立足真情境、真问题开展教学。本单元的整体设计结合了当前全球新冠肺炎疫情肆虐的背景，通过分析、讨论新冠肺炎病人出现呼吸困难、急促、衰竭甚至死亡等病症，激发学生思考，聚焦形成本单元的关键问题（呼吸衰竭为何会引起人体死亡?）及一系列问题串，从而培养学生关注并参与社会事务的意识，提升学生的健康生活意识。

（2）基于核心概念的逆向教学设计，为理解而教。单元整体设计从学生的预期学习成果（核心概念）出发宏观考虑单元的整体设计，以相互关联、逻辑清晰的问题串激发学生思考和探究，以精选的学科事实为载体设计教学活动，促进学生在获得学科基本知识和一般概念的基础上深刻理解单元核心概念：人体由多个系统组成，各系统分工配合，共同维持生命活动。

（3）构建模型进行类比推理，提升科学思维。本单元构建了"肺的模型""快递派送流程"这两个模型，采用类比、推理等方法突破单元难点，一方面使学生深刻理解呼吸系统和血液循环系统相互配合，完成人体内气体的运输，获得科学知识；另一方面培养学生的科学思维，保证学科核心素养的落实。

六、学习效果评价及作业设计

（一）学习效果评价

1. 评价内容

本单元的评价内容主要包括四个方面：

（1）通过对新冠肺炎病症的分析和讨论，激发学生的探究兴趣，使其尽可能多地提出可探究的科学问题，具有社会责任感。

（2）知道呼吸系统和血液循环系统的组成器官，理解两个系统相互配合为身体输送氧气。

（3）将所学的心肺系统的相关知识进行迁移应用，针对"如何抢救呼吸困难的新冠肺炎病人"，提出相对可行的治疗方案，能进行合理的科学解释，同时能养成良好的生活和行为习惯，从而预防心肺疾病的产生，形成健康生活的意识。

（4）发展科学探究的能力，能借助模型、材料、资料等进行观察、类比、实验、案例分析，能基于搜集到的信息和证据形成科学的解释。

2. 评价指标

针对以上评价内容，本单元的评价指标主要有四个：

（1）尽可能多地提出与呼吸、心跳等紧密相关的可探究的科学问题。

（2）能借助模型、实验等科学方法获取数据进而形成科学的解释。

（3）能基于所学的呼吸系统和血液循环系统的知识，提出相对合理的治疗方案。

（4）能提出预防心肺疾病的具体方法，形成健康生活意识。

3. 评价方法

本单元主要通过过程性评价和终结性评价的结合，采用教师评价、自我评价等方法开展学习评价。主要评价工具见表 4。

表 4　单元主要评价工具

评价工具	1. 单元测验："人体的心肺"单元知识小测验。 2. 单元总结材料："人体的心肺"单元思维导图；保护人体心肺系统的宣传海报。 3. 单元学习自我评价表："人体的心肺"单元学习自我评价表。 4. 课堂探究学习单（过程性评价材料）： （1）"单元可探究问题梳理"KWLW 表。 （2）肺的模型和呼吸系统类比学习单。 （3）气体进出人体路线图。 （4）"肺的吸气和呼气"探究学习单。 （5）"快递派送流程"模型和心肺系统类比学习单。 （6）抢救呼吸困难病人治疗方案表。

4. 赋值方法

本单元针对评价指标的赋值标准主要从不同能力水平的学生提出的可探究问题的数量、能否借助模型解释呼吸过程和心肺系统相互作用的过程、能否提出科学可行的治疗方案等方面进行赋值：对于不能提出可探究问题、无法解释呼吸过程、无法提出科学的治疗方案的学生赋值 1 分；对于能提出较多的可探究问题，能清晰解释呼吸过程，能提出相对完善的、科学的治疗方案的学生赋值 3 分；对于水平居于二者之间的学生赋值 2 分。

例如在单元的第 5 课时中开展"抢救呼吸困难病人的治疗方案"活动，这一活动需要重点评价学生能否应用前三课所学的呼吸系统和血液循环系统的相关知识，提出相对比较有可行性的治疗方案。主要考查学生迁移应用的能力，属于单元终结性评价，以教师评价为主。根据赋值方法设计的具体评价方案见表 5。

表5 "抢救呼吸困难病人的治疗方案"评价表

"抢救呼吸困难病人的治疗方案"学习效果评价			
评价内容/指标	★（1分）	★★（2分）	★★★（3分）
针对新冠肺炎病人呼吸困难的症状，提出可行的治疗方案。	针对新冠肺炎病人呼吸困难的症状，无法提出可行的治疗方案。	针对新冠肺炎病人呼吸困难的症状，能提出戴氧气罩、进行心肺复苏等治疗方案。	针对新冠肺炎病人呼吸困难的症状，能提出使用呼吸机、EC-MO机等技术辅助治疗方案。
基于单元所学内容，能解释所提治疗方案背后的科学原理。	基于所学内容，无法解释所提治疗方案的科学原理。	基于单元所学内容，能从呼吸系统和循环系统的相互作用角度，解释所提治疗方案背后的科学原理。	基于所学内容，能从呼吸系统和循环系统的相互作用角度，解释所提治疗方案背后的科学原理，并能介绍医疗机器的工作过程。
小组得分			

（二）作业设计

单元学习结束后，学生需要完成一份小组作业、一份个人作业。

（1）小组作业：学生以小组为单位制作一份保护人体心肺系统的宣传海报，在班级内展示。

（2）个人作业：完成一份主题为"人体的心肺"的单元思维导图。

七、专家点评

本单元以时事热点"新冠肺炎疫情"为切入点，十分吸睛，能很好地使学生保持注意力和学习热情，通过构建"科学主题—核心概念——一般概念—关键问题—学科事实"的层级结构，为单元教学程序的设计奠定基础；但评价设计略显薄弱，需要进一步完善。

高三文言文复习中以"对话"为大概念的单元教学

一、知识背景

在高三语文复习中，文言文篇目较多，以单篇形式复习会导致知识点零散，因而复习方法一般是让学生整理知识点，再进行书面考查。这种模式下学生缺乏学习兴趣，复习效率差。

二、指导思想和理论依据

（1）单元教学：这里的单元是"基于课程目标和学科核心素养，由教师结合教材意图设计的高度整合的语言文字问题解决情境，是学生针对问题进行解决的完整学习进程"[①]。

单元教学的关键在于"整合"，即整合教学资源、学习方式和学习情境，形成结构化的教学内容，帮助学生形成良好的认知结构。教学的目的在于培养学生解决问题的能力，这里的"问题"不仅仅是指学科知识，更涉及现实生活真实情境中的问题。"完整学习进程"是指学生参与单元学习活动、完成作业、完成评价任务、运用学习资源等所蕴含的思考过程这样一个相对完整的学习经历。

钟启泉教授认为"核心素养—课程标准（学科素养／跨学科素养）—单元设计—课时计划"是课程发展与教学实践中环环相扣的环节，一线教师必须基于"核心素养"开展单元设计。[②]

在单元整体教学中如何将素养落实到单元中，用什么作为统合单元整

---

① 王宁，巢宗祺．普通高中语文课程标准（2017 年版 2020 年修订）解读．北京：高等教育出版社，2020．

② 钟启泉．单元设计：撬动课堂转型的一个支点．教育发展研究，2015，35（24）：1-5．

体教学的具体目标，"大概念"可作为解决这一难题的方法之一。

（2）大概念。"大概念"可以被界定为反映专家思维方式的概念、观念或论题，它具有生活价值①。

大概念能成为认知结构中重要的关联点，能不断吸纳、组织信息，从而将琐碎的知识建构成体系。它如同一棵树的枝干，各知识内容能够有机地附着其上，形成枝繁叶茂的知识有机体，因此，"专家的知识是通过大概念来组织的，反映了专家对学科的理解深度"②。而有了对学科的深度理解，学生就可以实现知识的迁移，将学校课堂所学知识迁移到真实生活情境中，由此可见，大概念不仅能打通学科内和学科间的学习，还能够打通学校教育与现实世界的路径。

这一特点恰恰表明了大概念视角下的单元整体教学适应于当前以素养为导向的课堂转型。首先，核心素养的核心是真实性，即"超越学校价值"的知识成果，也就是解决真实问题的能力，而"大概念"教学提倡的深度学习的内核也是解决真实问题，指向学生创造性解决问题的能力的提升。其次，核心素养有两个基本的素养，即专家思维和复杂交往，这两个素养也正是大概念视角下单元整体教学所着力培养的。

三、教学目标的设定

（1）能根据作家作品、文学文化以及"疏""表"等文体特征感知对话对象。

（2）理解作品的写作背景，把握文章所表达的思想内容，感知对话意图。

（3）理解作品的结构特点和行文思路，感知对话的条理性和逻辑性。

（4）学习运用举例、对比和比喻等方法使说理形象化，提高对话的有效性。

（5）在任务情境中学会合作，提升表达和交流能力。

四、大概念的提炼与获得

学科大概念"对话"的提取路径有如下三步：

（一）课程标准：自上而下

《普通高中语文课程标准》（2017 年版 2020 年修订）提出语文学科核心素

---

① 刘徽．"大概念"视角下的单元整体教学构型——兼论素养导向的课堂变革．教育研究，2020，41（6）：64 - 77．

② 布兰思福特，等．人是如何学习的：大脑、心理、经验及学校（扩展版）．上海：华东师范大学出版社，2013：27 - 33．

养包括：语言建构与运用、思维发展与提升、审美鉴赏与创造、文化传承与理解。其中，语言建构与运用是语文学科独特的课程素养，也是其他要素的基础，其具体内涵可用几个主题词来表达："积累与语感""整合与语理""交流与语境"①。"对话"恰恰创设了语境，需要对话者整合积累的词语，借用规范的语言进行交流。因此，我们提出了"对话"这个学科大概念。在对话过程中，发展与提升思维、体验与感悟精彩的对话也是一个审美的过程，同时，对传统文化的传承与对外来文化的理解的前提便是对话，可见"对话"这个大概念可以统摄学科核心素养。

（二）生活价值：自下而上

"生活就其本质说是对话。"② 在生活的场域中，学校和真实世界是畅通无阻的，学生在课堂学习了对话技巧，提升了对话能力，很显然可以使其迁移到广延的真实世界中，以解决现实的问题。

按照巴赫金对话理论：语言的生命在话语，话语的生命在价值，价值产生于对话，对话贯穿于文化。对话的属性不仅反映了文学作品的叙述结构，还贯穿于人文科学的一切文本，贯穿于创造和接受文本的整个过程。

从宏观分类看，文言文教学可以以"对话"统摄高中阶段所有文言文：人与人对话，人与自然的对话，人与历史对话，人与社会对话，人与自我对话。

从微观教学看，文言文教学要"四文并重"：文字、文章、文学和文化。文字运用和文章谋篇是自我与思维的对话，从而形成文本，进入自我（作者）和他人（读者）的对话，在这一层次的对话中，文本中的文学和文化被发现、发生和发展。

（三）概念派生

本单元的大概念是"人与人对话"，核心问题是"如何进行有效对话"。学科大概念和单元大概念的关系见图 1，统摄篇目包括：

口语对话：《烛之武退秦师》《触龙说赵太后》《齐桓晋文之事》。

书面语对话：《陈情表》《谏太宗十思疏》《训俭示康》《劝学》《答司马谏议书》。

---

① 王宁，巢宗祺 . 普通高中语文课程标准（2017 年版 2020 年修订）解读 . 北京：高等教育出版社，2020.

② 李衍柱 . 巴赫金对话理论的现代意义 . 文史哲，2001（2）：51 - 56.

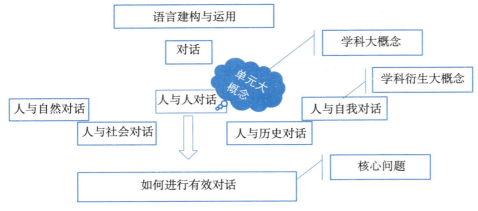

图 1　学科大概念和单元大概念的关系图

五、教学过程设计

（一）设计驱动任务

设计具体情境，明确情境任务。请以"人与人之间的有效对话"为主题编写一本小册子，要求有目录，有前言，分章节介绍。请自行设计封面。

（二）学习活动

1. 课前准备

（1）设计学前导学单（见表1）。

（2）收集反馈学生的问题，提供文章、视频以及讲座等支持资料。

表 1　学前导学单

人与人之间的有效对话		
	定义或阐释	出处
有效	有效果，有效力	《辞海》
对话	1. 两个或更多的人之间的谈话。 2. 两方或几方之间的接触或谈判。	《现代汉语词典》
	生活就其本质来说是对话的。生活就意味着参与对话：提问、聆听、应答、赞同等。	语言学家巴赫金①

————————————

① 李衍柱 . 巴赫金对话理论的现代意义 . 文史哲，2001（2）：51 - 56.

结合上述定义以及你的认知经验谈谈你对"有效对话"的认知	
K 我的已知	
W 我想知道	
我希望得到的帮助	
如何写一本小册子	
K 我的已知	
W 我想知道	
我希望得到的帮助	

教师提供的资源：

阅读资料：韦斯顿的《论证是一门学问》、彼得·迈尔斯的《高效演讲》。

视频资源：TED 演讲——《怎样说话别人才会爱听》、熊浩《思辨与创新》。

2. 课本资源

针对课本中的相关篇目，围绕背景、双方身份、对话意图、对话过程等内容，对相关内容进行分析（见表2）。

表2 有效对话内容分析表

口语对话							
篇目	背景	双方身份	对话意图	对话过程	对话技巧	最终结果	比较三篇文本中的对话技巧的异同
《烛之武退秦师》							
《触龙说赵太后》							
《齐桓晋文之事》							
思考：口语对话中进行有效对话的方法有哪些？对话有效的标准是什么？							
书面语对话							
篇目	背景	双方身份	对话意图	对话过程	对话技巧	最终结果	比较五篇文本中的对话技巧的异同
《谏太宗十思疏》							
《训俭示康》							
《劝学》							
《答司马谏议书》							
《陈情表》							
思考：书面语对话中进行有效对话的方法有哪些？对话有效的标准是什么？							

3. 小组分工协作，撰写有效对话的小册子

（1）方法策略。积累前置性知识和技能，带着任务对课本进行复习，在对知识的运用中掌握知识并进一步培养合作探究等核心能力。

（2）任务节点布置。按照表3的要求在规定时间完成相关任务。

表3　任务节点及预期成果表

任务总时间 2 周半			
时间		任务布置	预期成果
第1周	周一至周二	明确任务要点，完成导学单；分好小组，组内进行分工	列出困惑和疑问，寻求组员和教师的帮助；教师根据学生的问题，提供资源
	周三至周四	学习"口语对话"和"书面语对话"单元，完成表格梳理	完成表格，梳理出进行有效对话的方法和判断对话有效的标准
	周五至周日	学习教师提供的"有效对话"资源	小组内确定书册内容，完成书册封面设计、目录撰写、前言和章节编排
第2周	周一至周二	撰写章节内容	完成章节
	周三至周五	撰写章节内容	完成章节
	周末	撰写章节内容并组内修订	完成章节
第3周	周一至周二	打印书册，准备书展	书稿成册；撰写书展简介文字稿；选出书展推介人
	周三	书展展示	

（三）成果展现和修订

以书展的形式，在班级展示每一个小组的书册。小组要写好内容简介，选出推介人介绍书册的亮点。

六、教学特色分析

（1）以"对话"统摄文言文单元的复习，突破了孤立复习单篇文章的低效率，还能够借助"有效对话"这一基本问题串联起对文言文的题材、内容、写作手法和思路结构的复习，提升了复习效率，有助于学生建构起知识框架体系。

（2）以"人与人对话"作为"对话"大概念教学的起点，将"对话"过程中的诸如"平等""尊重""理解"等意识迁移到"人与自然对话""人与历史对话""人与社会对话"等其他主题中，有助于建构起整个高中阶段语文学科的"对话"大概念体系。

（3）以书展的形式展现学生的学习成果，是对学生学习过程的肯定，能够激发他们的兴趣，提升他们学习的主动性和积极性。

七、学习效果评价及作业设计

在上述内容的基础上，我们设计了学习效果评价量表，详见表 4～表 6。

1. 有效对话评价量表

表 4　有效对话评价量表

有效对话	评价等级	组内自评	小组互评	教师点评
标准概括	分条陈述，层次清晰（8～10 分）			
	分条陈述，相对清晰（4～7 分）			
	概括不全，含糊不清（0～3 分）			
技巧提炼	结合例子，提炼全面（8～10 分）			
	结合例子，提炼不全（4～7 分）			
	缺乏例子，提炼不全（0～3 分）			
其他亮点（自行补充的内容，分值在 0～5 之间）				

2. 有效对话书册制定评价量表

表 5　有效对话书册制定评价量表

有效对话书册	评价等级	组内自评	小组互评	教师点评
封面设计	图画精美，书名有吸引力（8～10 分）			
	图画一般，书名有概括性（4～7 分）			
	没有图画，书名与内容不搭（0～3 分）			
目录和前言	目录清晰，前言精准生动（8～10 分）			
	目录清晰，前言精准（4～7 分）			
	目录清晰，前言不精准（0～3 分）			

续表

有效对话书册	评价等级		组内自评	小组互评	教师点评
书册内容	内容清晰，编排的逻辑性强，文字生动（8～10 分）				
	内容清晰，编排缺少逻辑性，文字欠生动（4～7 分）				
	内容不清晰，编排缺少逻辑性，文字不生动（0～3 分）				
其他亮点（自行补充的内容，分值在 0～5 之间）					

3. 书展介绍评价量表

表 6　书展介绍评价量表

评价准则及对应分值			分值	亮点和建议	
				亮点	建议
举止仪表	穿着整洁得体	0～10 分			
	言行举止有礼	0～10 分			
语言表达	口齿清楚，语言流畅	0～10 分			
	用词得体，表意清楚	0～10 分			
	内容条理，逻辑清楚	0～10 分			

完成上述内容后，依据表 7 完成相关作业。

表 7　作业设计要求

类型	阅读类	写作类	综合性学习	口语交际类
具体作业	1. 小组合作完成表1。 2. 阅读补充材料，谈谈你对"对话"的理解，分条陈述"有效对话"的原则和标准。	1. 根据分工，撰写所负责章节的内容。 2. 完成书册汇报文字稿并在交流后对其进行修改订正。	小组合作，设计书册封面，撰写目录、前言，完成章节编排。	小组内开展书展介绍活动，选出一名或几名介绍人在最终的书展上介绍。

八、专家点评

（1）清晰的课时目标有助于教学的实施，因此建议认真推敲教学目标。

（2）活动设计可以再从趣味性和真实情境两个方面进行完善。

"美术鉴赏的基础"大概念单元教学设计

一、知识背景、指导思想与理论依据

近年来，党和国家十分强调美育的重要性，多次推出促进美育工作迈上新台阶的相关文件。美育是学生全面发展不可缺少的必修课和"营养基"。

2017 年版普通高中各学科课程标准强调：重视以学科大概念为核心，使课程内容结构化，以主题为引领，使课程内容情境化，促进学科核心素养的落实。

在美术教学中运用"大概念"构建高中"美术鉴赏的基础"单元教学设计，有助于改变传统课堂以课时为单位的碎片化、零散化现状。通过理论联系实际进而开辟一条新的美育之路，有助于美术学习主题化、项目化、情境化、品质化，即培养学生的思维方式和迁移能力，同时教师通过"大概念"转化教学设计思路，聚焦于课堂，从而构建具有时代特征的高中美术课程，能够增强课程内容与其他学科及社会生活和职业生涯的关联，满足学生全面而有个性的发展需要。

二、教学目标的设定

（一）学科教材分析

新高中"美术鉴赏的基础"单元模块信息量极大，具有人文性、审美性以及跨学科性三个突出特性。作为高中美术鉴赏学习的起点，本单元内容包括美术鉴赏的概念、意义、学习目的、方法等。学生的学习任务是从辨析美术欣赏与美术鉴赏的区别入手，形成对美术鉴赏的初步认识，通过典型案例的学习，理解美术鉴赏的基本方法与过程，进而拓展鉴赏视角，有意识地改变鉴赏习惯和思维方式。

要用"鉴赏能力网"来观察与诠释现实生活中的视觉文化，构建起独特的思维方法和基本的批判思维，从而有效提高学生的鉴赏能力和实践能力，并通过适度的拓展和延伸，发展学生的实践能力和探究能力，使学生逐步具备像艺术家一样创作的思维，从而解决真实世界中的问题。同时，也使学生认识到美术作为一种广泛存在的视觉文化，是改变人类文明进程的一股强大而不可或缺的精神力量。

（二）教育学情分析

高中教学是学生未来专业与职业的预备阶段，储备的是专业发展素养，所学的应该是未来解决问题的能力与品质，而不是堆砌与积累一般性知识。同时当下是视觉文化时代，需要的是图像识读能力。图像识读是指对美术作品、图形、影像及其他视觉符号的观看、识别和解读。具有图像识读素养的人能以联系、比较的方法从整体视角观看，感受图像的造型、色彩、材质、肌理和空间等形式特征。

在现代社会，每个学生除了必须掌握各种文化、科学知识以外，还应该掌握一种处理"图像话语"的"视觉读写"能力，说到底就是美术鉴赏能力。只有具备图像观察与诠释能力才能从浩瀚的图像中甄别和获得有益的信息，丰富自己的精神世界，满足个人对物质生活的需求，并逐步具备像艺术家一样创作的思维，从而拥有探寻解决真实世界问题的方法。

（三）目标分析

目标设计如表1所示，包括三部分内容：理解意义—掌握知能—学会迁移，从"理解"到"内化"再到"运用"，始终围绕"鉴赏"这个主题逐步深入，从而使学生构建起独特的"鉴赏能力网"，让学生以艺术家创作的思维来分析、理解现实生活的问题，慢慢上升到能根据情境中的问题需求和现有的条件，甄别和获得有益的信息。当学生建立起了系统的、结构化的知识体系后，便逐渐形成了其整体哲学观。

表1　鉴赏能力目标设计表

学会迁移
用"鉴赏能力网"来观察与诠释现实生活中的视觉文化，构建起独特的思维方法和基本的批判思维，逐步具备像艺术家一样创作的思维，来解决真实世界中的问题，同时与他人建立良好的关系。

层面		理解意义	掌握知能
跨学科层面	1. 问题解决层面的大概念	根据情境中的问题需求和现有的条件，甄别和获得有益的信息。	• 能按照鉴赏方法来鉴赏身边的视觉文化现象； • 美术鉴赏对个体生活及社会发展的意义。
	2. 思维层面的大概念	分类是指根据同一标准将事物分为不相交叉的类别。	• 领悟按照不同标准（主题、题材、技法、风格、色彩、形式）可以将艺术品划分为不同的类型； • 能通过不同的分类方式来拓展对艺术品鉴赏能力的理解，并通过掌握多种鉴赏方式来感悟美术家的表现对象的内在意义。
学科层面	3. 美术的大概念	视觉语言的意义与价值，鉴赏图像的方法。	• 了解美术鉴赏的基本概念，明确美术鉴赏的意义及价值； • 认识美术鉴赏和人们生活的关系； • 掌握鉴赏艺术品的"四步法"； • 能综合运用多种鉴赏方法赏析美术作品，形成价值判断，对美术作品有深刻的认识。
	4. 历史的大概念	图像的地域审美喜好具有差别性。	• 阐释美术鉴赏学习对自己成长的意义； • 理解不同文化下人们的审美差异； • 提高审美素养，具备高尚情操，逐步增强民族文化自信。
		时空观念。	• 明确作品的时代背景与文化角度； • 体会美术是可以刻画的历史，反映特定历史时期的风情、背景、意义。

我们需要思考哪些基本问题？	预期的理解是什么？
• 我们为什么要鉴赏艺术作品？ • 究竟如何才能看明白大师的作品？从作品中可以获取什么？ • 如何观察我们生活的世界？ • 艺术家如何观察并诠释他们生活的世界？ • 我们如何像艺术家和设计师一样诠释我们观察的对象？ • 我们如何用艺术的方式诠释我们生活的世界？	**学生将会理解** • 美术鉴赏的概念； • 了解美术鉴赏与美术欣赏的区别； • 美术鉴赏和我们生活的紧密关系； • 美术作品中的艺术美不同于现实中的"漂亮"和"好看"； • 美术鉴赏的意义及价值； • 鉴赏作品的过程和方法。

作为单元学习的结果，学生将会获得哪些重要的知识和技能？	
学生将会知道	**学生将能够**
• 美术鉴赏的基本概念；	• 美术鉴赏与生活的紧密联系；
• 美术鉴赏的意义及价值；	• 学会鉴赏艺术品，提高对审美的认知；
• 认识美术鉴赏与生活的关系；	• 深入了解中国古代十大名画的历史价值；
• 懂得运用"四步法"鉴赏艺术品；	• 知道中国画的分类；
• 综合运用多种鉴赏方法赏析美术作品；	• 理解中国画的独特文化内涵和审美特点；
• 美术鉴赏如何提高人的审美素养和高尚情操；	• 明确看画不要只看表面，而要看到画中表达的情感；
• 能运用正确的方法，多角度赏析国画作品。	• 培养自己的鉴赏能力和对历史文物的审美能力。

三、大概念的提炼与获得

"大概念"并非学科中某一知识的具体概念，甚至不是一个名词，而是反映本质的一些核心观点，是相对稳定的、具有共识性和统领性的观点。就像一棵大概念树，它有不同的层次，我们可以从很具体的知识层面一直上升到哲学层面，当然我们现在更关注某一个学科层面。不同层面可以从不同的路径来提取大概念（见图1）。

本单元教学设计的"大概念"是从国家课程标准中的学科核心素养的课程内容出发，在明确了单元学习目标的基础上提炼的。本单元根据新课标对高中美术鉴赏教学的要求，明确了单元目标是培养学生的"图像识读"和"文化理解"两大核心素养；同时结合教材内容，以鉴赏为核心，运用"四步法"等鉴

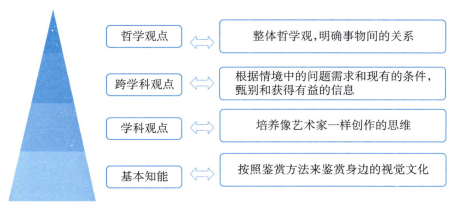

图1 "美术鉴赏的基础"的概念层次

赏方法，对作品进行深度理解，不断完善学生的"鉴赏"知识框架；汇集了单元目标，挖掘了鉴赏活动的本质意义，让学生意识到构建"鉴赏能力网"的重要性，从而建立起独特的思维方式。最后，将学科大概念界定为"培养像艺术家一样创作的思维"，引领学生走向深度学习，以驱动高中美术品质课堂建设，并逐渐建立起跨学科大概念，希望学生树立整体哲学观。它既是美术活动的重要观念，也是人们看待与处理问题最有效的观念之一。课程实施架构见图2。

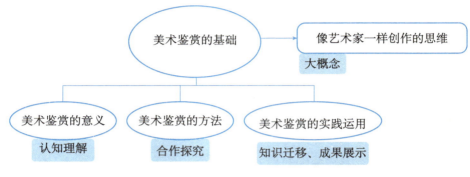

图 2　课程实施架构

四、教学过程设计

结合学科在大概念和班级的实际情况，在主要问题"艺术家如何观察并诠释他们生活的世界？"的引领下，通过设置了三个专题来组织相关的学习活动，这些学习活动及集体活动构成了整个单元大致的学习活动（见表2）。

表 2　学习活动一览表

主要问题：艺术家如何观察并诠释他们生活的世界？	
专题	设计教学目标和学习体验（按"WHERETO"元素进行编排）
美术鉴赏的意义 （课内 1 课时， 课外 1 课时，共 计 2 课时）	教学目标
	1. 了解美术鉴赏的概念； 2. 了解美术鉴赏和人们日常生活的关系； 3. 明确美术鉴赏的意义及价值； 4. 理解美术鉴赏对个体生活及社会发展的意义。

	学 习 体 验
美术鉴赏的意义 （课内 1 课时， 课外 1 课时，共 计 2 课时）	1. 情景单元导入：在 2016 年国际体验设计大会上，百度 UE 总监的 PPT 因配色混乱、素材低俗等与大会格格不入而丢掉了高薪的饭碗。通过导入真实情景有助于学生思考审美能力或鉴赏能力的高低如何影响人们的生活、学习和工作。（H） 2. 教师给学生介绍基本问题和表现性任务。（W） 3. 学生通过 UMU 学习平台进行预习，并根据 UMU 内设计的学习任务清单，进行课前自主学习和课外阅读，通过查找相关文献以支持学习活动和表现性任务。（E） 4. 思考美术鉴赏与我们的生活非常贴近，是否有同学在日常生活中见过大师的作品？（H） 5. 欣赏大师的作品如何"点缀"我们的生活。（H） 6. 什么是美术鉴赏？怎样理解美术鉴赏？（E） 7. 美术鉴赏与美术欣赏有什么区别？（E） 8. 创设情境：同学们，现在天气冷了，秋风乍起，天气转寒，让我们一起穿越到唐代。在唐代的宫中可以看到这么一个景象，这个景象被一位画家真实地记录下来了。（请两位同学帮忙展示临摹本《捣练图》，请同学到讲台上仔细观察）请同学根据任务清单来分析这幅作品。（H，E） 9. 学生聆听其他同学分析《捣练图》。（E） 10. 回顾和讨论：刚才两位同学都感受到了作品的美感，并读出相关信息，你们认为哪位同学的分析属于美术鉴赏，哪位同学的分析属于美术欣赏？理解美术鉴赏与美术欣赏的区别。（E） 11. 要求学生撰写小论文并以小组为单位派代表介绍：假如现在你的卧室需要挂一幅作品，你会选择哪个画家的哪幅作品呢？为什么？（请从以下几个点进行分析：谁在什么时候、什么地点、为什么画了这样一幅画。并从历史文化与艺术角度评价这幅作品，按描述、分析、解释和评价的要求，写一份美术作品鉴赏报告，初步具备有见地的审美判断能力和理解能力。）（E，T） 12. 学生聆听同学们介绍喜欢的作品，并总结美术鉴赏的意义与价值。（E） 13. 中央电视台提到的石窟造像被修复后是否更加好看？就该事件撰写鉴赏学习报告并发表观点，检查学生对美术鉴赏的意义与价值的理解，并将这些知识迁移到现实中去。（E） 14. 你喜欢美术鉴赏课吗？请你用一句话来表达今天这堂课的学习收获。（E，R）
	教 学 目 标
	1. 掌握"四步法"鉴赏过程各阶段的知识和方法，观察并诠释艺术家生活的世界； 2. 能综合运用多种鉴赏方法进行美术鉴赏。

学 习 体 验

1. 情景导入 1：你有没有试过长时间排队等候看画展，站到作品面前被告知要限时，并且不知道从哪里看起。（H）

2. 教师向学生介绍基本问题和表现性任务。（W）

3. 情景导入 2：如何鉴赏一幅绘画作品？引导学生将鉴赏绘画作品比喻成看美女，先看身材再看妆容：身材就是画面的尺寸，肌肤就是肌理等，最后分析美女是女神还是女汉子，看她是否有内涵、有修养，这就像探讨绘画的形式关系、作者想表达的思想、文化背景等，最后比较、判断该美女的优劣。（H）

4. 观看视频《清明上河图》并根据任务卡完成任务清单。（E）

美术鉴赏的方法（课内 3 课时，课外 1 课时，共计 4 课时）

	四步法	《清明上河图》	掌握程度
描述	陈述从作品中看到的东西，包括画面的内容、色彩、材料、肌理、尺寸等		
分析	探讨形式关系，包括形状间的相互关系、色彩的处理、空间的营造等		
解释	推测作品的意义和作者想表达的思想，这种推测要建立在对作品的分析之上		
评价	在一定范围内比较判断这一作品的优劣，包括与作者其他作品的比较，其他作品与同类型作品的比较等		

6. 理解《清明上河图》中的"清明"二字是什么意思？（E）

7. 请同学评分，给《清明上河图》打多少分，并陈述理由。（E，T）

逸品	画家的品格风韵与自然生命高度契合（人话：物我合一、境界超凡脱俗）	95 分以上
神品	精准掌握各种绘画表现方法（人话：运用自如、出神入化）	85～95 分
妙品	画家静观生命物象的微妙变化（人话：巧妙表现，活灵活现）	75～84 分
能品	熟练掌握各种绘画技巧，能观察出对象并将其表现出来	70～74 分

8. 介绍常用的鉴赏方法，大致有以下几种。（R，E）

（1）综合式鉴赏（中国传统书画品评）；

（2）偏重作品的内在，即形式鉴赏；

（3）强调外部因素，即社会学式鉴赏。

作品名称	综合式鉴赏	形式鉴赏	社会学式鉴赏
《清明上河图》	是中国风俗画的代表，表现的是劳动者和小市民。作品内容异常丰富，社会历史真实，艺术表现生动真切，成为我国古代绘画史上具有不朽意义的杰出作品。	作品以长卷形式，采用散点透视构图法和兼工带写的绘画形式，设色淡雅，线条简洁遒劲，达到"气韵生动"的高度统一。	生动记录了 12 世纪北宋都城的城市面貌和当时社会各阶层人民的生活状况，是北宋时期都城繁荣的见证，也是北宋城市经济情况的写照。

9. 小组研学编辑报告：到计算机教室上网检索关于艺术作品的鉴赏资料，制作 PPT 并上传至 UMU 平台，与其他同学分享与交流。(O，T)

10. 周末请同学到附近的博物馆或美术馆，结合所学的美术鉴赏方法一起欣赏、讨论艺术品，撰写鉴赏学习报告并上传至 UMU 平台，初步具备有见地的审美判断能力和理解能力，并与同学分享。(O，T)

活动实践目标

1. 能综合运用多种鉴赏方法进行美术鉴赏；
2. 培养自己的鉴赏能力和对历史文物的审美能力；
3. 运用"鉴赏能力网"对现实生活中的视觉文化进行观察与诠释，构建起独特的思维方法和基本的批判思维；
4. 体会到美术鉴赏对个体生活及社会发展的重要意义；
5. 逐步具备像艺术家一样创作的思维，将这种思维迁移到解决真实世界中的问题；
6. 同时与他人建立良好的关系。

活动实践内容

【活动 1】
　　情景导入：

> ▶　活动通知：
> 　　首届厚中艺术节之美育大讲堂——"中国古代十大名画之我鉴"演讲比赛
> 　　　时间：2020 年 12 月 30 日
> 　　　地点：电教 2 室

1. 演讲要求。(H，E，R，T，O)
(1) 本次比赛演讲稿的内容必须围绕"中国古代十大名画之我鉴"的主题，自选其中一幅名画，综合运用多种鉴赏方法进行美术鉴赏，要有独特的思维；

美术鉴赏的实践运用（课内 3 课时，课外 3 课时，共计 6 课时）		（2）能从历史或文化角度来分析、研究图像中隐含的各种历史文化现象和信息； （3）说明艺术家是如何表达自己想法的； （4）在准备过程中，以班级为单位，共同收集各种资料，一起研究和讨论，有主见地与同学交流自己的想法和看法； （5）能将所学到的美术知识与技能以及所获得的审美经验，用于分析和判断各种复杂现象，同时撰写评论文章； （6）以班级为单位，选出一位代表参赛，参赛者需制作 PPT； （7）选手参赛一律要求脱稿，使用普通话，普通话要标准，语言要流利，要富有激情； （8）比赛顺序由抽签决定，上场迟到 1 分钟者视为弃权。 （9）每位选手的演讲时间限定在 20 分钟内。 2. 评分标准。（E，R，T，O）
	演讲内容 （55 分）	1. 内容能紧紧围绕主题，能结合自己的理解分析作品，阐释美术鉴赏学习对自己成长的意义。（15 分） 2. 能综合运用多种鉴赏方法赏析美术作品，在对作品图像识读的基础上，进行描述、分析、解释、评价，形成价值判断，以及对美术作品的深刻认识。（15 分） 3. 能从历史或文化角度来分析、研究图像中隐含的各种历史文化现象和信息，理解作者的创作意图。（15 分） 4. 能围绕主题，见解独到，内容充实、具体、新颖、生动感人。（10 分）
	形象风度 （15 分）	1. 演讲者精神饱满，能较好地运用姿态、动作、手势、表情，表达对作品的理解。（10 分） 2. 演讲者着装朴素、端庄大方，举止自然得体，有风度，富有艺术感染力。（5 分）
	语言表达 （20 分）	1. 演讲者语言规范，吐字清晰，声音洪亮圆润。（5 分） 2. 演讲表达准确、流畅、自然。（5 分） 3. 语言技巧处理得当，语速恰当，语气、语调、音量、节奏符合思想感情的起伏变化，能熟练表达所演讲的内容。（10 分）
	会场效果 （10 分）	1. 演讲具有较强的感染力、吸引力和号召力，能较好地与听众的感情融合在一起，营造良好的演讲氛围。（5 分） 2. 演讲在限定时间内。（5 分）

【活动 2】

1. 作品创作。（H，T，O）

（1）临摹名画《清明上河图》，细致体会画家张择端是如何把当时的社会风情由内到外描摹呈现的。对宋朝的风俗民情、国政时事和国画的全景式散点透视构图法进行全面分析，深入了解和认识艺术家如何诠释他们生活的世界和他们的创作意图。（E，T）

美术鉴赏的实践运用（课内 3 课时，课外 3 课时，共计 6 课时）	 学生临摹课程照片 （2）借鉴临摹经验，构图创作一幅你心目中的校园地图——"厚中欢乐图"。通过动手创作，培养学生的综合思维能力与实践能力，并加深对校园文化的了解。巩固本单元的教学大概念，使学生具备艺术家的视角，培养他们具备艺术家的思维方式，并用自己的方式诠释校园中的世界。（E，T）
美术鉴赏的实践运用（课内 3 课时，课外 1 课时，共计 4 课时）	 学生创作的"厚中欢乐图" 2. 作品交流与展示。（H，T，O） （1）"厚中欢乐图"展示。 1）与同学交流创作意图和想法，并不断反思、修改和优化自己的作品。 2）"我的校园，我做主"，为自己喜欢的校园欢乐图投上一票。 （2）校内展示和网络（UMU 平台和微信公众号）展示作品，评选人气最旺的作品。与其他同学交流临摹心得，以及对宋朝的了解。
单元总结	本单元的教学设计通过"美术鉴赏的意义、美术鉴赏的方法、美术鉴赏的实践运用"三个专题来组织相关的学习活动。围绕"美术鉴赏的基础"学科大概念的设计与落实，把"美术鉴赏的基础"中的美术现象、美术创作、美术活动与生活、文化、社会、历史关联起来，在真实情境中学习，实现评价主体多元化和内容多样化。帮助学生使其能够像艺术家或设计师一样思考、创作，逐渐构建起独特的思维方法并具备基本的批判思维，能更深刻地认识自我、更有效地解决现实问题。

五、教学特色分析

（一）教学理念创新

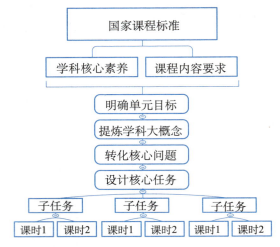

图 3　大概念下的高中美育单元教学设计的实践路径

　　运用大概念的逆向思维模式，建立一个具体可操控的路径（见图 3），并统整目标。通过设置三个层次清晰、操作性强的单元学习目标：感受理解—鉴赏探究—迁移运用，从"理解"到"内化"再到"运用"，始终围绕"鉴赏"这个主题逐步深入，从而提高学生的鉴赏能力和绘画技巧，使学生真正具备像艺术家一样创作的思维。

（二）追求真实评价与反馈

　　将结果性评价和过程性评价相结合，制定综合多样的评价指标。根据单元教学目标和单元教学活动来设计单元评价清单，进而测评学生的真实学习力。

（三）运用新技术

　　借助新技术来帮助创设引发探究行为的真实问题情景，比如用希沃授课助手连接手机，实现手机操控电脑。运用局部放大功能，便于学生观察作品的细节，感受人物画的传神；运用多媒体的视听功能，让学生全方位感受作品的美感；同时运用一体机的书写和批注功能，一边介绍一边进行圈画和标注，吸引学生的注意力，以加深其对美术鉴赏的意义的理解。

（四）创设真实情景链

根据目标创设引发探究行为的真实情景链，将学习内容还原到真实生活场景中去，引导学生通过任务驱动、解决问题、身心体验等过程，与所生活的世界建立起内在联系。

六、学习效果评价及作业设计

为了落实大概念，教师可采用 UMU 互动平台，以实现评价主体多元化和内容多样化。只要学生参与相应的活动，平台就会自动根据学生的参与次数、时长、被点赞数等指标进行评定并记录积分。平台还可以具体记录每位学生获得的单项活动积分数，如小节积分、基本积分、卓越学习积分、积极学习积分、特别认可积分等。教师可以通过这个积分清晰地了解学生在预习阶段和其他各阶段的各项活动以及课后作业等的具体表现，从而有所依据地对学生进行评价。

利用 UMU 互动平台，通过在上面创建讨论、提问、作业等活动，开展深入的师生评价、生生互评等多元评价。对于在 UMU 互动平台上创建的作业，允许学生提交语音、视频、图片、电子文档、作品展示、作品评选等形式多样的文件。在评价过程中，允许学生进行生生互评、小组互评。在 UMU 互动平台通过问卷、讨论等多种评价方式对学生的作品等进行多维评价，并能够将师生评价、生生互评、小组评价等多种评价主体有机组合在一起。若有需要，还可以将活动分享给家长，让家长参与学生的讨论、作品等活动的评价，真正实现评价主体多元化，使评价更客观、全面、公平、公正。

为了让单元内容评价更加合理，要对 UMU 互动平台的 Ai 评价维度和权重进行自定义，相关详细信息见表 3。

表 3　鉴赏能力评价设计

评价项目	评价主体	评价依据	分值
知识技能 （50分）	自评、互评、师评	1. 能综合运用多种鉴赏方法赏析美术作品，在对作品图像识读的基础上，进行描述、分析、解释、评价，最终形成价值判断，获得对美术作品的深刻认识。（10分）	
		2. 能从历史或文化角度来分析、研究图像中隐含的各种历史文化现象和信息，理解作者的创作意图。（10分）	
		3. 理解美术鉴赏对个体的生活及社会发展的意义。（10分）	
		4. 理解课程的价值取向，具备一定的创新能力。（5分）	
		5. 逐步具备像艺术家一样创作的思维，将这种思维迁移到解决真实世界的问题。（15分）	

续表

评价项目	评价主体	评价依据	分值
课堂表现（10分）	自评、互评、师评	1. 敢于提出问题与发表个人意见，提高口头表述能力和答辩能力。（3分）	
		2. 与同学共同学习，共享学习资源，互相促进，共同进步。（2分）	
		3. 积极参与讨论与探究，乐于帮助同学。（2分）	
		4. 在小组学习中主动承担任务。（3分）	
作业表现（20分）	组评、师评	1. 跟踪记录任务清单、小论文、临摹《清明上河图》、创作校园地图等的完成情况和进度，任务清单依据教学和综合性活动等的进度在 UMU 互动平台上填写。（10分）	
		2. 在 UMU 互动平台上跟踪查看作业完成程度、上交时间、订正效果、临摹与创作成果等。（10分）	
个人反思（20分）	自评反馈	1. 能用草图、照片和文字记录自己的创作过程与想法，将其上传至 UMU 互动平台并与同学交流创作意图和想法，并不断反思、修改和优化自己的作品。（3分）	
		2. 在每一堂课的最后，让学生思考两个问题并将其填写在平台上：今天你在课堂上学到的主要概念是什么？还没有解决的问题是什么？（5分）	
		3. 绘制本单元的概念图（用思维导图表示），并将其上传至 UMU 互动平台。（3分）	
		4. 对照单元学习目标，反思自己的学习目标达成情况。（3分）	
		5. 通过学习本单元，你最大的收获是什么？改变了已有的哪些认识？还有什么困惑？（以电子文档形式上传）（6分）	

七、专家点评

大概念的选择与提炼十分有意义，精确直击现实痛点，这是本单元教学设计最大的亮点，且每一部分都紧紧围绕大概念展开。

初中地理"自然资源"单元教学设计

一、知识背景、指导思想与理论依据

在工业化时代向信息化时代转型的背景下，学科素养导向下的课堂教学变革成为教师普遍关注的话题。初中地理教学设计是落实课堂教学、培养学生核心素养、实现立德树人教育目标的重要支点，而在传统的初中地理课堂中，教学设计以课时为单位，缺乏对教材的宏观把握，这样的教学方式容易把教学内容碎片化、零散化，导致知识的割裂，使知识处理缺乏结构化和系统化建构。如何在日常教学中转变教学设计方式，真正落实地理学科核心素养，是目前初中地理教学面临的挑战。

美国课程与教学专家格兰特·威金斯和杰伊·麦克泰格针对传统教学设计中的误区，提出了"追求理解"的教学设计（understanding by design，UbD)[1]。由于 UbD 理论与常规教学设计的教学思维相逆，强调从学习结果和学习评价出发逆向思考，因此，又被称为逆向教学设计。基于 UbD 理论的初中地理单元教学设计通过大概念和基本问题将多个课时的教学内容有机融合，实现了"为理解而教"，促使地理核心素养的内化，是促进当前初中地理教学转型的有效路径。

UbD 理论以认知主义心理学为基础，认为学生只有进行理解性学习才能实现知识的迁移，而理解的核心正是大概念。威金斯指出，大概念的"大"，其内涵不是"基础"或"庞大"，而是"核心"[2]。学科大概念，是指向学科基本结构的深层次、可迁移的核心概念。在信息化时代，学科事实性知识加速涌现，也更容易获取，只有科学的核心概念才能将破碎、零散的知识融入有逻辑内聚力的学科结构中，帮助学生建立起更上位的学科知识

---

[1][2]　格兰特·威金斯，杰伊·麦克泰格．追求理解的教学设计．上海：华东师范大学出版社，2017.

体系，培养学生的学科专家思维。学科大概念能体现学科本质、反映学科的思想和方法，它居于学科上位，内涵丰富，具有高度的概括性、极强的实用性、广泛的联系性和最强的解释性等特点①。基于学科大概念的教学设计能够增进学生对学科本身的认识和理解，使学生学会从学科的视角解释世界、理解世界和感受世界，具备迁移和应用的未来素养。因此，学科大概念可以成为学习单元重构的学科逻辑主线②。

二、教学目标的设定

课程标准是厘清单元教学总体要求、确定预期结果的重要依据。围绕"自然资源"这一内容，我们首先从课程标准、认知水平、能力水平指向等方面，对《义务教育地理课程标准》（2011年版）中涉及的相关内容标准进行了如下梳理分析（见表1）。

表1　课程标准中与"自然资源"相关的内容标准分析

内容	与"自然资源"相关的内容标准	行为动词	认知水平分级	思维方法和认识问题的方式
世界地理（七年级下册）	运用地图和其他资料，指出某地区对当地或世界经济发展影响较大的一种或几种自然资源，说出其分布、生产、出口等情况	指认、说出	感知	识别、描述；多视角、多尺度
	举例说出某国家在自然资源开发和环境保护方面的经验、教训	举例、说出	理解	概括、描述；多视角、多时段
中国地理总论（八年级上册）	举例说明可再生资源和非可再生资源的区别	举例、说明	分析	分析、说明；多视角
	运用资料说出我国土地资源的主要特点，理解我国的土地国策	说出、理解	理解	概括、描述、说明；多视角、多时段
	运用资料说出我国水资源时空分布的特点及其对社会经济发展的影响	说出	理解	概括、描述、说明；多视角、多尺度、多时段
	结合实例说出我国跨流域调水的必要性	说出	分析	分析、说明；多视角、多尺度、多时段

---

① 李刚，吕立杰．落实学科核心素养：围绕学科大概念的课程转化设计．教育发展研究，2020，40（Z2）：86－93.

② 张素娟，刘一明．基于大概念的高中地理单元整合设计：以"宇宙中的地球与地球运动"单元为例．地理教学，2020（16）：4－8.

续表

内容	与"自然资源"相关的内容标准	行为动词	认知水平分级	思维方法和认识问题的方式
中国地理分区（八年级下册）	根据资料，说出区域环境保护与自然资源开发利用的成功经验	说出	理解	概括、描述；多时段、多视角
	以某区域为例，说明我国实行西部大开发的地理条件以及保护生态环境的重要性	说明	分析	分析、说明；多视角、多时段

我们在深度解读课标的基础上，对初中教材中涉及"自然资源"的内容的逻辑结构进行了梳理（见图1）。

基于课标及单元教材内容的解读，结合学生的认知和教材内容的逻辑结构，我们将单元整体教学目标进行了设定（见表2）。

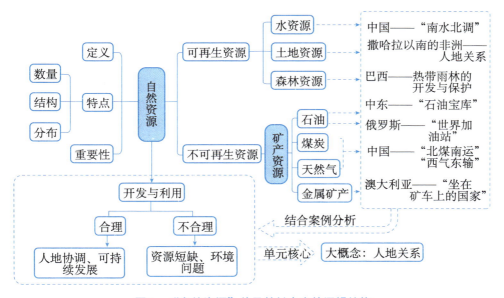

图1 "自然资源"单元教材内容的逻辑结构

表2 "自然资源"单元教学目标

所确定的目标
学生将举例说明可再生资源和不可再生资源的区别。
学生将运用资料，描述我国及其他国家或地区的自然资源的特点。
学生将运用资料，说出自然资源对社会经济发展的影响。
学生将结合实例，说明合理开发与利用自然资源的方式。

学生将理解的内容：	基本问题：
1. 自然资源是自然环境的组成部分，是人类赖以生存和发展的物质条件； 2. 人类不合理利用自然资源会产生资源短缺和环境问题； 3. 人类应当注意保护和合理利用自然资源。	1. 自然资源的数量、结构、分布等特点，对一个国家或地区的社会经济发展有何影响； 2. 人类应该如何合理开发与利用自然资源。
学生将会知道：	学生能够做到：
1. 关键术语：可再生资源、非可再生资源、土地资源（耕地、草地、林地）、耕地后备资源、水资源、跨流域调水； 2. 我国自然资源总量丰富、人均不足； 3. 我国土地资源的特点和土地政策； 4. 我国跨流域调水的基本概况及其必要性。	1. 运用地图和资料，描述某地区主要自然资源的分布状况； 2. 运用地图和资料，说明自然资源对当地社会经济发展的影响； 3. 结合实例，说出自然资源开发利用中存在的问题及针对资源与环境的保护措施。

三、大概念的提炼与获得

地理学科核心素养是学科育人价值的集中体现，其背后统摄教学内容的是学科大概念。初中阶段地理教育的学科大概念有：位置与分布、地理环境、人地关系、区域、空间差异与联系等①。在"自然资源"单元设计中，人地关系就是一个重要的学科大概念。人地关系这一概念内涵丰富，在本单元设计中，主要侧重培养学生的正确资源观和环境观，因此，通过本单元的学习，预期学生可以理解以下概念：自然资源是自然环境的组成部分，是人类赖以生存和发展的物质条件；人类不合理利用自然资源会产生资源短缺和环境问题；人类应当注意保护和合理利用自然资源（见图 2）。

四、教学过程设计

教师在设计学习体验时，需要充分尊重学生的主体性，为学生提供兼具吸引力和有效性的学习体验，促进学生理解力的发展，实现预期目标。我们列出了围绕"自然资源"单元设计的学习体验与教学节选，见表 3。

---

① 张素娟. 基于地理核心素养的地理单元教学设计：以"地理位置"的学习为例. 中学地理教学参考，2017（15）：28 - 31.

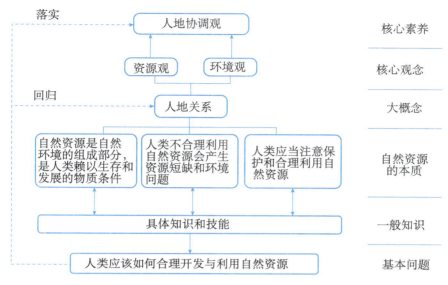

图 2　"自然资源"大概念示意图

表 3　"自然资源"单元学习体验和教学

1. 单元导入：联系生活中的衣、食、住、行等常见物品所涉及的自然资源，引导学生归纳自然资源的特点，思考自然资源的重要性。

2. 介绍本单元研究的基本问题和学习目标，展示本单元最终要完成的表现性任务——"我为大自然代言"。

3. 展示不同类型的自然资源，引导学生正确区分可再生资源与不可再生资源，并对常见自然资源进行分类练习。

4. 教师提供相关表格数据，引导学生归纳我国自然资源的特点，理解我国人口与资源的矛盾。

5. 教师呈现土地利用类型景观图，介绍不同的土地利用类型。

6. 小组合作，利用"中国人均土地面积、中国人均农地面积与世界及部分国家的比较图""中国土地利用类型构成图""中国主要土地利用类型分布图"等相关资料，分析我国土地资源在数量、构成、分布上的特点。教师进行观察并为学生提供相应指导，引导学生进行修正和归纳。

7. 学生结合"我国主要土地利用类型分布图""我国干湿地区分布图""我国地形分布图"，以书面形式填写不同土地利用类型对应的干湿地区、地形类型表格。

8. 案例探究：教师提供日本与中东地区的自然资源等相关资料，引导学生思考自然资源对社会经济发展的影响。

9. 案例探究：教师通过视频展示东南亚、巴西、澳大利亚等国在自然资源开发和保护方面的经验和教训，并引出讨论问题：人类应该如何合理开发与利用自然资源？

10. 小组合作完成课后表现性任务："我为大自然代言"（具体内容见表 4）。完成后，依据表现性任务评价量表（见表 5）进行自评、他评。

11. 教师根据学生表现进行评价和反馈，提出针对性问题并进行个别辅导。

12. 学生依据单元目标绘制思维导图，进行反思。

五、教学特色分析

本案例以初中地理"自然资源"单元为例，探讨如何将基于 UbD 理论的单元教学应用于初中地理教学。UbD 模式遵循"以终为始"的教学设计理念，教师在进行教学设计时应从学生预期的学习结果而非教师擅长的教法中进行逆向思考。在 UbD 理论指导下的单元教学设计流程分为确定预期结果、确定合适的评估证据、设计学习体验和教学三个阶段。[①] 通过确定指向学科核心素养的教学目标和预先设置的评估证据，促使学科核心素养真正走向落地。

威金斯认为，教师是培养学生用表现展示理解能力的指导者，而不是将自己的理解告知学生的讲述者。基于 UbD 理论的单元教学设计为教师提供了全新的教学设计思路和可操作模式，让教师在教学实践过程中能够重新思考自己的角色定位，促进教学改进和教师专业发展。基于 UbD 理论的单元教学设计通过大概念和基本问题将多个课时的教学内容有机融合，关注学生理解力的提升和深度学习，是促使地理学科核心素养落地的有效路径。

六、学习效果评价及作业设计

在传统教学设计中，教师通常在完成目标设计后直接进行教学过程设计。在单元教学设计中，我们将确定评估证据环节前置，保证更全面地搜集能够证明学生达到目标的证据，帮助教师了解学生地理核心素养达成的水平。学校中的问题情境通常是良构、单一、静态的，而真实世界的问题却是劣构、多元、动态的。因此，评估的真实性和连续性是设计时的首要考量。本单元的教学设计从复杂、真实情境中的"表现性任务——我为大自然代言"来评估学生的学习结果。该任务设置的情境符合真实世界的复杂性以及学生的兴趣和经验。这样的设计具有极高的迁移价值，同时，能够最大限度激发学生的主动性。另外，评价是一个连续体，本单元的其他评估证据来自学生的课堂活动参与、师生非正式交谈、观察提问、随堂测试、作业、反思等多样化形式。

我们将"自然资源"单元教学的评估证据进行了设定（见表 4）。学生完成表现性任务后，师生根据事先设计的评价量表（见表 5），对学生设计的作品进行评价和反馈。

---

① 格兰特·威金斯，杰伊·麦克泰格. 追求理解的教学设计. 上海：华东师范大学出版社，2017.

表 4　"自然资源"单元评估证据

表现性任务	其他证据
"我为大自然代言"——参与世界地球日主题宣传活动，以小组合作形式，选取一种自然资源，制作一份图文并茂的电子版宣传手册，并录制成视频，向公众宣传保护自然资源的重要性。宣传内容主要包括：该自然资源的特点；该自然资源对社会经济发展的重要影响；不合理利用产生的危害；合理利用该自然资源的案例或具体建议。	1. 课堂问答、观察——判断可再生资源与不可再生资源；描述土地资源、水资源的分布特点，并分析影响因素；等等。 2. 随堂小测、单元测试、作业。 3. 自评表现性任务——"我为大自然代言"。

表 5　学生表现性任务评价量表设计

级度	水平 1	水平 2	水平 3	自评	他评	师评
前期准备	收集了资料，但资料散乱，对宣传手册的制作无支持	搜集了一定量的资料，但资料对宣传手册制作的支持作用不大	搜集了丰富的与主题相关的资料，且资料对宣传手册的制作有较强的支持			
文稿撰写	逻辑混乱，格式缺乏规范，没有将宣传目的和环保倡议表述清楚	逻辑表述清晰，格式规范，表达出宣传目的和环保倡议	内容完备，格式规范，表述清晰，能突出宣传目的和环保倡议			
视频录制	音量适当、发音清晰，但观点不鲜明，表达欠流畅，精神面貌缺乏活力	表达比较流畅、观点较为清晰，能够用音量和音调变化强调关键点，但整体效果一般	表达流畅、观点明确，表现出吸引人的表达风格，有一定张力、活力和魅力			
合作参与	参与积极性不高，组内缺乏分工合作，独自完成任务	积极参与、兴趣浓厚、分工明确，能够有效合作	具有较强的团队合作意识，分工明确、密切配合			
宣传价值	内容不符合宣传目的，不能引起共鸣，内容难以被大众接受	符合宣传目的，能引发一定共鸣，可以被大众接受，整体效果一般	内容高度符合宣传目的，形式易于被大众接受，产生了良好的宣传效果			

七、专家点评

本单元的教学设计符合大概念的核心理论，其中逻辑结构、教学目标清晰，教学设计可操作性强，有利于学生核心素养的落实。

第二章

大概念背景下的项目化与跨学科教学

"物质与能量" 大概念下的初中生物项目化学习设计

一、知识背景、指导思想与理论依据

生命本身并没有被什么神秘的非物质力量支配。生命本质上是物质的，生命体有选择地从外界吸收有用的物质，使其构建为自身特殊的生物大分子。例如，DNA、蛋白质和糖类等都是生物体内才有的有机物，这些有机物的分工很明确。DNA 是指挥者，蛋白质是执行者（例如消化酶），这个过程需要糖类的氧化分解来提供能量。生命体内部的物质并不是随机堆放在细胞中就能完成生命活动的，而是有序地组织起来形成结构，从而行使其特定的功能。

生命过程需要能量驱动，生命系统需要引入能量来维持有序性。生命系统的各个层次都有能量的流动和转换。能量以物质（有机物）为载体，能量是物质代谢的动力，二者彼此相互依存，不可分割。

太阳能是几乎所有生命系统中能量来源的最终源头，但是对大多数生命体来说，太阳能并不能直接被利用，而是要通过化学反应转化为化学能才能被利用（即使在绿色植物体内，也有许多细胞不能进行光合作用）。生物之间相互依存、相互竞争，乃至捕食与被捕食，主要也是为了获得生存、繁殖所需要的物质和能量。换言之，生物之间的关系大抵都是围绕获取生存所需要的物质和能量来建立的。

物质与能量代谢是生命的本质特征，物质循环和能量流动是生态系统维持和运转的链条。自然生态系统具有一定的自我调节能力，但对于生物圈这个特殊的生态系统而言，人类活动有着不可低估的影响。培养学生使其形成物质与能量观的价值在于提供解决个人和社会问题的视角和方法策略，让学生在日常生活实践中以物质与能量观指导自身的一言一行。在此基础上，学生能够重新审视生活中的现象与问题，如怎样提升农产品的产量、怎样延长水果与蔬菜的保存时间、怎样控制体重并保持身材、怎样打造物质循环利用的低能耗生态环境等。内化于心的物质与能量观会渗透到学生的生活，影响其生活中的点滴行为：如减少塑料制品的使用、遵守垃圾分类规则、低碳出行、节约水电等。

二、教学目标的设定

人教版初中生物教材以生物圈为中心组织内容，分为 8 个单元，包括"生物与生物圈""生物体的结构层次""生物圈中的绿色植物""生物圈中的人""生物圈中的其他生物""生物的多样性及其保护""生物圈中生命的延续和发展""健康地生活"。多个单元分别从细胞、个体、系统的层面讨论生命系统的物质与能量变化，见图 1。

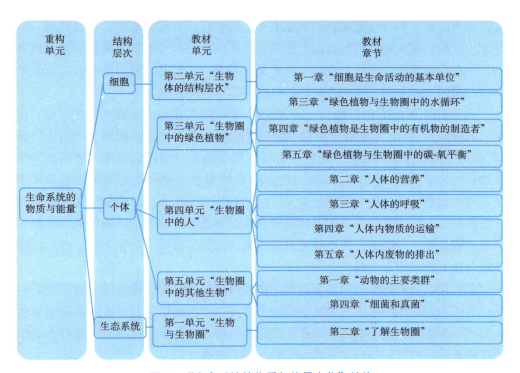

图 1　"生命系统的物质与能量变化"结构

在篇幅与体量上，植物的光合作用、呼吸作用、蒸腾作用三大生理过程与人体的消化、呼吸、循环、泌尿四大系统的结构与功能占主要部分。其中，植物的三大生理过程对于学生从微观层面理解细胞叶绿体与线粒体的能量转换功能、从宏观层面理解生态系统对太阳能的需求与植物在生态系统中的奠基作用都非常重要。人体关于物质与能量代谢的四大系统的结构与功能的知识对于理解生态系统中其他动物类群的物质代谢方式及结构基础有重要的参考与对比作用。但是，在人体物质代谢部分，课标以及教材都非常强调人体各系统、器官结构与功能之间的对应关系，因此，这部分内容更适合安排在聚焦"结构与功能观"的单元中进行学习，在本单元中只作为支撑大概念构建的辅助性素材，不展开学习。

因此，在进行大概念视角下的单元重构时，会出现原教材中的某部分主题内容既能支撑这条大概念，又能指向另一条大概念的情况，我们会进行内容详略的取舍以及切换解读教材的视角，可能会出现教材的某部分内容先后在多个单元通过不同视角进行详略程度不同的解读的情况。再如，第四单元第一章"动物的主要类群"这部分内容在这个单元中只基于学生开放性的产品设计（制作生态瓶，具体见后文）以局部的微视角展开——研究某些动物类群对物质与能量的获取方式，如有的学生制作生态瓶使用的是蜗牛，那他就研究软体动物的物质代谢，有的学生使用的是水螅，那他就研究腔肠动物的捕食行为。而本单元的全视角展开则发生在后续聚焦"进化与适应"的单元学习中，从低等、简单到高等、复杂的动物的横向对比是研究生物多样性、进化与适应的绝佳素材。

七年级的学生对于"物质"与"能量"的理解存在很多困难（尤其是对"能量"的理解）：（1）大多数学生对"物质"这一概念有基本的把握，以为物质是"看得见、摸得着"的实物，是区别于精神层面的客观存在的物体，然而由于缺乏物理与化学知识的支撑，学生对物质存在的形态、对物质的微观状态都不清楚，因此很难从分子层面理解生命系统内的物质变化。（2）"能量"这一概念相对更加抽象，很多学生很难用语言描述什么是能量，少部分学生能够列举能量的类型，如电能、光能等。由于缺乏对物质微观结构的认识，如化学键，学生很难理解为什么物质中存在能量。

学生难以理解的难点大都是因为无法从微观层面对物质形成清晰的认识，但在目前的国内课程体系中，生物学课程安排在物理、化学之前，可能是希望学生从宏观层面感知物质与能量的存在，为后续的物理、化学中对物质微观层面的学习提供来自生物学领域的大量感性经验与事实支撑。

因此，在教学策略上，本单元设计了比较多的实验活动，如通过"燃烧黄豆"让学生直观感知有机物中的化学能转变为了光能与热能，通过称量燃烧前后黄豆的重量，让学生直观感知有机物的减少，从而通过一系列实验，让学生将抽象的、看不见的物质与能量变化变成可以直观看到的、甚至可以定量测量的感官体验。

综上所述，我们将单元学习目标设定为：细胞的生活需要物质与能量，细胞是由物质组成的，细胞膜控制物质的进出，叶绿体、线粒体是细胞中的能量转换器；生物体是由细胞构成的，因此生物个体也需要物质与能量，不同生物获取营养物质的方式有区别，有些生物能够自己制造有机物（如植物的光合作用、部分细菌），有些生物直接从外界获取有机物（动物、真菌、大部分细菌）；在由生物与环境构成的生态系统内，生物之间为了获取生存所需要的物质和能量形成了复杂的关系网络（如基于捕食与被捕食的关系形成的食物网），物质与能量沿着食物链与食物网流动，物质是能量流动的载体，可以在生态系统内循环往复，但能量只能单向流动，生态系统需要源源不断地获取太阳能。

三、大概念的提炼与获得

我们将初中阶段的生物大概念提炼为生物的生活需要物质与能量，见图 2。

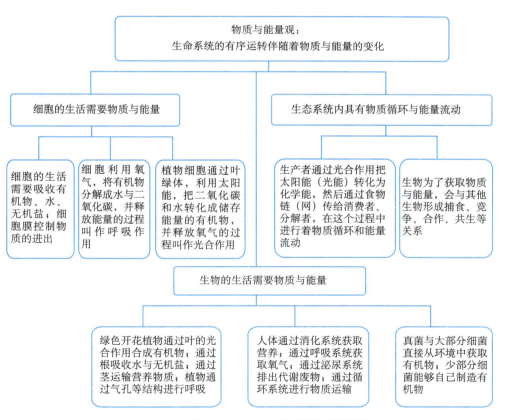

图 2　大概念——生物的生活需要物质与能量

1. 概念内涵

生物是由细胞或细胞产物构成的，由于细胞的生活需要物质与能量，因此，生物的生活需要物质与能量，且动物、植物、真菌、细菌都能够通过一定的方式获取营养物质与能量，物质与能量的变化贯穿生物的一生。

2. 概念层级

（1）首先，概念的大小有相对之分，对于不同年龄段的孩子，其抽象与概括能力不同，因此能够构建的概念层级也是不同的。对于初中学段的学生而言，通过对植物、人、真菌、细菌的生活方式的学习，对于"生物都需要获取营养物质与能量"能形成较强的直观认识，从而不难对其进行归纳与提炼，进而将相关概念推广到对自然界生命规律的普遍认识上。

（2）细胞、生物体、生态系统属于从微观到宏观不同层级的生命系统，"细胞的生活需要物质与能量""生态系统内具有物质循环与能量流动"也都属于中学阶段的大概念，这些内部关联的大概念共同聚焦于更大的概念"生命系统的有序运转伴随着物质与能量的变化"——核心素养生命观念之"物质与能量观"。

（3）学生对大概念的理解是螺旋上升式的。如在高中阶段，学生对细胞的物质组成、物质的跨膜运输方式、细胞呼吸、光合作用过程等的详细学习，会加深对"细胞的生活需要物质与能量"的理解；再如，关于"生态系统内具有物质循环与能量流动"，从初中到高中，学生对这一概念的理解将经历从定性研究到定量研究的过程。

3. 单元重要概念（支撑与指向大概念的子概念）

（1）在生物体内，细胞能通过分解糖类等获得能量，同时生成二氧化碳和水。

（2）绿色植物能利用太阳能（光能），把二氧化碳和水合成贮存能量的有机物，同时释放氧气。一个生态系统包括一定区域内的所有的植物、动物、微生物以及非生物环境。

（3）人体通过呼吸、消化、循环和泌尿等系统参与内、外环境间的物质交换，为细胞提供相对稳定的生存条件，包括营养、氧气等，以及排除废物。

（4）依据生物在生态系统中的不同作用，一般可将生物分为生产者、消费者和分解者。

（5）生产者通过光合作用把太阳能（光能）转化为化学能，然后通过食物链（网）传给消费者、分解者，这个过程中进行着物质循环和能量流动。

（6）植物在生态系统中扮演重要角色，它能制造有机物和氧气；为动物提供栖息场所；保持水土；为人类提供许多可利用的资源。

　　我们在提炼出了大概念，并对相关概念有了初步了解的基础上，设计了微景观生态瓶的设计与制作项目，见表1，从而使学生加深对大概念的理解，并激发学习兴趣。

表1　微景观生态瓶的设计与制作项目

项目名称：方寸之间的大自然——微景观生态瓶的设计与制作	项目时长：2个月（16课时）

相关学科：语文、美术、技术

项目简介

　　本项目用"物质与能量观"这一学科大概念及"生命系统内物质与能量如何动态变化"这个本质问题重构与整合内容，用"如何设计一个自给自足的微生态系统"这一驱动性问题，引发学生的创造性与探究性实践。本项目需要学生基于对生态系统内的动物、植物、真菌、细菌等不同生物对物质与能量的获取方式的理解，通过分析生态系统内的物质变化与能量流动，根据目标客户的心理及审美需求，选取合适的非生物与生物材料，设计与制作出生态瓶，并通过反复的实验、调试，从而设计出能够实现物质循环且相对稳定的微景观生态瓶。

核心知识与能力

1. 核心知识。

生态系统的物质循环与能量流动

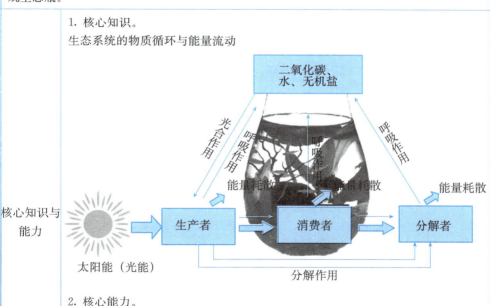

2. 核心能力。

（1）观察能力：对生态瓶发生的动态变化进行持续而客观的观察，并进行详细记录。

（2）科学探究能力：能够基于观察现象提出问题、做出假设，并通过资料调研、实验等方式验证假设，解决问题。（如水变浑浊了怎么办？水藻增殖过快怎么办？鱼放入生态瓶后很容易死去怎么办？如何确定瓶中最多能容纳多少动物？……）

（3）审美与创造力：能够巧妙利用废弃材料整合身边的自然资源，通过结合科学与美学的设计与创造，制作出优美的、打动人心的、富有寓意的产品。

驱动性 问题	1. 本质问题。 生态系统在正常运转过程中物质与能量是如何动态变化的? 2. 驱动性问题。 如何设计一个自给自足的微生态系统——生态瓶? 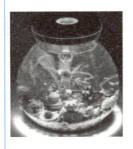 　　生活在城市高楼中的人向往大自然,尤其是在写字楼格子间的白领们,在巨大压力之下,办公桌上一个小小的迷你生态瓶可能会为他们带来心灵慰藉。生态瓶或生态缸如同一年四季变化着的舞台,上演着不同的景象:水草的生长与败落、虾的退壳与繁衍、气泡的生成与消失、动物尸体的分解等,微空间内反映出不可预知的无限可能的变化。同时,这种变化的每一个瞬间都可以引发人瓶互动,如观察、补水、修剪、打捞、调整、清理、喂食等。在这种互动中,都市工作者们的压力得到缓解,同时在无形之间塑造了他们热爱生命、尊重生命系统的发展规律、爱护环境等积极向上的情感与品格。 　　现在你是一名生态微景观设计师,需要为生活在都市中的高压力、快节奏工作者设计并制作一个可以摆放在格子间办公桌上的生态瓶,这个生态瓶需要有优美的微景观与一定的文化寓意,同时具有持久的生命力与稳定性,你还需要为生态瓶设计一个温馨的产品说明书,告诉消费者产品的工作原理与护理方法。
成果与 评价	**个人成果** 1. 单元测验。 2. 参与团队在生态瓶调试过程中所进行的实验与观察,并提交至少一份完整的实验报告或观察记录。 (1) 探究不同动植物比例对生态瓶中动植物存活时间的影响; (2) 探究不同光照强度与光照时间对植物光合作用的强度及水中溶氧量的影响; (3) 探究硝化细菌对水生生态瓶中有机质的降解速度及水质清澈度的影响; (4) 探究生态瓶中的动物取食的偏向性,并通过水中溶氧量的变化测定动物的物质代谢速度; (5) 持续观察并记录生态瓶中生物与非生物环境的变化,以及人工的及时干预; ……………	评价的知识和能力:动植物物质与能量代谢的基础知识;科学探究能力、科学观察能力

成果与评价	**团队成果** 1. 你需要与你的同伴设计与制作一个微景观生态瓶。 （1）产品类型：可以是陆生生态瓶，也可以是水生生态瓶；瓶口需要封闭，无法与外界进行物质交换，偶尔可以打开进行调整。 （2）名称与文化创意：根据产品的目标客户群的心理需求（你可以针对某一特定文化爱好者群体进行产品设计），为你的生态瓶取一个名字，并阐明名字背后的文化寓意。 （3）在设计与制作生态瓶时需要考虑如下问题： ① 根据生态系统的组成成分、产品的文化寓意、动植物的成活度，应该选择将哪些生物与非生物放入瓶中？ ② 如何通过使用废旧物品、从自然水体中采集并分离动植物，以达到控制成本的目的？ ③ 根据生存空间的大小，应该如何控制瓶中非生物与生物物质的比例？ ④ 瓶中的生物之间都存在哪些关系？尝试画出瓶中的食物链与食物网，并基于对食物链和食物网的分析，思考将瓶中各种物质（含生物与非生物）的比例控制在多少比较合适？ ⑤ 生态瓶应放置在什么环境下？应该如何控制温度、光照？ ⑥ 生态瓶中会产生"垃圾"吗？应该如何保持瓶内整洁？ ⑦ 生态瓶需要定期进行调整吗？应该如何调整？ 2. 你需要与你的同伴为你们的微景观生态瓶设计一个说明书。 说明书上需注明： （1）生态瓶的名称与寓意； （2）有关生态瓶中的各种成分的介绍； （3）生态瓶中的物质与能量的流动图； （4）生态瓶的护理方法。	评价的知识和能力；对生态系统"物质循环与能量流动"的深度理解
公开成果	1. 成果展示与汇报。 在单元学习的最后一节课上，各项目团队通过实物、PPT 等展示产品及产品制作与调试过程中的研究发现。 2. 产品展卖与环保宣传。 地点选在学校附近的东升科技园，园区内有许多程序员等上班族，学校将提前联系科技园，在活动课期间组织学生在园区内进行环保宣传与微景观生态瓶产品的展卖。	

四、教学过程设计

基于大概念进行的教学设计见图 3。

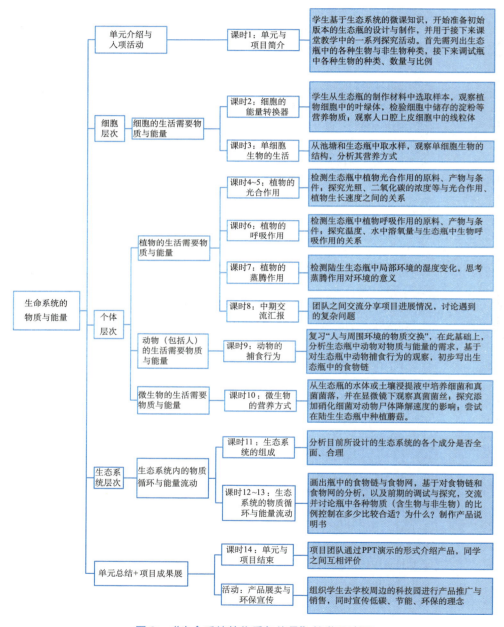

图 3 "生命系统的物质与能量"教学设计图

五、教学特色分析

"大概念教学"与"项目式学习"强强联合。大概念教学与项目式学习都指向核心素养的发展，大概念教学关注的是学习目标，项目式学习关注的是学习过程，通过强强联合，既关注单元学习目标（大概念），又关注单元学习过程（项目式学习），从而全面提高单元教学质量，使得单元教学能够指向真实生活与核心素养的发展，产生 $1+1>2$ 的效果。

（1）学生聚焦于大概念的项目式学习有利于提升项目式学习的品质，保证项目式学习始终聚焦于对某一问题的持续思考，保持对知识的深度建构，促进对学科本质的理解，从而促进专家思维的形成以及对知识的迁移应用。

（2）以大概念为学科知识的"锚点"，加之系统化的重构单元，形成了围绕大概念的组织化的、序列化的项目式学习单元，学生能拥有更多机会进行学科项目式的学习训练，逐渐习得项目式学习特有的范式与技能，从而提升学习的成就感。

（3）项目式学习的真实情境、复杂任务，以及多样而开放的问题解决方案有助于为学生提供丰富的具象经验，这种"具体-抽象"思维的高度协同有利于大概念的形成。

六、学习效果评价及作业设计

在学习完成后，需要对学生的学习成果进行检验与评价（见表2），并通过设计相关作业（见表3）以期对学习成果进行巩固。

表 2　学习效果评价表

	大师级团队	工匠级团队	学徒级团队
初期设计图（30分）	根据生态系统的各种成分、结构以及数量关系初步构建起稳定性生态系统模型；附有针对每种生物的说明，如名称、种类、数量等，以及生存环境和生活方式等，准确画出食物网、物质循环与能量流动图。	完整列出了生态系统中的各种成分，但没有明确各种生物的生存环境，或者没有明确生物之间的关系网络，或者没有准确画出食物网、物质循环与能量流动图。	所列的生态系统成分不完整，不能够构成稳定的生态系统。

续表

	大师级团队	工匠级团队	学徒级团队
观察、记录与维护（10分）	每天坚持观察与记录；除了文字描述外，还通过照片、视频等进行记录；能够察觉生态瓶中出现的问题，及时采取试验性的方案进行调整，并对调整措施与效果进行详尽的记录。	基本做到每天坚持观察与记录，但未能及时察觉生态瓶中出现的问题，或不能够针对问题进行及时的调整。	不能够坚持观察与记录，任由瓶中生物自生自灭。
团队协作能力（10分）	友好协商，共同制订方案；合理分工，轮流进行观察记录；遇到问题，能够集中智慧，共同解决；尽职负责，每个成员都负责好自己的工作；不计较，能够在他人学业较忙时适当多承担工作。	合理分工，轮流进行观察记录；每个成员都比较负责，能够做好自己的工作；但在集中智慧解决问题、制订方案方面有所欠缺。	团队凝聚力差、管理混乱；没有详细的分工，没有集中研讨，只有1～2人承担工作。
产品外观与性能（10分）	瓶中包含生态系统中的所有成分，且有比较丰富的动植物资源；微景观造型优美、有趣味；制作材料环保、低成本；生态瓶在密封情况下至少能稳定保存一周。	生态瓶中包含植物、动物、微生物；有一定的微景观造型；生态瓶在密封情况下难以稳定保存一周。	生态瓶中只有植物与微生物；几乎没有微景观造型。
产品说明书设计（10分）	能写出生态瓶的名称与寓意；清楚介绍瓶中每种生物的名称与生活习性；准确画出食物网与瓶中的物质循环与能量流动图；列出生态瓶的日常护理方法，以及出现各种不稳定情况时应采取的措施。	能写出生态瓶的名称与寓意；能基本准确介绍瓶中每种生物的名称与生活习性；能大致画出食物网及瓶中的物质循环与能量流动图；能大致列出生态瓶的日常护理方法。	不能清楚地画出瓶中的物质循环与能量流动图；不能列出生态瓶的日常护理方法。
产品展示与交流（10分）	能介绍生态瓶中的非生物与生物的种类、数量与比例，能结合项目推进过程中的观察结果与实验数据，说出这样设计的原理。	能介绍生态瓶中的非生物与生物的种类、数量与比例，并简单根据观察与实验，说出这样设计的原理。	无法基于观察与实验准确介绍生态瓶的设计原理。

表 3　作业设计表

课时 1	组建项目团队，分工，制订项目规划，准备相关材料
课时 2	完成生态瓶设计图的初稿，并根据初稿组装生态瓶
课时 3	继续观察生态瓶中的单细胞生物
课时 4～5	完成探究生态瓶中植物光合作用的实验报告
课时 6	完成探究生态瓶中植物呼吸作用的实验报告
课时 7	进一步探索生态瓶的最佳光照、温度；开放性陆生生态瓶则要考虑湿度
课时 8	观察、记录、调整外部环境条件
课时 9	结合资料，观察并记录生态瓶中的食物链
课时 10	观察与记录微生物对生态瓶的影响
课时 11～12	尝试调整生态瓶中生物的种类与数量，并记录变化
课时 13	进行产品说明书的制作
课时 14	制作用于展示的 PPT

七、专家点评

　　以大概念为核心构建单元概念体系，并重构单元内容，对单元内容分析到位；跨学科的项目式学习设计是亮点；其中的评价与目标配套，但仅关注了对项目结果的评价，对学生的关注不够；在设计目标时能够围绕大概念进行，但知能目标的设计未与大概念形成很好的关联。

"事物之间的联系" 大概念教学设计 ——

一、知识背景、指导思想与理论依据

大概念是连接核心素养与课堂教学的重要枢纽。围绕大概念设计单元整体教学有助于将松散的知识打造成稳定的网状结构，有助于打通学科之间的壁垒，有助于学生具备高通路迁移能力以及专家思维能力，最终达到落实核心素养的目的。

本单元以"事物之间的联系"作为跨学科大概念，以"如何建立合适的模型以表示生活中事物之间的联系"作为大问题，以"变量"这一在计算机与数学领域均存在的子概念入手，从定性、定量两个方面探索了生活中变量之间可能的关系，创建了解决现实问题的模型，这一过程经历了分析问题、建立模型、测试模型、优化模型四步，具备较高的迁移价值，可帮助学生在未来生活中解决其他类似问题。

二、教学目标的设定

确定了大概念后，我们设计了如表 1 所示的教学目标。

表 1　单元目标设计表

单元目标设计
核心素养：实践创新（问题解决、技术运用）、科学精神（理性思维、勇于探究）
学科核心素养：计算思维、数学建模
本单元涉及的课标内容： 数学相关课标内容： 1. 探索简单实例中的数量关系和变化规律，了解常量、变量的意义； 2. 能用适当的函数表示法刻画简单实际问题中变量之间的关系； 3. 结合对函数关系的分析，能对变量的变化情况进行初步讨论。

信息技术相关课标内容（借鉴美国计算机科学教师协会（CSTA）课程标准）：

1. 创建用变量来存储和修改数据的程序；

2. 创建明确命名的变量，用该变量表示不同的数据类型，并对其值执行操作；

3. 运用程序对现实情境建模，推断或预测结果；

学习迁移目标：

能在不同的现实情境中发现事物之间的联系，通过抽象关键信息特征来建立变量之间的关系式，学会使用程序构建模型来模拟现实情境，不断验证、调试、优化模型，从而更好地进行分析和预测。

本单元的大概念及主要问题	
大概念：事物之间的联系	大问题：如何建立合适的模型以表示生活中事物之间的联系

单元主题划分		
主题一：变量的定义与应用	主题二：变量之间的关系	主题三：虚拟世界中的现实世界

本单元的概念网

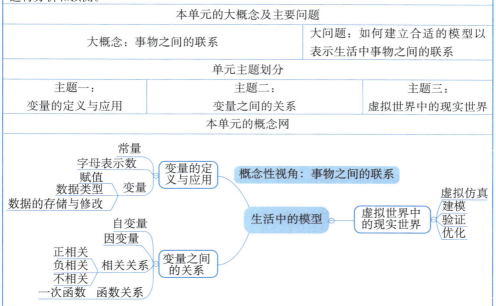

三、大概念的提炼与获得

对于跨学科的课程设计要在标准的层面融合，以具有跨学科属性的大概念为桥梁来连通学科本质。"变量"这一概念在两大学科中既有区别又有联系，因此依据一线教学经验，起初以"变量"作为大概念，之后又通过从中间到两侧延伸的开发策略，即以从内容标准中寻找大概念为开端，向上确定学科核心素养，向下确定所知、所能、所成课堂目标，从而进一步保证大概念的准确性。具体步骤如下：

（1）以课标为主要抓手，在 CSTA 课程标准以及信息技术课程标准中抽取与变量相关的标准共 3 条；同时从数学课程标准中抽取相关标准共 22 条。

（2）在考虑学情、单元目标定位以及跨学科标准融合的前提下，从 22 条标准中挑选了 7 条标准作为本单元数学方面的标准。

（3）在对标准进一步解读后发现，"变量之间的关系"以及近似词语出现次数最多，进而通过追问寻找大概念的方法，在追问"为什么学习变量""学习变量之后的价值"的过程中发现，理解变量之间的关系能够帮助学生描述现实生活中的常见模型，培养模型思想；与此同时，在编程中通过建立变量之间的关系构建虚拟仿真模型，有助于培养学生的计算思维。在经过向上论证大概念与学科核心素养的关系后，确保了这一大概念能较好地连接两个学科的知识。

（4）通过请教专家发现，"变量之间的关系"可以进一步提高概念的统整性，因此最终将大概念确定为"事物之间的联系"。

四、教学过程分析

该课例主要分为三个部分，即：变量的定义与应用（2课时）、变量之间的关系（4课时）、虚拟世界中的现实世界（4课时），每个主题都以逆向设计的方法教学（见表2）。

表2　教学过程分析表

单元概述：
本单元以"事物之间的联系"作为跨学科大概念，以"如何建立合适的模型来表示生活中事物之间的联系"作为大问题，通过让学生创作多个编程项目，从中体会不同场景下不同变量之间的关系，并将这种关系在编程环境下用数学的方法表示，使学生经历分析问题、建立模型、测试模型、优化模型这一过程，帮助学生在生活中识别并解决类似问题。

单元主要问题：
如何建立合适的模型以表示生活中事物之间的联系？

单元主题	子问题
变量的定义与应用（2课时）	1. 现实生活中的哪些事物是不断变化的？ 2. 如何把它们在程序世界中表现出来？

主题一　学习活动
第一课时
活动一：提出子问题1，现实生活中的哪些事物是不断变化的？ 小组搜集生活中的变化的事物，并清晰描述事物的属性是如何变化的。将该问题作为探究整个单元内容的入口，引出数学领域中变量存在的意义和必要性。 **活动二**：提出子问题2，如何把它们在程序世界中表现出来？ 小组选择一个事物，探究如何在图形化编程软件中表现事物状态的变化。（根据学生的经验，可能会使用切换造型、改变移动步数、旋转度数、改变坐标值等方式，但无法实现连续改变数值的需求。）

活动三：探究图形化编程中变量指令的使用方法。

在活动二遇到认知冲突的情况下，教师引出变量这一指令，讲解其使用方法，学生尝试使用变量改变活动二选取的事物状态，完成后探讨变量指令存在的意义。

第二课时

本节课将探究如何在程序世界中模拟电风扇的功能，并迁移到模拟其他家用电器上。

活动一：模拟家用电风扇。

1. 小组讨论，观察真实生活中的电风扇，写出电风扇具备的功能按钮有哪些；

2. 模拟电风扇的基本功能，要求运用变量更改风扇的转速。

活动二：完成表现性任务。

学生需任选现实生活中的一个家用电器，在程序中模拟它的功能，用"变量"指令实现功能变化。例如：模拟台灯开关控制灯的不同亮度。

主题	子问题
变量之间的关系（4课时）	1. 现实生活中的事物之间都存在怎样的关系？ 2. 如何利用已知数据确定变量之间的关系表达式？ 3. 如何通过程序对变量之间的关系式进行表示？

主题二　学习活动

第三课时

活动一：提出子问题1，现实生活中的事物之间都存在怎样的关系？

在主题一的基础上，学生将根据生活经验进一步思考量与量之间存在哪些关系，引出正相关、负相关、不相关等概念。

活动二：教师以速度、时间和路程，及商店折扣等情境举例，分析这些变量之间的数量关系。在定性分析的基础上进行定量分析，通过生活情境初步感知函数的概念。

活动三：提出子问题3，如何通过程序对变量之间的关系式进行表示？

学生初步探究如何在图形化编程中建立两个变量之间的关系。尝试使用变量指令并结合运算模块，用程序表示变量之间的简单关系，实现因变量随自变量的变化而变化。

第四课时

本节课将探究"跳一跳"游戏的内在模型机制并创作该游戏。

活动一：体验"跳一跳"游戏，并探究"按下时间"与"跳跃距离"存在怎样的数量关系，并用表格记录数据。

活动二：提出子问题2，如何利用已知数据确定变量之间的关系表达式？教师与学生共同分析已收集的数据，探究表达式的建立过程。

活动三：提出子问题3，如何通过程序对变量之间的关系式进行表示？

学生创作"跳一跳"游戏，将总结出的表达式用程序表示出来。在创作过程中学生可更改原游戏的模型参数，体验不同参数对游戏机制的影响。

第五课时

活动：本节课将探究"flappy bird"游戏的内在模型机制并制作该游戏，过程同第四课时。"flappy bird"游戏建立了"经过时间与纵向距离之间的关系"。

第六课时	
活动：学生要按照该表现性任务的评价标准完成套圈游戏。套圈游戏建立了"蓄力时间与运动距离之间的关系"。	
主题	**子问题**
虚拟世界中的现实世界（4 课时）	1. 在简单情境下，如何在现实情境中抽象出模型？ 2. 如何优化模型？ 3. 通过模型解决现实问题要经历哪些步骤？

主题三 学习活动

第七课时、第八课时

完成模拟"汽车行驶"这一模型。

活动一：提出子问题 1，在简单情境下，如何在现实情境中抽象出模型？

给出"汽车行驶"的已知条件，例如：汽车的速度为 10m/s，耗油量为 5L/h，二氧化碳排放量为 2.7kg/L，车的初始油量等，创建速度、时间、路程、耗油量以及二氧化碳排放量等变量，建立它们之间的关系表达式，最终求得从家到学校二氧化碳的排放量为多少。

和学生一起讨论，该情境可以抽象出哪些变量（例如：速度、时间、路程、耗油量以及二氧化碳排放量），这些变量互相之间具有怎样的关系。除此之外，还需注意隐藏的现实条件，例如车内剩余油量情况，是否需要中途再加油。

将"汽车行驶"模型分解成若干种关系，例如：

1. 速度与路程之间的关系；

2. 路程与油量之间的关系；

3. 油量与二氧化碳排放量之间的关系；

活动二：建立每种关系的表达式。

学生通过分析已知条件建立关系表达式，并将每个表达式在程序中编写出来。

活动三：提出子问题 2，如何优化模型？

针对学生遇到的问题，优化该模型。

活动四：提出子问题 3，通过模型解决现实问题要经历哪些步骤？

教师与学生共同总结该案例经历的步骤，以便学生能将"分析问题情境—建立模型—求解验证—不断优化"的过程迁移到其他情境中。

第九课时、第十课时

根据评价标准完成表现性任务，寻找生活中常见的事物之间的关系场景，建立模型并不断优化。

五、教学特色分析

1. 营造"半真实"情境

由于课堂空间的限制，学生无法在真实环境下体会自变量与因变量之间的关系。该教学设计融入了图形化编程，通过编程创设仿真状态下的真实情境，模拟生活中的函数，动态展现了变量之间的关系，既紧密地联系了生活，又打破了空间的限制。在该课例中，学生使用变量模拟了家庭灯光亮度的调节、风扇转速的调节等，对变量的概念有了一定的感性认识。

2. 以"用数学"的方式体验学数学的"浪漫阶段"

函数是生活中经常用到的数学知识，该课例将这一知识点前置，使学生以游戏化的方式理解并运用生活中的函数，例如在程序中使用一次函数模拟赛车行驶过程，以此形成感性认识，感受生活中函数的力量。当学生在未来面对相同知识点的学习时，将会大有帮助。

3. 理解为先，逆向设计

该课例在设计实施过程中，遵循了理解为先的设计理念和逆向的设计原则，学生经历了确立目标、了解评价、学习活动三个过程，从而更好地理解了"事物之间的联系"这一大概念。

六、作业设计及学习效果评价

1. 文本作业

地面气温是 $20℃$ ，如果海拔每升高 $1\,000\text{m}$ ，气温下降 $6℃$ ，则气温 t 与海拔高度 h 的函数关系式是 _____。

2. 实践作业

在生活中找到存在一次函数关系的场景，并将该场景用图形化编程模拟出来。

3. 探究作业

你能用函数关系式表示出租车的计费方式吗？

该课例的评价方式主要以过程性评价为主，教师根据学生在完成实践性作业中的表现，确定学生的学习效果（见表3）。

表3　学习效果评价表

评分规则		
0~5分	6~8分	9~10分
1. 作品不完整，但能用语言描述这些变量之间的关系； 2. 能正确创建变量并赋值，但无法建立它们之间的关系表达式。	1. 在程序中能正确建立变量之间的关系表达式，在图形化编程中能模拟变量间变化的状态； 2. 在遇到问题时有测试模型的意识并进行改进。	1. 能正确建立变量之间的关系表达式，能在图形化编程中模拟变量间变化的状态； 2. 能够结合现实情境中的条件，逐步优化该模型； 3. 程序逻辑清晰，代码规范。

七、专家点评

　　用编程整合数学和计算机科学，教学过程层层递进，内容设计比较翔实，是一份不错的方案。

以大概念为核心的单元教学方案
——以跨学科单元教学"肥皂的奥秘"为例

一、知识背景

　　本课程以校园防疫作为课程开发的大背景，针对防疫中的真实情景和真实问题，结合科学学科、信息技术学科、美术学科这三大学科的学科特征与教学目标，建立了基于跨学科单元教学课程开发的教师教研团队。我们从驱动性问题着手：疫情期间的防疫工作重点之一是勤洗手，在此背景下如何设计和生产出一款肥皂产品。我们以学生核心素养的提升为目标：培养学生以一种真实、协作式、跨学科、习得的且可迁移的方式高效学习（系列创造活动），培养学生跨学科解决真实问题的能力、团队协作能力和创造能力。

二、教学目标的设定

　　教育部倡导开展跨学科主题教育教学活动，将相关学科的教育内容有机整合，有助于提高学生综合分析问题、解决问题的能力。在这一背景下丰富的拓展性课程和校本课程成为落脚点。然而拓展性课程、校本课程等所开发的内容以及育人目标和学科教材一定不能脱节，不是另起炉灶开辟新的教学环境，而应当是基于学科素养，深挖学科育人目标，并对学科教材内容进行进一步拓展延伸。

　　基于单元教学课程主题，我们团队成员就各专业的教学内容进行深挖，解读学科课程标准和教材，聚焦学科概念，提炼学科教学目标。学科教材内容见表 1，拓展内容见表 2。

表 1　涉及学科教材内容汇总表

序号	学科	涉及教材内容 (具体到教材版本、单元与课题)	学科教学目标
1	科学	七年级上学期第一章第二节"常见仪器的使用" 七年级上学期第一章第五节"科学探究" 九年级上学期第一章第四节"常见的碱"	1. 学会正确使用实验室仪器; 2. 知道氢氧化钠的性质和用途; 3. 通过科学探究优化配置肥皂的原料比例。
2	美术	七年级上学期第 4 课"生活中的纹样" 八年级上学期第 8 课"从生活中吸取设计的灵感"	1. 通过欣赏与探究,了解纹样设计的特征、分类及组织形式等; 2. 感受纹样的魅力,通过纹样的设计来优化肥皂的造型; 3. 通过对生活的观察和感受,以及对仿生设计产品的欣赏和学习,借鉴自然界中优美的形状、结构、色彩等要素,进行仿生设计的练习。
3	信息技术	浙江省义务教育教科书"信息技术": 八年级下学期第三单元"人工智能基础"中的"项目实践" 九年级第二单元"3D 打印与 3D 建模"中的"3D 建模基础"	1. 能够对学习资源进行需求分析,能够设计与开发简单的应用系统来解决实际问题; 2. 了解 3D 打印的基本过程和 3D 打印技术的特点及应用,掌握 3D 建模的基础用法。

表 2　拓展内容汇总表

序号	学科	拓展知识内容	拓展部分教学目标
1	科学	皂化反应	1. 知道皂化反应的概念和原理; 2. 利用皂化反应制作肥皂。
2	美术	肥皂色彩的运用	1. 了解现在市面上的肥皂的基础色有哪些; 2. 根据设计的内容来调整肥皂的色彩搭配,提升肥皂造型的视觉效果。
3	信息技术	激光切割工业与 LasterMaker 建模	1. 了解激光切割原理和激光切割制造流程; 2. 通过设计、制作,熟悉基于 LasterMaker 的建模方法。

三、学情分析

本课程的授课对象为东城中学七年级弘部学生。从学生个体发展水平上看，弘部学生代表了该校七年级最优秀的学生，其思维能力和认知水平具有一定的优势，学生接受新知识和学习迁移能力较强。基于以上学情，可针对这部分学生开展学科间的融合及拓展，帮助他们建立跨学科的大概念思维，使其学会利用多种学科知识综合解决实际问题，提高创造力以及实践能力。从知识的建构上看，本单元教学在学期中开展，通过前面一个多月的学习学生积累了一定的科学实验操作技巧及美术知识，具有一定的知识储备，为后面的学习打下了良好的基础。

四、大概念的确定

（一）大概念的提取路径

1. 自上而下提取

大概念指向的是学科中的核心概念，是基于事实基础抽象出来的深层次的、可迁移的概念。学科核心素养是指学生通过学科应形成的正确价值观念、必备品格和关键能力。与课程标准一样，学科核心素养对教学具有指导性作用。因此，大概念也可以从学科核心素养中提取[①]。根据本单元的主题，我们将涉及的初中阶段三个学科的核心素养进行了梳理，见表 3。

表 3　学科核心素养

学科	核心素养
科学	实验探究与创新意识、科学探究、宏观辨识与微观探析、科学态度与责任
美术	理解图像识读与美术表现
信息技术	数字化学习与创新、信息社会责任

跨学科单元"肥皂的奥秘"教学以学生核心素养的提升为目标，那么究竟该培养学生的哪些核心素养呢？本单元的学习旨在通过对真实情境的引导，培养学生跨学科解决真实问题的能力。因此聚焦到上述学科核心素养上，凸显的是"辨

---

① 刘徽.《大概念》视角下的单元整体教学构型：兼论素养导向的课堂变革. 教育研究，2020，41（6）：64-67.

识""探究""创新"。

2. 自下而上挖掘

从科学、美术、信息技术这三大学科的内容出发，结合教材内容和教学目标，聚焦驱动性问题：在防疫背景下如何生产出一款功能型肥皂。我们不难发现，本单元的重点聚焦于"生产""设计""功能"这三大主体内容。

结合这两条路径，我们需要确立一个统领三个学科大概念的跨学科大概念。基于以上分析，我们确立的跨学科大概念为"以功能为导向，探究、创新、设计是产品制作生产的流程"。在这一跨学科大概念下再细分出跨学科概念与学科概念。

（二）"大概念"统领下的跨学科单元知识框架

国外对于大概念的研究已经形成了一些有代表性的课程设计模式，比如韩国天主教大学的邦·达米研究团队开发了金字塔模式的课程框架①。我们借用这一模式对大概念背景下的跨学科单元课程"肥皂的奥秘"进行了课程单元知识框架搭建（见图1）。从跨学科大概念"以功能为导向，探究、创新、设计是产品制作生产的流程"出发，分解学科大概念。从基于驱动性问题的基本问题出发，厘清学科概念。

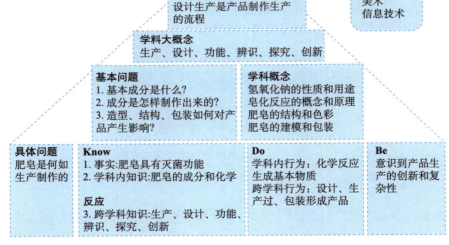

图1 单元知识框架

---

① 李刚，吕立杰．国外围绕大概念进行课程设计模式探析及其启示．比较教育研究，2018，40（9）：35－43.

五、以大概念为核心的目标设计、评价设计、过程设计

围绕大概念建立指向学科核心素养的课程架构没有一蹴而就的途径，也没有固定不变的法则。UbD 理论认为：当教师的教学旨在使学习者理解可迁移的概念和过程，给其提供更多的机会使其将理解的内容应用到有意义（即真实情境）的情境时，才更可能获得长期的成就。学习者要通过主动建构意义（即理解的过程）来学习和巩固所学的知识和技能，并将学习结果应用到新的情境中[①]。因此我们借用 UbD 的单元设计框架对本单元教学进行设计（见表 4）。

表 4　UbD "肥皂的奥秘" 单元设计

阶段一：明确预期学习结果		
学习迁移		
能够在不同的情境下，根据不同的目的、对象和需求，运用多种学科知识形成解决问题的思路。学会灵活分类，能够通过观察日常生活中的现有物品，进行调查、分析与探究。能够理解配色原理、物品生成的化学原理等学科基础知识，学会探索和分析物品的构成、性能、包装等，并能动手制作、设计和创新。		
层面	理解意义（大概念）	掌握知能
跨学科层面	1. 问题解决层面的大概念：根据具体的情境和需求来确定目标	1.1 认识到肥皂的设计和生产制作具有不同的功能和用途，能明确区分不同的需求； 1.2 能根据具体的情境设计不同造型、功能的肥皂。
	2. 思维方面的大概念：深挖原理，分析基础，探究创新	2.1 深挖肥皂生产的化学原理； 2.2 学会分析市场现有的肥皂产品的造型、配色、功能及包装。学会迁移，自主创新出更多的不同于现有肥皂的产品。
学科层面	3. 科学的大概念：宏观辨识与微观探析、科学探究、实验创新	3.1 学会正确使用实验室仪器； 3.2 知道皂化反应的概念和原理； 3.3 通过科学探究优化配置肥皂的原料比例； 3.4 利用皂化反应制作肥皂。

---

① 威金斯，麦克泰格. 理解为先模式：单元教学设计指南（一）. 福州：福建教育出版社，2018.

学科层面	4. 美术的大概念：理解图像识读、美术表现	4.1 通过欣赏与探究，了解纹样设计的特征、分类及组织形式等； 4.2 感受纹样的魅力，通过纹样的设计来优化肥皂的造型； 4.3 通过对生活的观察和感受，以及对仿生设计产品的欣赏和学习，借鉴自然界中优美的形状、结构、色彩等要素，进行仿生设计的练习； 4.4 根据设计的内容来调整肥皂的色彩搭配，提升肥皂造型的视觉效果。
	5. 信息技术的大概念：数字化学习与创新、信息社会责任	5.1 了解 3D 打印的基本过程和 3D 打印技术的特点及应用，掌握 3D 建模的基础用法从而设计出肥皂造型； 5.2 了解激光切割原理和制造流程； 5.3 通过设计、制作熟悉基于 LasterMaker 的建模方法，设计并制作肥皂盒。

阶段二：确定恰当的评估办法

本单元的教学采取多元化评价方式，结合单元目标的三个维度，分别从教师层面、学生个人层面、小组合作成员层面对学习进行评价，具体包括对单元学习的过程性评价和对单元学习最后成果的评价。

教师评价			
目标代码	**评价维度**		
	★	★★	★★★
M（理解意义） A（掌握知能）	1. 学生学会正确使用实验室仪器； 2，学生知道皂化反应的概念和原理。	1. 学生熟练操作实验仪器； 2. 学生在理解皂化反应原理的基础上可以利用皂化反应制作肥皂。	1. 学生熟练操作实验仪器； 2. 学生在理解皂化反应原理的基础上可以利用皂化反应制作肥皂。 3. 学生独立设计肥皂的制作方案并能逐步制作。
A（掌握知能） T（学会迁移）	学生可以独立完成肥皂外形的设计和模型的外观设计。	1. 学生可以在设计完成肥皂外观的基础上对肥皂的外形增加一定的创意，合理设计肥皂的模具，达到一定的精确度； 2. 学生设计肥皂的造型、设计的颜色搭配合理。	1. 学生可以独立完成肥皂外观的设计和肥皂模型的设计； 2. 学生设计的肥皂符合外形的设计原理，有一定的色彩表现。
A（掌握知能） T（学会迁移）	学生可以在教师的指导下完成肥皂外盒的包装并进行美化设计。	1. 学生可以完成简单的肥皂外盒的包装； 2. 学生在教师的指导下完成肥皂外盒腰封的美化，颜色搭配合理。	1. 学生可以完成肥皂外盒的包装并进行美化设计； 2. 学生自主完成肥皂外盒腰封的美化以及制作包装袋，颜色搭配合理，主题内容有创意。

个人评价			
目标代码	评价维度		
	★	★★	★★★
M（理解意义） A（掌握知能） T（学会迁移）	1. 学会正确使用实验室仪器； 2. 知道皂化反应的概念和原理； 3. 可以独立完成肥皂外形的设计和模型的外观设计； 4. 可以在教师的指导下完成肥皂外盒的包装并进行美化设计。	1. 熟练操作实验仪器； 2. 在理解皂化反应原理的基础上可以利用皂化反应制作肥皂； 3. 可以在设计完成肥皂外观的基础上对肥皂的外形增加一定的创意，合理设计肥皂的模具，达到一定的精确度； 4. 学生设计肥皂的造型，设计的颜色搭配合理； 5. 可以完成简单的肥皂外盒的包装； 6. 在教师的指导下完成肥皂外盒腰封的美化，颜色搭配合理。	1. 熟练操作实验仪器； 2. 在理解皂化反应原理的基础上可以利用皂化反应制作肥皂； 3. 独立设计肥皂的制作方案并能逐步制作； 4. 可以独立完成肥皂外观的设计和肥皂模型的设计； 5. 设计的肥皂符合外形的设计原理，有一定的色彩表现； 6. 可以完成肥皂外盒的包装并进行美化设计； 7. 自主完成肥皂外盒腰封的美化以及制作包装袋，颜色搭配合理，主题内容有创意。
团队合作	基本完成自己的分工任务，按要求进行小组合作学习。	能完成自己的分工任务，与组员的沟通交流较少，为达到共同的合作目标做出了一些贡献。	积极主动完成自己的分工任务，主动与组员沟通交流，为达到共同的合作目标做出了积极的贡献。

小组互评			
目标代码	评价维度		
	★	★★	★★★
团队合作	基本完成自己的分工任务，按要求进行小组合作学习。	能完成自己的分工任务，与组员的沟通交流较少，为达到共同合作的目标做出了一些贡献。	积极主动完成自己的分工任务，主动与组员沟通交流，为达到共同的合作目标做出了积极的贡献。

阶段三：规划相关教学过程

（一）组织单元内容

基于跨学科大概念和分解的学科概念以及教学目标的阶段性分化，将单元教学的单元内容结构化设计主要分解成 10 个不同的课时主题。

单元概述：在本单元的学习过程中，学生在真实情境下分析问题、理解意义，并掌握必要的科学、美术、信息技术的学科知识技能，例如科学实验、美术设计、数字化建构等。能够结合三个学科的知识内容综合性地探究问题，团队协作寻找解决方案，并通过设计创新解决问题。能够设计并制造出不同功能的、造型各异的、包装具有商品特性的肥皂成品。最后能够将所学迁移到不同的情境中去，真正落实学科核心素养。

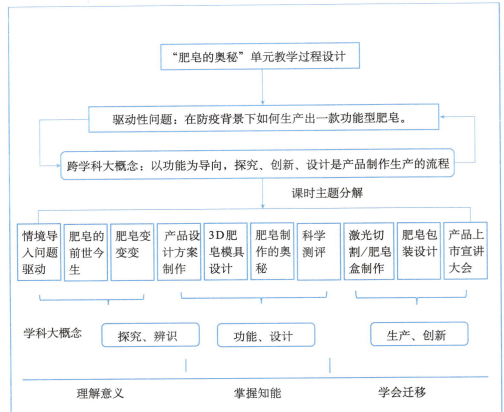

（二）选取本质问题

对于大概念背景下的单元教学，本质问题的确立十分重要。它既指向了学科核心素养，又是大概念的具体落地，并且本质问题是可以迁移的问题。学生在本单元情境中思考与探究此问题时所学的知识和方法同样可以迁移到其他相似的情境中去。在"肥皂的奥秘"单元教学中，我们结合真实情境、教材分析与学情分析，融合三个学科大概念，将本质问题确立为：在防疫背景下如何运用"以功能为导向，探究、创新、设计是产品制作生产的流程"大概念生产出一款功能型肥皂。

（三）创建真实情景

"疫情下同学们的校园生活发生了哪些变化？"从真实情景出发，引导学生观察与发现防疫的两大措施，一是戴口罩，二是勤洗手。从肥皂的用处出发，引导学生思考肥皂消灭新冠肺炎病毒的原理，注意影响灭菌有效性的因素还有哪些，进而提出驱动性问题：疫情期间的防疫工作重点之一是勤洗手，在此背景下如何设计和生产出一款肥皂产品。教师在创设真实情景时通过一系列层层递进的问题，引导学生思考，激发学生的学习兴趣和促使学生生成探究的内驱力，从而开始本单元的教学活动。

（四）设计学习活动

本质问题：在防疫背景下如何生产出一款功能型肥皂。	
子问题1. 基本成分是什么？	
活动设计	
目标代码	教师通过视频导入、问题驱动、动画模拟来帮助学生理解皂化反应的原理。
M（理解意义）A（掌握知能）	教师将肥皂去污过程的视频作为导入点，请两组学生分别描述该过程。教师向学生提问：拿出一只烧杯，倒入一半油一半水，将出现什么现象？学生回答会分层。教师继续提问，分层后是油还是水在上方？静置分层后，将一根一次性筷子的一端涂上红色作标记，假设红色这端容易溶解在油中，无颜色这端容易溶解在水中，现在把筷子放进烧杯中，会出现什么现象？并上前演示。 教师用肥皂的主要成分脂肪酸钠 RCOONa 的分子模型类比，R 这端就类似于筷子的红色端，易溶解在油中，而 COONa 类似于筷子的无色端，易溶解在水中，播放动画模拟脂肪酸钠 RCOONa 的水解过程，让学生对脂肪酸钠 RCOONa 的分子结构有一定的认知，并意识到其结构由两部分组成，一部分亲水，一部分亲油。那么合成脂肪酸钠 RCOONa 就需要将两种反应物"组合"在一起。 教师给出肥皂的洗涤原理与皂化反应的相关化学式，让学生自主建构并总结出我们需要哪些原料（反应物）来制备肥皂并且思考需要用到哪些仪器。
子问题2. 产品的造型结构是怎样设计的？	
活动设计	
目标代码	教师利用日常生活中最常见的肥皂外观，让学生对肥皂有一个基本的认识。让学生了解到设计肥皂时可以利用基本的几何形状。在学生对日常的肥皂有一个初步回想之后，
M（理解意义）A（掌握知能）	再利用视频让学生知道肥皂除了机械皂之外还有精美的手工皂。教师对手工皂进行系列分类，分别对其进行展示和欣赏，让学生对目前市场上的手工皂的外观有一个具体的了解，从而给他们的设计提供一些创意素材。 让学生分组设计肥皂外观，分别针对模具和肥皂进行模型设计和肥皂原型设计。通过列举动物造型、植物造型模具设计，让学生有个更加清晰的设计思路和设计流程。 教师通过演示操作，引导学生观察 3D 建模软件的操作界面（包括应用菜单、指令菜单、显示菜单、建模区域等）。 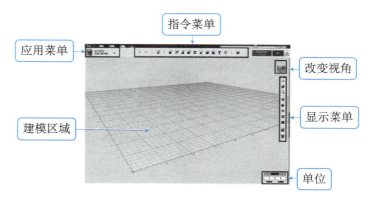

目标代码 M (理解意义) A (掌握知能)	学生导入一张图片到建模区域，并通过移动、旋转、缩放等操作熟悉 123DDesign 的界面。通过切换视角，观察同一物体不同角度的构造。最后，将修改过的项目另存到电脑桌面上。 教师通过"小鸭子肥皂盒"的案例展示，向学生讲述 123DDesign 软件的基本操作。 a. 拉伸——选择封闭的草图或实体的面进行拉伸。 b. 扫掠——沿着引导路径扫掠封闭的草图或实体的面来创建实体模型。 c. 旋转——围绕旋转轴旋转封闭的草图或实体的面来创建实体模型。 d. 放样——使用封闭的草图或实体的面创建放样。 学生通过仿照教师案例，建立简单的模型，熟悉几种基本操作（教师根据学生的操作进行注意事项的强调说明）。 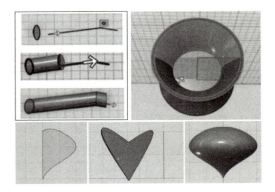 学生通过参考网上的素材，结合自己的想象，利用几种基本操作建立专属于自己的肥皂盒模型。在此期间，教师进行巡视指导。 优秀作品展示：  小组讨论，组长记录组员的闪光点/提升点，并推选一个本组最具创意的作品。小组代表进行创意作品的展示与分享。根据评价结果，学生对肥皂盒进行进一步的修饰美化（添加个性化装饰等）。

	子问题 3. 包装如何对产品产生影响？
	活动设计
目标代码	教师通过 PPT 课件，引导学生观察包装的材料有特别多的种类（纸包装、塑料包装、木包装、铁盒包装……），并引导学生思考包装的作用——保护商品、实现商品价值、方便运输、美化商品，教师通过 PPT 展示，引导学生总结设计肥皂外包装的方法： 1. 用漂亮的包装纸进行包装； 2. 制作腰封时，教师用微课示范肥皂包装的美化设计； 3. 教师在过程中巡回指导； 4. 教师拓展：对于设计肥皂的外包装我们还可以运用哪些材料和方法？ 学生优秀作品：
M （理解意义） A （掌握知能） T （学会迁移）	 

六、专家点评

基于学科融合的大概念课程设计是本方案最大的亮点。另外，本方案的学习对象明确，同时使用了恰当的真实性问题，是一份很成功的课程设计方案。

有一个问题需要指出：本案例中的驱动问题定位于"功能型肥皂"，但教学设计的关注点则在肥皂盒的设计与包装设计上，与"功能型肥皂"的含义不一致，需要改进。

第三章

大概念背景下的任务型教学

"生物进化：统一性与多样性"
大概念教学设计

一、背景介绍

  大概念下的单元教学是一种整合性的教学模式，是核心素养落地的有效途径。研究表明，将越小的内容领域作为教学的基本单位，教师的注意力就越易聚集在具体事实和具体知识点上而忽略了对能力、态度和素养的培养[①]。大概念的提出将教学的重点由学生对知识的掌握转向对知识的理解上，将碎片化的知识转向清晰的学科大概念的形成，有助于学生系统地掌握学科知识，凸显学科知识的串联性，实现教材中学科课程思想的显化。

  大概念下的单元教学有别于教材的内容单元，它由一个完整的"大任务"驱动，组成一个围绕目标、内容、实施与评价的完整学习事件，是一个微型课程、一种学习单位[②]。学习单元由以概念为中心的主题、目标、活动、评价等要素组成，并按某种需求和规范组织起来从而形成了一个有结构的整体（见图1）。

  初中科学中的生命科学内容在学生眼中属于记忆和背诵类知识，内容冗杂、缺乏意义、难以记忆。学生出现这些认知，往往是因为学校课堂的生物教学存在知识零碎化和较多的灌输式学习等现象，没有让学生真正理解生物知识的内核，加之缺乏大概念的支撑，缺少与真实社会问题的联系。因此，要改变学生对生物内容的认知，亟须在教学中融入大概念的理念。大概念并非只是学科的重要概念，而是打通学校教育与现实世界的路径，它赋予了知识生活价值，从而能够解决现实世界中的真实问题。

---

① 李春艳. 中学地理"大概念"下的单元教学设计. 课程·教材·教法，2020，40（9）：96–101.
② 崔允漷. 如何开展指向学科核心素养的大单元设计. 北京教育（普教版），2019（2）：11–15.

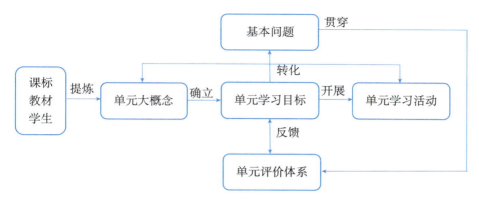

图 1　大概念下的单元教学整体框架

二、教学目标的设定

（一）学科教材分析

浙江省七年级至九年级实施科学课程，包括科学探究、物质科学、生命科学、地球和宇宙等内容。生命科学内容贯穿了每一册教材，我们基于生命科学内容提炼大概念，并以此大概念为中心，分析、梳理、重组教学内容，设计面向七年级学生的单元教学，促进学生在结构化的知识系统中提升学科思维品质。

生物与环境是不可分割的整体，教师在教学过程中试图让学生理解"生物体怎样随着环境的变化而发生改变"因此，基于提炼的大概念进行教材内容梳理和单元内容重构，将从环境和生物两部分出发。

环境变化涉及地球的内部构造，解释了地球上的火山、地震、海陆变迁等均是地球板块的构造运动。地球"进化"的历史也隐藏了生物的进化信息。在国际地质新动态中，科考队发现板块运动活跃的地带，其环境非常适合新物种的孕育、进化和传播，多种证据均表明板块运动与物种多样性息息相关[①]。因此，在教学安排中，我们大胆加入了板块运动的内容，解释了地球的海陆变迁，展现了地球的演化。

生物的变化将以动物和植物为主线，其中蕴含生物与环境的相互关系。植物的出现展现了最早的生物与环境的相互影响，是后续生命发展的起点。植物的演化史呈现了植物结构随着周围环境的变化历程，也展现了植物的生长发育过程，

---

① 徐慧. 生物多样性源于地球板块运动. 资源环境与工程，2013，27（1）：100 - 101.

说明了生物需要在特定环境下才能生存和繁殖。脊椎动物的演化史展现了生物的形态结构和行为方式的调整都是为了更好地适应环境。教学设计最后依据动植物演化史使学生建立完善的进化观。

我们将环境和生物教材内容与单元大概念相对应，见表1。七年级教材的生命科学部分已经较为完整地介绍了动植物的形态结构和生殖特点，以及环境的变动，本单元对此内容按照生物进化的思路进行有机整合与梳理，进而提炼并总结形成进化观，设计了面向七年级学生的单元教学。

表 1　教材内容与重构单元内容相对应

维度	教材单元	章节	重构单元知识内容
环境	七年级上册第 3 单元"人类的家园——地球"	地球的内部结构	①沉积岩的形成，以及化石的形成。古生物学家利用化石证据和 DNA 信息推演生物的进化；②进化外在表现Ⅰ：动植物从低等到高等、从简单到复杂的进化过程；③进化外在表现Ⅱ：动植物的结构与功能相适应；④进化内驱力：基因突变（繁殖）；⑤生物进化观（以生物为主线，融入环境相关内容，展现生物与环境的相互关系）。
环境	七年级上册第 3 单元"人类的家园——地球"	地壳变动	
环境	七年级上册第 3 单元"人类的家园——地球"	地球表面的板块	
环境	九年级下册第 1 单元"演化的自然"	地球的演化	
生物	七年级上册第 2 单元"观察生物"	动植物细胞	
生物	七年级上册第 2 单元"观察生物"	生物体的结构层次	
生物	七年级上册第 2 单元"观察生物"	常见的动植物	
生物	七年级上册第 2 单元"观察生物"	物种的多样性	
生物	七年级下册第 1 单元"代代相传的生命"	动物的生长时期	
生物	七年级下册第 1 单元"代代相传的生命"	植物生殖方式的多样性	
生物	九年级下册第 1 单元"演化的自然"	生物的进化	
生物	九年级下册第 1 单元"演化的自然"	遗传与进化	
环境和生物	九年级下册第 2 单元"生物与环境"	生物与环境的相互关系	

（二）教育学情分析

该单元的大概念的教学对象为刚上七年级的学生。为了更进一步了解七年级学生在学习这章内容的过程中的难点、好奇点以及知识在生活中的应用程度，在学生刚学完七年级上册第 2 单元"观察生物"后，设计调查问卷，见图 2。以此调查结果为参考依据之一，形成单元大概念，重构单元的教学内容。

七年级上册第 2 单元"观察生物"调查问卷

亲爱的同学:

你好! 感谢你参加此次问卷调查。这份问卷旨在了解你对"观察生物"章节的看法。你的回答会被绝对保密,调查结果仅用于学术研究,不会影响你的学业成绩评价。问题的答案没有对错或好坏之分,请按照你的真实情况和感受填写问卷。请完成所有问题后再提交,谢谢合作!

1. 在学习这章内容的过程中,你觉得哪些部分的理解难度较大?
_____

2. 你对于这章的哪些知识想再进一步了解?
_____

3. 你在生活中运用了这章的哪些知识来解决问题?
_____

4. 你在生活中运用这章知识解决问题的过程中,发现还有什么疑问是不能解决的?
_____

5. 在学完这章知识后,你对生活中与生物相关的哪些现象比较好奇?
_____

图 2　学情调查问卷

在调查的过程中发现,较多学生提出他们较难理解的是植物和动物的性状,而运用最多的是与生活最为紧密的知识,即植物和动物的分类,他们会试图对生活中的动物和植物进行分类,收获了将学校知识迁移运用于生活的快感。运用得越多他们发现的问题就越多,例如,为什么动植物会出现这么一系列的变化? 当看不到明显的形状或者结构时,该怎么判断类别? 只有绿色开花植物是被子植物吗? 当他们提出这些问题时,说明了我们在平时的教学过程中侧重于类别意识,渗透关于形态结构与环境相适应的意识还不够,且没有更加透彻地展现何为生物进化。上述调查结果反映了学生存在的真实问题,反映了我们教学过程中存在的问题,是我们后续亟须解决的。

(三) 目标分析

目标设计见表 2,包括三部分内容,分别是学会迁移、理解意义、掌握知能。理解意义实际上是将大概念进行拆分,而掌握知能则需要根据拆分的大概念将其与单元教学相联系,将其转化为可落实的知识与技能目标。而学会迁移则是大概念与真实生活的联系。

表 2　生物进化目标设计表

学会迁移
1. 结构↔功能↔环境
①结构与功能:面对新情境,能由结构推测功能,或由功能推测,理解其结构特点。对于陌生的生物,能通过观察形态结构,推测该动物的某些生理功能,或从生理功能推测其形态结构。

②生物与环境：能根据环境，推测生物所需要的必要生存结构，能依据生物的结构，推测生物的生存环境。

2. 对生物的某些现象可以运用生物进化的观点来解释

理解意义（大概念）	掌握知能
1. 动物和植物的结构与功能相统一是生物长期进化的一种体现	1.1 认识生物的不同结构发挥了不同的功能，结构与功能具有一致性； 1.2 知道动植物的繁殖方式与环境相适应； 1.3 理解环境与生物的形态结构和行为方式相统一； 1.4 感受生物与生物、生物与环境相互影响。
2. 生物的适应是自然选择的结果	2.1 形成生物与环境相统一的观念； 2.2 认识到生物的进化方式是多样化的； 2.3 运用进化的观点解释生物的某些现象； 2.4 感受适应相对性，即当环境发生变化时，适应就成为生存的阻碍因素。
3. 生物具有共同的祖先，是经过漫长的地质年代进化而来的	3.1 知道生物进化是从简单到复杂、从低等到高等，从水生到陆生进行的； 3.2 了解人和其他脊椎动物有共同的祖先。

三、大概念的提炼与获得

大概念的提炼途径有两类，可以从课程标准、学科核心素养、专家思维等路径自上而下挖掘，也可以沿着生活价值、学习难点、评价标准等路径自下而上剖析①。

（一）自上而下挖掘

自上而下挖掘需要立足课程标准。课程标准聚焦于学生"核心素养"的培养。核心素养的内核是真实性，具体指解决社会生活中真实问题的能力。因此，所设立的大概念应当指向真实的社会生活。科学课程标准对初中科学课程的性质有了明确的界定，是以对科学本质的认识为基础、以提高学生科学素养为宗旨的课程②。因此，课程标准为提取大概念提供了参照。在科学课程标准的生命科学部分，明确提出"逐步建立生物体结构与功能相统一、生物体与环境相统一以及

---

① 刘徽．"大概念"视角下的单元整体教学构型：兼论素养导向的课堂变革．教育研究，2020，41 (6)：64 - 77.

② 中华人民共和国教育部．义务教育初中科学课程标准（2011 年版）．北京：北京师范大学出版社，2012.

进化等观念"，包含结构与功能、适应与进化等生命观念。国际公认的科学教育中有 14 个大概念，其中 4 个与生命科学有关[①]。

（二）自下而上剖析

自下而上剖析需要抓住学生学习的难点，既包括学习学校课程过程中存在的难题，也包括未来生活可能面临的困难，从而进一步建立了学校和真实世界的联通。

我们对七年级学期末学生与生命科学相关的学习难点和生活应用情况进行了问卷调查，结果发现学生在面对生活中的动植物时仍存在许多问题。如远古时期蕨类植物那么高大，为什么现在的蕨类植物那么矮小？为什么海洋里会有哺乳动物？所有的绿色开花植物就都是被子植物吗？怎样判断教材外的植物属于什么类别？可见，学生已经初步感知了"生物体有高低层次之分"，却不明白为何会出现相应的变化以及生物和环境、结构和功能之间的关系，学生理解得不够深入，其关键在于没有建立"生物进化"的大概念。而这一概念在九年级下册教材中被正式提出，学生并没有将之前零碎的单元学习与这一概念建立联系，难以真正理解何为生物进化。因此，我们试图通过内容的结构化重组使七年级学生更好地理解"生物进化：统一性与多样性"这一大概念。具体见图 3。

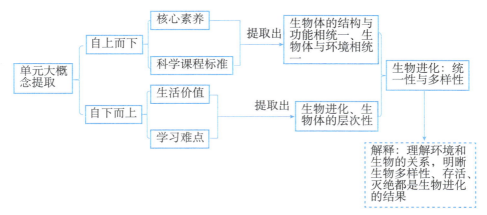

图 3　单元大概念的提取路径

四、教学过程设计

（一）单元导语

历史上地球出现了五次生物大灭绝，每一次大灭绝都有 80% 左右的生物消

①　温·哈伦. 科学教育的原则和大概念. 北京：科学普及出版社，2011：34 - 37.

失，根据古地质年代推测大灭绝的时间周期为 6 500 万年，而我们正处在这个时间循环当中，科学家曾预言我们将会在未来 3 个世纪进入大灭绝。

新冠肺炎疫情暴发、非洲的蝗灾肆虐、澳大利亚的兔灾……这些现象的背后有何预兆？全球气候变暖、外来物种入侵、海洋酸化等自然变化可能比大灭绝更为紧迫，海洋生物死亡，大型哺乳动物可能继续走向灭亡。让我们通过查考植物和动物的演化史，寻找我们和自然的关系，看清灭绝的真相，从而预测未来的人类有什么变化，将何去何从。

任务：导演张某某想基于现实情况，推测"未来人"将会如何变化，以及环境与生物的变化，并以此为主题拍摄电影《未来世界》。剧组发布剧本蓝图召集令，剧本形式不受限制。请小小编剧们基于事实证据，科学地推测未来世界人类的变化，形成《未来世界》电影剧本蓝图。

（二）单元结构

综上，我们绘制了如图 4 所示的单元结构图。

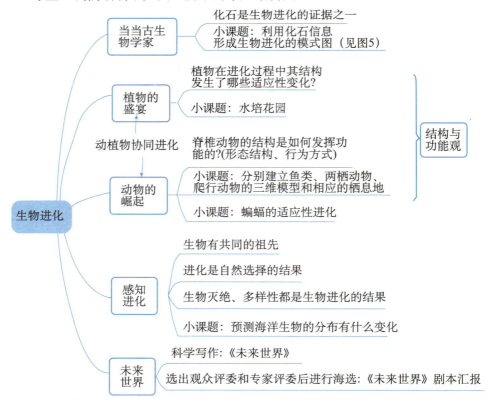

图 4　单元结构图

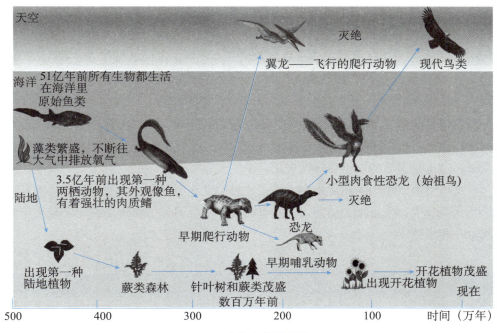

图 5　生物进化模式图

（三）单元设计

本单元包括五个模块，分别是当当古生物学家、植物的盛宴、动物的崛起、感知进化、未来世界，接下来将一一介绍五个模块的活动设计。

导入模块（见表 3）的目的是感知古生物学家的工作对生物演化史建构的意义。通过这一模块的学习知道化石是如何形成的，化石是生物进化的证据之一。

表 3　导入模块：当当古生物学家

基本问题：化石是生物进化的证据之一	
小课题：学习古生物学家的工作方式，利用化石信息绘制生物进化的模式图，并进行展示。	
子问题	学习活动
1. 化石大多在何处被发现？ 2. 化石是如何形成的？ 3. 科学家通过研究化石能获取哪些信息？	1. 课堂学习前的家庭活动：观察家里废旧的报纸和杂志堆，观察报纸的堆积日期有什么次序？ 学习沉积岩的形成、沉积岩中岩层的年龄分布，其中是否存在化石。 2. 学生活动：在一张纸上铺一层黏土，把 2～3 个小物体牢固地压在黏土的不同部位，移开后留下印记，请其他同学辨认印记，推测原物体。由化石推测信息，总结化石形成的原因。 3. 要求学生阅读科学史实资料（呈现一系列鱼化石的年龄、图像），请他们为化石排序，并讲述其中的发现。

4. 如何利用化石推演生物的进化？	由老师呈现科学家所绘制的生物进化模式图，讲解科学家如何利用化石推演生物进化。 4. 学生观察进化模式图，由他们讲述其中的发现或者疑惑，基于他们的发现或疑惑引入下一步生物进化的教学。

　　将植物的盛宴（见表 4）这一模块作为正式授课的第一部分，是因为植物在地球生命起源史中极为重要，植物的出现改善了大气的环境从而才有后续的生命发展。这也是最早的动植物协同进化。

　　这一模块以植物的演化史为主线，比较了进化历程中植物结构随着周围环境的变化而改变，也呈现了植物生长发育的历程，说明了生物需要在特定环境下才能生存和繁殖。

表 4　模块一：植物的盛宴

基本问题：植物在进化过程中其结构发生了哪些适应性的变化？
小课题：未来地球环境恶化，人类可能依靠宇宙飞船逃生，将植物放入宇宙飞船中能很好地改善飞船环境，植物如何才能在宇宙飞船中生存？请设计一个水培植物花园： （1）列出植物生长所需要的各种要素； （2）选择 2 种及 2 种以上更适合水培的植物，并进行尝试性实验； （3）检测泥土是否是植物生长的必要条件。

子问题	学习活动
1. 为什么藻类早于动物出现在地球上？（感受最早的生物协同作用）	1. 学生观察思考：观察衣藻的实物模型，根据结构所对应的功能解释该结构对衣藻的水中生活有什么帮助，对比水棉以及水棉的细胞结构。 衣藻结构中的叶绿体可以参与光合作用制造氧气，为其他生物创造可生存的环境。对于单细胞的藻类，细胞即是藻类个体，还存在多细胞的藻类。
2. 藻类可以直接从水中获取水分和养料，为适应陆地生活藻类必须调整哪些结构？	2. 实验探究活动： 材料：一簇苔藓、放大镜、刻度尺、牙签、滴管、水。 问题：苔藓是如何完成生命活动的？ 观察：请说出苔藓的外表特征，包括颜色、大小、质地。 测量：请说出苔藓叶状部分的典型尺寸、茎状部分的典型高度及根状部分的典型长度。 推理：光合作用在苔藓哪一部分中进行，你是怎么知道的？ 交流：写一段话说明通过这个实验你对苔藓的了解。请解释苔藓不能长得很高以及它必须生活在潮湿环境中的原因。

	进一步探索： 选出一株有茎和孢蒴的苔藓，用牙签刺破孢蒴后，像灰尘一样大小的孢子散落出来，在显微镜下观察这些孢子，并在纸上画出观察到的结构图。 知识目的：苔藓类有茎、叶，以及起固定作用的假根，它们利用孢子繁殖。 展现植物循环式的生活史：孢子体→配子体（产生配子即精子和卵细胞）→受精卵→孢子体。 苔藓利用孢子繁殖，需要潮湿的环境才能完成受精形成受精卵。
子问题	学习活动
3. 远古时期蕨类植物是森林霸主，怎样的适应性结构使远古蕨类植物长得如此高大？	3. 实验探究活动： 材料：一株毛蕨、放大镜、滴管、水、红色食用色素、烧杯、刻度尺。 观察：画出蕨类植物的外形，标明结构。 推测：用放大镜观察叶片的正面和背面，思考为什么两面会有区别。 记录：用滴管在叶片的正面滴水，记录观察到的现象。 进一步探究： 在烧杯中倒入水，加入红色食用色素，将毛蕨去根，把它放入水中，30 分钟后，取出毛蕨测量红色染液的上升高度。 蕨类植物有根、茎、叶，利用孢子繁殖。蕨类植物的茎中有输导组织，可以将根所吸收的水分和无机盐输送到其他部分，而叶片通过光合作用形成的养分可以输送到植物的各个部分。相较于苔藓植物的结构，苔藓矮小是因为茎中没有输导组织。
4. 现在的蕨类植物对比远古时期的蕨类植物，为什么矮小了很多？	4. 创设对比情境：当你穿越到恐龙都未出现的 3.4 亿年前的某片森林时，你认出了地上的苔藓类植物，可是当你抬头你就会发现长相奇特、特别高大的树，巨大的叶片包裹着树枝，就像鱼身上覆盖的鳞片一样。这是巨型蕨，比你在之前看到的毛蕨大数百倍。远古时期的蕨类为什么可以如此高大，现在的蕨类为什么如此矮小？ 进化观：输导组织的存在让蕨类植物具备能长高的先天条件，但是对于环境的变化，例如湿度降低，高大的蕨类并不适应，最终被环境所淘汰。矮小的蕨类较多匍匐在阴暗潮湿的地上。更为适应现今环境的是种子植物。
5. 种子植物种子的特征是什么？	5. 实验探究活动： 材料：豆角、松树种子、小刀、放大镜。 观察：观察种子的外部结构，剖开外皮，观察种子的内部结构，记录观察到的内容。 对比：裸子植物的种子和被子植物的种子的异同。 种子植物种子的基本特征，以及裸子植物和被子植物的种子的异同，种子均由种皮包被，被子植物的种子外有种皮，裸子植物的种子无种皮包被。

6. 被子植物相比于裸子植物其优势是什么？（被子植物为什么是现在种类最多、分布最广的植物？）	6. 实验探究活动： （1）观察球果的内部结构： 材料：雄球果、雌球果、放大镜、白纸。 观察雄球果：在桌子上铺一张白纸，抖动雄球果，用放大镜观察雄球果鳞片，是否能看到花粉粒。 观察雌球果：将雌球果上的鳞片剥离，观察球果基部，如果其中含有胚珠或种子，请取出。观察胚珠是否有黏性。 推测1：球果中哪个结构起到保护种子的作用。 推测2：雄球果上的花粉怎样才能到雌球果上，并受精发育成种子？ 种子的形成：花粉（精子）与胚珠中的卵细胞结合形成受精卵，胚珠将发育成种子。裸子植物主要依靠风力传粉。 （2）观察花的结构： 问题：花的功能是什么？每一部分结构分别具有哪些功能？ 材料：放大镜、滴管、清水、显微镜、解剖刀、白纸、刻度尺、载玻片、盖玻片。 ①花的外部结构：观察花的形状、颜色、花瓣、花萼，记录观察结果。 ②花的雄蕊：观察雄蕊的数量、形状，测量长度，记录结果；用解剖刀切下雄蕊，放在载玻片上抖动，花粉粒落在载玻片上后滴一滴清水，盖上盖玻片，放在显微镜下观察，画下观察结构图，加以注释。 ③花的雌蕊：观察雌蕊顶端是否有黏性。握住雌蕊基部，用解剖刀在雌蕊最大膨胀处切下，可以看到有几颗胚珠，记录结果。 汇报： ①推理：花萼、花瓣、雌蕊、雄蕊分别起什么作用？ ②传粉：你认为花是如何传粉的？例如通用雄蕊、雌蕊的高度来推测（进一步通过生活观察，证实你的答案） 被子植物的生殖过程。 进化观：被子植物具有的优势： ①花的结构帮助被子植物传粉，以多种传粉方式，从而形成更多的下一代。 ②果皮包裹着种子，起到保护种子的作用。

　　相比无脊椎动物，学生更为熟悉脊椎动物，观察到的也更多。因此模块二展现了脊椎动物的演化史：以脊椎动物演化历程为主线，展现了生物的形态结构和行为方式的调整都是为了更好地适应环境。鱼类、两栖类、爬行类动物在一条进化链上，而爬行类动物分成鸟类和哺乳类，因此，这一模块分为两部分，但均围绕"脊椎动物的结构如何发挥功能并与环境相适应"开展（见表5）。

表 5 模块二：动物的崛起

基本问题：脊椎动物的结构如何发挥功能并与环境相适应？

小课题：分别建立鱼类、两栖动物、爬行动物的三维模型和相应的栖息地。
(1) 选择一种重要的适应性结构作为实例说明；
(2) 写一份模型说明书，说明每种动物的适应性结构如何与环境相适应。

子问题	学习活动
1. 动物和植物的根本区别是什么？	1. 呈现动物和植物的细胞模型，对比植物细胞，动物细胞少了什么结构？推测动物为什么晚于植物出现？ 动物属于异养型生物，需要从外界摄取营养，植物属于自养型，可以自己制造有机物，并提供氧气。
2. 鱼类具有哪些特征？	2.（1）家庭实验：为鱼布置一个舒适的家。 问题：为了让鱼生存下来，鱼缸需要具备哪些特征？ 观察 1：鱼缸如何满足鱼类的生存需求：氧气、温度、食物。 观察 2：鱼的哪些结构帮助它适应水中生活。 鱼是变温动物。针对鱼的结构，分析鱼鳞、鱼鳍、鳃、鱼鳔的作用。 （2）观看鱼类的繁殖视频，思考鱼类的繁殖有什么特点？ 鱼类繁殖方式：体外受精。鱼排出的精子和卵细胞在水中相遇形成受精卵，受精卵在水中发育成个体。个体成活率不高。
3. 两栖动物是由有结实肉鳍的肺鱼进化而来的，两栖动物形成了哪些适应性结构？	3. 观看有关青蛙生活史的图片、视频。 描述：青蛙的生长时期。 思考：青蛙在生长过程中的身体变化为青蛙在陆地生存做了哪些准备？ 总结：两栖动物有哪些特征？ 青蛙这种两栖动物在生长过程中形态结构会发生很大变化，即所谓的适应性结构，如用肺和皮肤呼吸、长出四肢、皮肤保护色等。总结两栖动物的特征。
4. 相比于两栖类动物，爬行类动物进行了哪些进化才成为真正的陆生动物？	4.（1）小组讨论：当两栖动物完全脱离水环境时，身体结构和行为方式需要怎样调整？ 依靠水的繁殖方式需要调整，即体内受精。为了保护受精卵形成的胚胎具有坚硬的外壳，幼体和成体的呼吸方式应该一致。为了减少身体的水分流失有哪些结构需要调整呢？ （2）观察生态箱中的蜥蜴，它有哪些适应性结构？ 表皮的保护色，以及表皮为了减少水分流失变得干燥且结实，有些爬行动物表皮覆盖了鳞片或甲，有四肢。

爬行动物沿着不同的方向进化，分别进化为鸟类和哺乳类，因此这一部分主要是比较鸟类和哺乳类的异同（见表6），从而让学生感知到生物的适应是多种多样的，进化的方向也是多样的。繁殖方式也是生物适应自然的一种表现，学生要从中感受胎生相比于卵生的优势。

这一部分加入了更多跨学科元素，将生物的进化与地球环境改变联系起来，拓展了地球表面由于板块运动导致的海陆变迁。

表 6　鸟类与哺乳类的异同

子问题：鸟类和哺乳类有哪些异同点？（从生物进化模式图中可以发现鸟类晚于哺乳类出现，那么鸟类为什么比哺乳类低等呢?）	
小课题：蝙蝠是唯一的飞行哺乳动物，占哺乳动物的20%。通过查找资料，了解蝙蝠在进化的过程中哪些结构进行了适应性调整？	
子问题	学习活动
1. 恒温动物是如何维持体温恒定的？	1. 保温实验。 （1）鸟类的保温效果：羽绒手套的保暖效果很好，拆开羽绒手套，请观察里面的填充物。 （2）被隔绝的哺乳动物：戴上一双橡胶手套，在一只手套外面涂上厚厚的一层固态动物油，另一只手套不涂。把两只手都放在盛满冰水的水桶里面，感受哪只手更冷。 推测：这两个实验与鸟类和哺乳类的适应性结构有什么关系？ 恒温动物体温恒定，不随外界环境的温度变化而变化。鸟类和哺乳类为维持体温需要进行结构性调整：鸟类体表有绒羽，可以防止体表热量丧失，哺乳动物依靠体表体毛和皮下脂肪保温。
2. 鸟类是由爬行类进化而来的，它的身体结构需要做哪些调整，才能适应飞行环境？	2. 对比： （1）古今对比：科学家依据1.5亿年前始祖鸟的化石溯源形成了始祖鸟模型。始祖鸟身长30厘米，有一条长长的骨质尾和满口的牙，有羽毛，有翅膀，翅膀上有爪子。对比现在的鸟类（真实鸟类展示），二者在外观上的区别是什么，联系又是什么？为什么现在的鸟类会有这些调整？ 认识鸟类的体型、羽毛、翅膀对飞行的重要性，以及为适应环境的结构性调整，例如喙。 （2）能量对比：观察鸟类飞行所需能量与日常人类所消耗能量的表格数据，有什么发现？推测鸟类需要有哪些相适应的结构。 鸟类飞行需要的能量远大于人类，鸟类有强大的消化系统。

3. 哺乳动物由爬行类进化而来，为什么海洋里存在哺乳动物？	3. 观看视频：鲸鱼的产子过程。 哺乳动物相比于爬行动物体温恒定，胎生哺乳。 （1）观察：鲸鱼有哪些适应性结构？ 补充信息： ①高山上存在海洋化石，地球内部的结构模型说明板块漂浮发生在软流层（高温熔融物质），地球板块会运动（证据：化石、火山、地震）。 ②发现某些鲸鱼尾巴附近仍存在腿的痕迹。 （2）推测：海洋哺乳动物的由来。 进化观：生物会为了适应环境而调整结构，且进化不会倒退。 起初哺乳动物都是陆生的，地球板块的运动导致海陆变迁，当陆地变为海洋时，部分陆生哺乳动物适应了海洋环境，鼻孔上移至前额成为气孔，进化出能饮用咸水的能力，但是鲸鱼已经无法进化出鳃了。
4. 哺乳动物为什么是最高等的动物？	观看袋鼠繁殖和孕育下一代的视频。 思考1：观看视频，发现胎生相比于卵生其优势是什么？缺点又是什么？ 思考2：除了繁殖方式以外哺乳动物还有哪些优势？

通过学习植物和动物的演化史，学生已经能体会到什么是生物的进化，但尚未建立完善的进化观。模块三的目的是帮助学生梳理什么是生物进化，生物为什么会进化，进化的目的是什么，从而使学生形成完整的生物进化理念（见表7）。

表7　模块三：感知进化

基本问题：生物为什么会进化？
小课题：大气中二氧化碳的含量增高，导致全球变暖、海洋酸化、海水含氧量降低、珊瑚礁减少，生活污水和工业污水的排放导致海水中的氮、磷和重金属的含量升高，海洋中漂浮白色垃圾等。通过查找资料，预测海洋生物分布会有什么变化？

1. 生物有什么共性？	1. （1）生物都由细胞构成，具有应激性，能呼吸，能繁殖…… （2）高等动物和植物的胚胎发育都是从受精卵开始的，说明动植物的有性生殖存在共同的源头。 （3）对比几种脊椎动物的（鱼、蝾螈、龟、鸡、牛、兔、人）胚胎外形，从几种动物的胚胎外形上看，有什么发现？ 体内受精、体外受精、卵生、胎生都保持了胚胎的相似性，说明生物有共同的祖先。

2. 你认为生物进化是什么？	2. 学生各抒己见。 从低等到高等、用进废退、适应自然环境……
3. 生物进化论的演变	3. 阅读材料1：1809年拉马克对长颈鹿进化的解释。 概括：拉马克进化论的主要观点。 阅读材料2：1859年达尔文对长颈鹿进化的解释。 概括：达尔文进化论的主要观点。 讨论：达尔文进化论的不足是什么？
4. 为什么同一种生物会出现不同的性状？（生物进化的内驱力）	4. 课前调查活动：调查同班同学耳垂的位置、食指的长度、酒窝、足的特征等8种性状是否相同。调查父母和自己的这些性状是否相同。 变异：子代和亲代以及子代与不同个体之间的差异。遗传：与亲代表现出相似的性状。有性生殖精子与卵细胞的结合才使子代具备亲代的性状，结合的过程中也容易出现变异。
5. 生物为什么会灭绝？	5. 灭绝：曾经出现过的物种，现在不再存在。 (1) 4.43亿年前奥陶纪冰川周期导致约86%的物种灭绝；3.59亿年前泥盆纪全球冷暖交替导致约75%的物种灭绝；2.51亿年前，西伯利亚超级火山爆发，摧毁了约96%的物种；2亿年前三叠纪全球变暖与海洋酸化，约80%的物种灭绝；6 500万年前白垩纪在小行星的影响下，约76%的物种灭绝。 思考讨论：从地球上已经经历的5次大灭绝中，你能发现什么？ 所有大灭绝之后生物都会复苏，大灭绝并没有消灭所有的生物，还有生物能适应极端环境并生存下来。每次大灭绝之后生物的多样性都在增加。 (2) ①侏罗纪时期恐龙盛行，是陆地霸主，在白垩纪结束的时候，恐龙灭绝了。 ②阅读1700年左右渡渡鸟灭绝的案例。 思考：为什么渡渡鸟会灭绝？它与恐龙灭绝的原因相同吗？ 现在的物种灭绝不再仅仅是自然环境变化导致的，更多的是人类的影响。

　　通过对上述模块的学习，学生已经理解了何为生物进化，现在需要完成单元教学开始时设置的任务，以进行最终的检测。在此过程中，通过科学写作的形式（如表8所示），检测学生对科学概念的理解和思维过程，能够增强学生的科学推理能力[1]。而这一任务最主要的是让学生意识到现在影响生物最大的因素是人类自己，从而形成可持续发展的意识。

---

　　① 蔡铁权，陈丽华. 科学教育中的科学写作. 全球教育展望，2010，39（4）：85-89.

表 8 模块四（结课模块）：未来世界

科学写作：导演张某某想基于现实情况，推测"未来人"将会如何变化，以及环境与生物的变化，并以此为主题拍摄电影《未来世界》。剧组发布剧本蓝图召集令，剧本形式不受限制。	
1. 科学写作模式	1. 为了帮助学生架构并形成最初的剧本蓝图，提供以下支架： 你在设计剧本内容时需要包含以下问题的答案： （1）缘起：我的以下设计是源于什么发生的？ （2）推论：我的主张是什么？ （3）证明：为什么我提出了这些主张？我有哪些证据能证明我的主张？ （4）情感：我想表达什么情感或者中心思想？ 剧本的内容、写法不受限制，可以采用文字、思维导图等形式。 学生通过概念联系实际，进行科学推理，并且注意到现今世界的实际情况。人类对地球的影响越来越大，未来的结局仍掌握在现代人的手中。
2. 汇报海选	2. 邀请多位教师评委和学生观众评委，在汇报过程中设置问答环节，以更清楚地展现汇报者的思路。 （1）评委根据学生的科学写作所形成的剧本以及汇报的内容，给出相应的评价和反馈，以供学生修改。 （2）评选出《未来世界》剧本之星。
3. 反思	3. 通过汇报，学生的想法有哪些改变？完善自己的剧本内容。

五、教学特色分析

（一）基本问题推进的过程设计

在威金斯的单元整体设计模式中，基本问题和大概念是配套的[①]，以基本问题引发与大概念相关的持续性思考，从而实现深度理解。本文的单元设计以基本问题来推进，表 9 呈现了基于单元主体部分的问题设计，围绕大概念的基本问题以及子问题链，将学习目标转化为学生的学习问题，以使学习活动逐步达成。

---

① 威金斯，麦克泰格．理解为先模式：单元教学设计指南（一）．福州：福建教育出版社，2018：18.

表9 单元主体问题设计

模块	基本问题	基本子问题链
模块一：植物的盛宴	植物在进化过程中其结构发生了哪些适应性变化？	1. 为什么藻类早于动物出现在地球上？
		2. 藻类可以直接从水中获取水分和养料，为适应陆地生活藻类必须调整哪些结构？
		3. 远古时期蕨类植物是森林霸主，怎样的适应性结构使远古蕨类植物长得如此高大？
		4. 现在的蕨类植物对比远古时期的蕨类植物，为什么矮小了很多？
		5. 种子植物种子的特征是什么？
		6. 被子植物相比于裸子植物其优势是什么？ （被子植物为什么是现在种类最多、分布最广的植物?）

（二）"教一学一评"一致性的过程设计

依据教学目标展开的学生学习活动，以及在学习过程中将多种形式融入学习评价，教、学、评紧紧围绕大概念进行，有助于发展学生处理实际问题的能力，使他们能以批判性的眼光看待问题，科学地解释现象和证据。

以模块三的子问题"生物为什么会灭绝？"为例，以该问题展开的教学过程体现了教、学、评一致性。该问题围绕大概念"生物进化：统一性和多样性"展开，生物进化不仅是物种进化，其中灭绝控制着生物多样性的演化趋势。通过真实数据，引导学生思考国际争议的大灭绝话题，使学生以发散性的思维审视问题，从而发展学生的科学素养，引导学生逐步认识科学的本质。借助该问题教师也评价了学生对生物灭绝的理解程度，推进了学习进程。而物种灭绝的多种因素让学生意识到人类对环境恶化的影响，从而更应该思考人类应如何应对恶化的环境，并树立正确的价值观。设计的思辨性话题如图6所示。

六、学习效果评价及作业设计

逆向教学设计的一个重要变化是将"评价设计"这一步骤提前，使其紧随"目标设计"，评价指向目标是否达成，倡导我们要"像评估员一样思考"。评价体系的建立也应该与单元结构相契合。最终形成的评价问题需要涉及对生物进化、结构与功能等观念的运用，要有一定的真实性，具备迁移价值。

（1）4.43亿年前奥陶纪冰川周期导致约86%的物种灭绝；3.59亿年前泥盆纪全球冷暖交替导致75%的物种灭绝；2.51亿年前，西伯利亚超级火山爆发，摧毁了96%的物种；2亿年前三叠纪全球变暖与海洋酸化，80%的物种灭绝；6 500万年前白垩纪在小行星的影响下，76%的物种灭绝。

思考讨论：从地球上已经经历的5次大灭绝中，你能发现什么？

（2）白垩纪时期，哺乳动物的体型娇小，在恐龙脚下四处逃窜，会躲进地下洞穴或树洞中保命。恐龙灭绝后，哺乳动物的体型变大。但是现今巨型哺乳动物逐渐灭绝。例如，人类在距今4万年前进入大洋洲，在约5 000年的时间里，这片大陆失去了85%以上的大型哺乳动物。

多角度解释：哺乳动物体型变化的原因，以及巨型哺乳动物逐渐灭绝的原因。

（3）①侏罗纪时期恐龙盛行，是陆地霸主，在白垩纪结束的时候，恐龙灭绝了。目前接受度较高的说法是小行星撞击导致大规模火山爆发，引起恐龙灭绝。

②1700年左右渡渡鸟灭绝的案例。

对比思考：为什么渡渡鸟会灭绝？相比于恐龙灭绝的原因，你有什么发现？

图6　话题讨论活动设计

　　评价设计除了要有真实性问题外，还要以小课题和科学写作的形式呈现。将评价与真实问题相联系，考查学生能否灵活运用知识解决问题。在完成小课题的过程中，考核了学生的知识运用程度，发展了学生的查阅资料能力，也促进了评价意识的提升，包括评价他人和评价自我，也就是学习式评价。采用科学写作的形式检测了学生对科学概念的理解和思维过程，也增强了学生的科学推理能力[1]。

　　本文的评价设计包括斯特恩提出的三种评价方式[2]，分别是：学习性评价，目的是收集推进学习的证据，因此真实性问题在评价的过程中就能起到推进学习的目的；学习的评价，目的是对阶段性的学习成果进行总结，这其实就是学习效果的总结性评价，小课题和科学写作就是需要综合运用模块或者单元内容完成的评价任务；学习式评价，目的是让学生在学习中学会评价，小课题和科学写作中灵活地融入了学习式评价。最后形成的评价设计见表10。

　　① 蔡铁权，陈丽华．科学教育中的科学写作．全球教育展望，2010，39（4）：85－89.

　　② STERN J S，et al. Tools for teaching conceptual understanding，elementary harnessing natural curiosity for learning that transfers. Corwin：SAGE Publications，2017. 33，84，127－128.

表 10　生物进化评价设计表

模块	评价
导入模块： 当当古生物 学家	**学习的评价 & 学习性评价** 小课题：学习古生物学家的工作方式，利用化石信息绘制生物进化的模式图，并进行展示。
	学习式评价 评价他人的进化模式图，说出其优点和缺点。
模块一： 植物的盛宴	**学习性评价** 1. 运用概念：一个朋友告诉你，他见过 2 米高的苔藓植物，你的朋友说的是真的吗？请解释原因。 2. 建构因果：当一块地变得光秃秃的，最先出现的是较小的植物。接着，一些瘦瘦高高的植物开始生长，而那些较小的植物已经死亡。而这些新的植物可能会被更高的植物取代。请解释这一变化的原因。 **学习的评价** 1. 合理推测：提供不同生活环境的植物叶片，一片来自旱地区，另一片来自降水适量的地区，仔细观察叶片的表面颜色、大小、形状及构造，推测哪一片属于干旱地区的植物。 2. 发散思考：多角度讨论仙人掌的叶子进化成刺状的原因。 3. 小课题：未来地球环境恶化，人类可能依靠宇宙飞船逃生，将植物放入宇宙飞船中能很好地改善飞船环境，植物如何才能在宇宙飞船中生存？请设计一个水培植物花园： （1）列出植物生长所需要的各种要素； （2）选择 2 种及 2 种以上更适合水培的植物，并进行尝试性实验； （3）检测泥土是否是植物生长的必要条件。
	学习式评价 1. 写一本关于水培花园的宣传手册，写明优点和遇到的问题； 2. 设计水培花园的评价量表； 3. 完成其他小组的水培花园评价量表，并试图解决他们的问题。
模块二： 动物的崛起	**学习性评价** 1. 合理推测：鱼类用鳃呼吸，而肺鱼可以用肺呼吸也可以用鳃呼吸，推测肺鱼在怎样的生存环境下进化出了新的呼吸方式。 2. 建构因果：两栖动物一般不能在日照强烈的干燥环境下生存，其卵因为没有外壳十分敏感，易受水体影响。黄金蛙即使在它们原本的栖息地——巴拿马雨林中几乎也无法找到了。请列出可能导致黄金蛙数量减少的原因。 3. 有些龟属于食草动物，例如加拉帕戈斯象龟以仙人掌为食，这种龟存在哪些形态结构的调整才能以仙人掌为食？

续表

模块	评价
模块二： 动物的崛起	4. 运用概念：河马几乎没有任何毛发，而狼有厚厚的毛发，对于这两种动物的生活环境你能推断出什么信息？ 5. 合理推测：蝙蝠是唯一具备飞行能力的哺乳动物，其他哺乳动物的"飞行"更像是滑翔，例如鼯猴能滑翔飞出 30 米的距离，但是它们滑翔要比普通行走多消耗一半以上的能量。既然如此费力，鼯猴为什么要进化出"飞"的能力？ 6. 合理推测：哺乳动物是由爬行动物进化而来的，那海洋里为什么有哺乳动物？例如鲸鱼虽外形像鱼，但是胎生哺乳动物。
	学习的评价 1. 小课题：分别建立鱼类、两栖动物、爬行动物的三维模型和相应的栖息地。 （1）选择一种重要的适应性结构作为实例说明； （2）写一份模型说明书，说明每种动物的适应性结构如何与环境相适应。 2. 多证据判断：龟类可生活在海洋中、淡水中、陆地上，那么生活在水里的是鱼类或者两栖动物，生活在陆地上的是爬行动物。上述判断是否正确？请通过查找资料说明你的理由。 3. 合理推测：分别从琵鹭、金丝雀、鸵鸟、蜂鸟的腿、爪、喙的形状，推测它们的生存特点。 4. 小课题：蝙蝠是唯一的飞行哺乳动物，占哺乳动物的 20%。通过查找资料，了解蝙蝠在进化的过程中哪些结构进行了适应性调整？
	学习式评价 1. 动物模型展示：以一种有趣且富有创意的方式展示模型，例如动态展示模型和栖息地，并进行讲解。罗列出从同学的展示中你了解到的适应性结构。 2. 学会科学汇报调查结果：蝙蝠的适应性结构调整。
模块三： 感知进化	学习性评价 1. 建构因果：20 世纪 70 年代，世界上 10%～20% 的大象由于象牙的缘故被猎杀。按照这个速度，大象很快会濒临灭绝。现在在非洲草原上很少能看到有象牙的大象了，请解释原因。 2. 设计实验：根据你对没有象牙的大象依然存在的解释，设计实验证明自己的解释的正确性。
	学习的评价 1. 白垩纪时期，哺乳动物的体型娇小，在恐龙脚下四处逃窜，会躲进地下洞穴或树洞中保命。恐龙灭绝后，哺乳动物的体型变大。但是现今巨型哺乳动物逐渐灭绝。例如，人类在距今 4 万年前进入大洋洲，在约 5 000 年的时间里，这片大陆失去了 85% 以上的大型哺乳动物。 请解释哺乳动物体型变化的原因，以及巨型哺乳动物逐渐灭绝的原因。

续表

模块	评价
模块三： 感知进化	2. 小课题：大气中二氧化碳的含量增高，导致全球变暖、海洋酸化、海水含氧量降低、珊瑚礁减少，生活污水和工业污水的排放导致海水中的氮、磷和重金属的含量升高，海洋中漂浮白色垃圾等。 通过查找资料，预测海洋生物的分布会有什么变化？
	学习式评价 1. 全班同学通过讨论设计针对海洋生物分布小课题的评价标准。 2. 每位同学作为评委为他人的汇报和自己的汇报打分，并进行简单的评价。 3. 修改自己的预测结果。
结课模块： 未来世界	学习的评价 1.《未来世界》剧本蓝图召集令：导演张某某想基于现实情况，推测"未来人"将会如何变化，以及环境与生物的变化，并以此为主题拍摄电影《未来世界》。剧组发布剧本蓝图召集令，剧本形式不受限制。 2. 科学写作并非毫无依据的想象，而是将知识融会贯通，以证据支撑观点，进行科学推理。除此之外，还要展现情感立意。
	学习式评价 汇报剧本蓝图设计，选出观众评委和专家评委后进行海选。

七、专家点评

大概念的提炼和单元内容的重构很精彩，内容十分翔实，其中评价任务设计得不错。

综合运用多种资料　深入思考文本主题

——五年级上册第四单元教学

一、知识背景、指导思想和理论依据

　　普通高中课程方案和语文等学科课程标准进一步精选了学科内容，重视以学科大概念为核心，使课程内容结构化，以主题为引领，使课程内容情境化，体例新颖，特色鲜明。教师应以大概念、大任务串联起超文本阅读，建立不同文本之间的内在联系，用核心素养融通跨体裁文本之间的壁垒。近年来，语文课程改革向着纵深发展，广大语文教学与研究者越来越聚焦于一种新型的"大单元教学"形式。"指向学科核心素养的大单元设计是学科教育落实立德树人、发展素质教育、深化课程改革的必然要求，也是学科核心素养落地的关键路径。"①

二、教学目标的设定

（一）学科分析

　　统编小学语文教材围绕"人文主题"和"语文要素"双线并进组织单元内容，同时着力加强了单元内部的横向联系，使各个板块内容形成合力。因此，遵循统编教材的编写思路，需要在实践中重视单元的概念，统整单元的文本素材，通过实施有效的教学策略，达成教学目标，让学生学有所得。但是统编教材文本单元的人文主题仅仅是个泛主题，不像一部作品那样主题明确具体，它只是一个类主题，一个大体范围，往往用一个关键词即可概括。且与理科课程相比，语文课程内容具有模糊性和不确定

---

① 崔允漷．学科核心素养呼唤大单元教学设计．上海教育科研，2019（4）：1.

性，在确定学科大概念时有一定的难度。

（二）教育分析

依据皮亚杰的儿童认知发展理论，小学五年级学生的思维发展处于形式运算阶段，这个时期学生的思维已经能摆脱具体事物的束缚，不受具体事物的内容的局限。因此在该阶段开展教学，特别是阅读教学应主要抓策略训练及写作训练。

在这个过程中，学生是动态的、不断发展的个体，依据最近发展区理论，教学要适度超越学生现有的发展水平，提供较有难度的活动，以充分发挥他们的积极性与挖掘他们的学习潜能，谋求学生最大限度的发展。教学设计应符合学生发展的阶段性特征。学生在三四年级时，学习过根据需要收集资料进行知识的补充拓展，初步接触了筛选有价值的资料并用整理的资料编辑过诗集。所以有目的地收集资料对于大部分学生来说并不难，在本单元，学生需要学会的是，结合手里的材料理解文本价值，形成阅读抒情性文本的个人体验并能够表达与呈现；学生需要体悟爱国情的落脚点，进而理解并关注语文学习中的优秀传统文化所呈现的价值观念。

（三）具体内容分析

部编版教材是双线组织单元，利用语文要素的学习推动人文主题的落实，二者相辅相成。

1. 语文要素

本单元的语文要素是"结合资料，体会课文表达的思想感情；学习列提纲，分段叙述"。

（1）纵向。对五年级四单元的学习，是学生从搜集资料到选择、整理与运用的关键上升环节。从三年级开始，统编教科书就多次把搜集、整理、运用资料作为语文要素，分列于各册、各单元之中，建立了如图 1 的能力训练体系（其中带 * 的为"综合性学习"单元）。

三年级下册第三单元的语文要素是收集关于传统节日的资料，交流关于节日的风俗习惯，写一写过节的过程从而引导学生明确查找资料的渠道，初步学习用表格整理资料的方法。四年级开始要有目的性地收集资料。五年级上册第四单元、六年级上册第八单元和六年级下册第四单元的语文要素中所提到的资料，都指向帮助学生体会和理解课文。三个单元的侧重点各有不同，体现了螺旋式上升的过程：五年级上册第四单元的"结合资料"，主要着眼于对感情的体会；六年

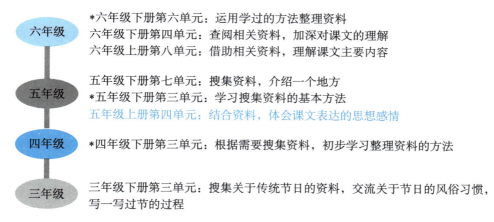

六年级
*六年级下册第六单元：运用学过的方法整理资料
六年级下册第四单元：查阅相关资料，加深对课文的理解
六年级上册第八单元：借助相关资料，理解课文主要内容

五年级
五年级下册第七单元：搜集资料，介绍一个地方
*五年级下册第三单元：学习搜集资料的基本方法
五年级上册第四单元：结合资料，体会课文表达的思想感情

四年级
*四年级下册第三单元：根据需要搜集资料，初步学习整理资料的方法

三年级
三年级下册第三单元：搜集关于传统节日的资料，交流关于节日的风俗习惯，写一写过节的过程

图1　能力训练体系图

级上册第八单元是对五年级的延伸，主要引导学生体会在面对不同难度的文章时资料发挥的作用是不同的；六年级下册第四单元对资料的运用则建立在前两次的基础上，资料更多地指向对课文内容的理解。

（2）横向。对五年级第四单元的学习，是学生"形成阅读抒情性文本的个人体验"非常重要的一步。

在第一单元要学习初步了解借助具体事物抒发感情的方法，第四单元是结合资料体会课文表达的思想感情，在第六单元要学习体会作者描写的场景、细节中所蕴含的感情（见图2）。通过学习作者通过什么样的方式去抒发自己的感情，学生要在习得言语表达的过程中建构自己的语言表达。

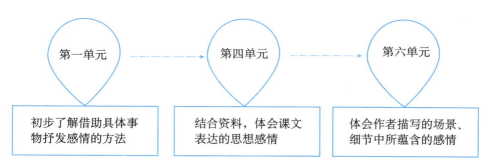

第一单元 ----→ 第四单元 ----→ 第六单元

初步了解借助具体事物抒发感情的方法

结合资料，体会课文表达的思想感情

体会作者描写的场景、细节中所蕴含的感情

图2　五年级第一、四、六单元的主要内容

（3）单元内部。五年级第四单元的《古诗三首》《少年中国说（节选）》《圆明园的毁灭》《小岛》涉及不同时期、不同事件、不同人物、不同体裁，需要学生在阅读过程中，结合自己的阅读需要来查找资料。在前一篇课文中习得的查找资料的经验，为下一篇课文的学习做了铺垫，课文之间在语文要素的落实上存在

层递式关系。本次作文的主题是"二十年后的家乡",引导学生从现实生活体验出发,想象 20 年后家乡的样子,规划未来家乡发展的蓝图。想要提升想象空间,必然需要交流并补充资料,根据表达的需要通过合理选材将想象贯通为有逻辑的表达。

2. 人文要素

本单元以"爱国情怀"为主题,用艾青的名句"为什么我的眼里常含泪水?因为我对这土地爱得深沉……"来凸显。

学生对爱国情怀的内容并不陌生,在一年级教材中,学生先学"天地人",其中对天地人的安排不仅是为了让学生在观察中识字,同时体现中华文化的魅力,使汉字变成鲜活的画面,增强学生对中国传统文化的认同感。中年级有对祖国山河的热爱、对优秀文化的传承等。四年级上册第七单元涉及对家国情怀的学习,所以学生对爱国主义的情感并不难理解。

爱国主义精神是中华民族千百年来传承下来的传统美德,是社会主义核心价值观的重要内容。本单元所选的几篇古诗和课文,时间跨度从古代到近代,再到现代,从文人志士到边防战士,体现了浓浓的爱国情怀。但是爱国情的落脚点并不相同,或者说作者因为时代背景、个人经历等的不同而导致各个主人公的"爱国情"有所不同。《古诗三首》展示了诗人盼望祖国统一、强大的强烈愿望:陆游至死不忘收复失地,林升对南宋统治者持偏安立场的质问,龚自珍对社会变革的强烈呼唤,他们的爱国精神使学生心生敬佩之情。《少年中国说(节选)》则阐释了中国少年和少年中国的关系,赞美了少年中国的美好前景,引导学生明白自己的使命。《圆明园的毁灭》以及阅读链接中的《七子之歌》《和平宣言》不但使学生了解了圆明园曾经的辉煌,更告诫他们勿忘国耻。圆明园曾经的辉煌和被毁灭的过程形成的鲜明对比,使学生的内心受到震撼,他们更加明白落后就要挨打的道理。《小岛》体现了士兵们保护国家领土的爱国情怀,拉近了与学生之间的距离。最后的作文"二十年后的家乡"更是引导学生联系自身实际,通过美好的想象来描绘未来家乡的变化,激发学生爱国爱家乡的情感。

热爱祖国并不是一句空洞的口号,它像一粒种子,需要从小就深深植根在每个中国人的心里。在当今时代,学生可以接触和查找到的资料非常多,如果不对其加以甄别和选取,除了会浪费大量的时间和精力外,还可能会影响自身正确价值观的形成。

综上,本单元引导学生对所需的材料进行有目的性、有针对性的使用,帮助学生体会课文表达的思想感情,既为将来在具体生活情境下独立分析和整理资料、参考资料形成自己的解释，以及鉴赏文学作品奠定了基础，又能让他们了解祖国曾经的辉煌和耻辱，引导他们理解世代中国人的爱国情怀，从而产生情感的共鸣：在不同的历史洪流里，人们的所思所做未必相同，但都要明确自己肩负的责任和使命，每个人都应该竭尽自己的全力为祖国的统一、繁荣、富强奔走呼号。

三、大概念的提炼与获得

（一）分析学习主题，筛选学科大概念

学习主题对学习内容的范畴具有约束作用，教学设计的第一步通常是确定学习主题。通过前面全面分析本单元所处的课程内容坐标，捕捉出现的核心和高频词语"结合资料""情感"，深入研讨语文教材的内容和教参建议，在自己理解的过程中推测学生理解的过程以及难点，初步确定本单元的学科大概念是关于学习过程的——结合相关资料体会作者的爱国情。

（二）描述心智建构，提炼学科大概念

与理科课程相比，语文课程的内容具有模糊性和不确定性，在确定学科大概念时有一定的难度。"语文学科大概念的'大'不仅仅在于它具有深度和广度，更在于它能够发展学生的学科思维，形成持久的学科理解力"①。上面初步筛选的"结合相关资料体会作者的爱国情"究竟是不是"大概念"呢？

"我们认为语文学科大概念是指蕴含在语文学科事实中的核心概念，包括学科思想、学科原理和思维方法。它处于语文学科的中心地位，构成语文学科的本体认知框架，体现着语文学科的本质属性；它具有抽象性、概括性、适用性和生成性，在语文学习中具备广泛的解释力；它能够引导学生把握学科整体结构和认知图式，学会在不同的言语情境中恰当迁移和运用概念来解决现实问题。"②

对于本单元的学习，学生需要结合资料去体会课文表达的爱国情，要逐层递增、融会贯通地构建出自己的认知体系，以便在将来的具体情境中迁移和运用。例如：学生在未来无论是工作中还是生活中，面对获得的信息能够知人论世，能够联系自身所处的时代大背景去分析，能够激活自己的生活经验以己度人等，从而能了解表达者的言外之意，得出正确且较为全面的看法，能产生共情并获得精

---

① ② 徐鹏．基于语文学科大概念的教学转化．中学语文教学，2020（3）：4 - 10．

神成长，等等。所以，"爱国情"在抽象性、概括性、适用性和生成性上不太贴近"大概念"。"爱国情"是文章的主题，所以应该将大概念提炼为"文本主题"，从而在本单元学习结束时，学生能具备一定的概括能力，哪怕学习内容在未来的学习中变得复杂，学生在阅读时，也会不自觉关注"主题"。

（三）实现迁移理解，确定学科大概念

《义务教育语文课程标准》（2011 年版）把"学会使用常用的语文工具书。初步具备搜集和处理信息的能力"确定为总体目标与内容之一，本单元需要学生激活以往查阅资料、整理归类的经验和技能。诚如前面在本单元内容以及学情分析中提到的一样，查阅资料不难，难的是学生如何运用这些材料去加深对文本主题的理解。也就是说在本单元学习结束时，确定学生具备了我们希望他们具备的重要的、可迁移的能力：具有独立阅读的能力，学会运用资料来发展感受和理解的能力，能初步鉴赏文学类作品，并丰富了自己的精神世界。

综上，我们尝试将该学习主题的单元学科大概念确定为"综合运用多种资料能加深对文本主题的思考"。

四、教学过程设计

（一）教学目标设计

1. 分解关键概念，生成结构化问题

关键概念能够帮助学生聚焦于学习主题的重点内容，指引学生的学习方向，为学生理解学科大概念提供思考的锚点。将大概念分解后，得出以下三个关键概念："综合运用""多种资料""文本主题"。然后，引导学生围绕上述三个关键概念思考以下问题：分享自己结合资料对课文内容的理解并说明原因；结合自己查阅资料的过程，在与同学、老师的交流与研讨中丰富对"资料"的认知与运用；结合生活经验和学习体验，研讨课文主题的内涵，获得精神成长。主要问题之间具有结构化的逻辑链条，它们能够引导学生在解决问题的过程中，以关键概念为锚点完成对学科大概念的结构化理解。

2. 围绕结构化问题，预估学习结果

学习结果本质上就是学习目标，与教学目标存在主体指向差异。教学目标指向教师，而学习结果指向学生，也就是说学生应该知道和理解什么，能够做到什么。我将本单元的学习结果（目标）描述为以下几条：

（1）认识 32 个生字，读准 1 个多音字，会写 30 个生字，会写 24 个词语；背诵《古诗三首》和《少年中国说（节选）》，默写《示儿》。（学生将知道）

（2）能借助课下注释、作者生平、时代背景、图片影像、诗文与文物、学生自己的生活经验等资料更加深入地理解课文内容，体会中国人的爱国情怀，感受强国的责任与使命感。（学生将理解）

（3）能查找课文涉及的资料，如作者生平、时代背景、文章内容中涉及的其他延展性资料等，来获取相关的信息。（学生将能做）

（4）能利用搜集到的资料，完成具体情境下的大任务。（学生将能做）

（5）能尝试迁移到新的情境，并完成调查报告。（学生将能做）

（6）列作文提纲，对资料的把握在作文中要分段叙述、大胆想象，把重点部分写具体。（学生将能做）

在这里我使用了 KUD 模式来代替传统课程框架中的目标，比较清晰地区分了知识、理解和技能。其中第二条是本单元的难点。

（二）过程设计

1. 大任务贯穿

2020 年 12 月 1 日，圆明园正觉寺举行了"圆明园马首铜像划拨入藏仪式"，马首铜像终于结束了百年的流离失所，成为第一件流失海外回归圆明园的重要文物。前往圆明园正觉寺，除了可以一睹马首的神采，还可以参观《百年梦圆——圆明园马首铜像回归展》。请你为本次回归展设计宣传手册，以共同守望这个"回家的孩子"，讲好马首回归的"中国故事"。

2. 单元结构图

针对本单元的内容及大任务，我们设计了单元结构图（见图 3）。

3. 具体实施

在图 3 的基础上，我们有针对性地设计了教学活动，详见表 1。

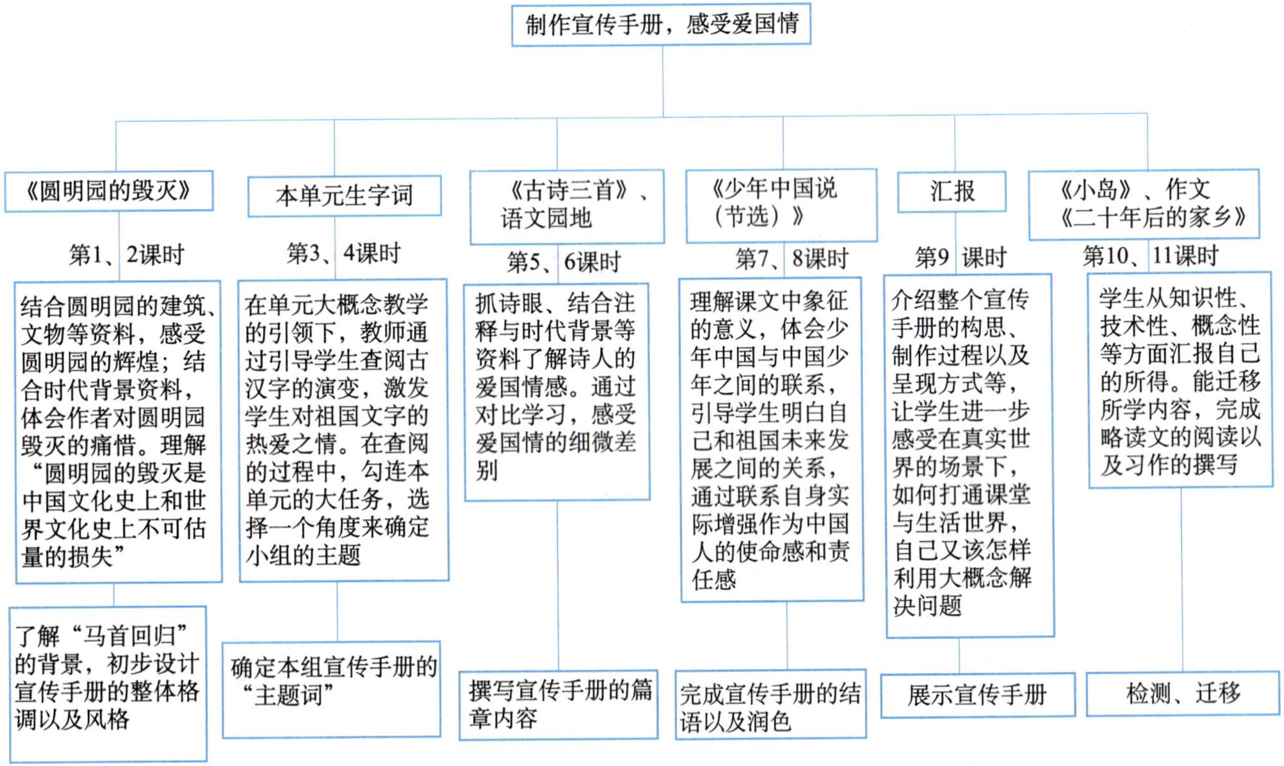

制作宣传手册，感受爱国情

《圆明园的毁灭》	本单元字词	《古诗三首》、语文园地	《少年中国说（节选）》	汇报	《小岛》、作文《二十年后的家乡》
第1、2课时	第3、4课时	第5、6课时	第7、8课时	第9课时	第10、11课时
结合圆明园的建筑、文物等资料，感受圆明园的辉煌；结合时代背景资料，体会作者对圆明园毁灭的痛惜。理解"圆明园的毁灭是中国文化史上和世界文化史上不可估量的损失"	在单元大概念教学的引领下，教师通过引导学生查阅古汉字的演变，激发学生对祖国文字的热爱之情。在查阅的过程中，勾连本单元的大任务，选择一个角度来确定小组的主题	抓诗眼，结合注释与时代背景等资料了解诗人的爱国情感。通过对比学习，感受爱国情的细微差别	理解课文中象征的意义，体会少年中国与中国少年之间的联系，引导学生明白自己和祖国未来发展之间的关系，通过联系自身实际增强作为中国人的使命感和责任感	介绍整个宣传手册的构思、制作过程以及呈现方式等，让学生进一步感受在真实世界中的场景下，如何打通课堂与生活世界，自己又该怎样利用大概念解决问题	学生从知识性、技术性、概念性等方面汇报自己的所学所得。能迁移略读课文内容，完成阅读以及习作的撰写
了解"马首回归"的背景，初步设计宣传手册的整体风格调以及风格	确定本组宣传手册的"主题词"	撰写宣传手册的篇章内容	完成宣传手册的结语以及润色	展示宣传手册	检测、迁移

图 3 单元结构图

表 1　教学活动设计

一、了解活动背景（第 1、2 课时）

学生活动

1. 查阅与圆明园的辉煌、毁灭以及保护相关的资料，加深对《圆明园的毁灭》一文的理解。在这个过程中体会圆明园的毁灭是中国文化史、世界文化史上不可估量的损失。进一步解释课文题目是"圆明园的毁灭"，但作者为什么用那么多笔墨写圆明园昔日的辉煌?（第 1 课时）

2. 结合自己查阅资料的过程，在与同学、老师交流、研讨"圆明园的辉煌"这部分时，丰富对"资料"的认知与运用;利用链接材料再次讨论课文的主题，提升思维认知:圆明园的毁灭不是个例，而是落后的必然。由此，学生将爱国情感落在实处，将自己的人生理想与祖国的富强联系在一起。（第 1 课时）

3. 了解"马首回归"的背景。（第 2 课时）

4. 初步设计宣传手册的整体格调以及风格。（第 2 课时）

教师活动

1. 确定评价指标。

结构层次	评价标准
前结构	只就"马首回归"的时间、地点等叙述
单点结构层次	利用课内外资料，通过"马首回归"这一事件的背景描述能感受到对昔日辉煌的自豪或者对毁灭的痛心
多点结构层次	利用课内外资料，通过"马首回归"这一事件的背景描述能感受到对昔日辉煌的自豪和对毁灭的痛心以及对侵略者的仇恨
关联结构	利用课内外资料，通过"马首回归"这一事件的背景描述能感受到对昔日辉煌的自豪和对毁灭的痛心以及对侵略者的仇恨，能激发大家的爱国情

2. 帮助学生解决难点。

3. 现场生成。

设计意图:通过撰写宣传手册中的"背景缘起"，学生要结合圆明园的建筑、文物等资料，感受圆明园的辉煌;要结合时代背景资料，探讨英法联军入侵圆明园的原因，体会作者的愤恨、痛惜。在深刻认识课文内容的基础上，理解"圆明园的毁灭是中国文化史上和世界文化史上不可估量的损失"后，初步设计宣传手册的整体格调。在这里关于初步渗透的爱国情的表达要具体。（以上，落实了本课的课后习题）

二、确定设计主题（第 3、4 课时）

学生活动

1. 课前查阅资料，通过溯源字根，重新认识生字。

教师活动

1. 确定评价指标。

结构层次	评价标准
前结构	能查阅资料，对于生字做到追根溯源
单点结构层次	能查阅资料，对于生字做到追根溯源，并与活动相关联
多点结构层次	能查阅资料，对于生字做到追根溯源，并与活动相关联且主题明确
关联结构	能查阅资料，对于生字做到追根溯源，并与活动相关联且主题明确，将爱国情落在实处

2. 结合本单元的生字词，选择确定本组宣传手册的"主题词"，通过查阅古汉字的演变，依据其饱含的意蕴和自己的理解等进行阐释。

3. 现场书写主题词。

2. 会意字"祭"

象形字"亥"

3. 现场点评，提升。

设计意图：写字是阅读和写作的基础，是贯穿整个义务教育阶段的重要教学内容。故在高年级阅读教学中也要重视写字教学。海淀区的学生对很多生字并不陌生，他们的识字量大到惊人。那教师该如何教学呢？在单元大概念教学的引领下，教师通过引导学生查阅古汉字的演变，激发学生对祖国文字的热爱之情。在查阅的过程中，需要学生勾连本单元的大任务，选择一个角度来确定小组的主题：或选择"祭"表明以史为鉴，或选择"唐"来突出盛大，或选择"履"激励吾辈当自强。

三、撰写设计内容（第5、6课时）

学生活动

1. 结合注释和作者生平资料理解《示儿》中作者至死不忘收复失地、渴望统一的爱国情怀。（第4课时）

2. 作者生平不可考，可通过同时代下同类人物的命运走向来理解诗歌的意思，即结合时代背景。通过关联对比《示儿》，学习《题临安邸》，体会作者通过讽刺当权者来表达自己对国家深切的担忧的情感，感受作者的爱国情怀。（第4课时）

教师活动

1. 制作学习单。

《示儿》《题临安邸》学习单

		题目	《示儿》	《题临安邸》
课前	搜集资料	时代背景		
		诗人简介		
课中	品味古诗	诗中体现情感的关键字词		
		诗人感情		
课后		比较异同		

3. 结合注释、作者生平、时代背景来学习《己亥杂诗》，体会作者渴望人才的涌现、期待改革大潮，以及抵挡旧势力的心情和抱负，进而感受作者的爱国情。（第 5 课时）

4. 参照评价指标，结合《语文园地》中运用的词语、自己日积月累的词语以及书写提示，确定宣传手册的篇章内容。（第 5 课时）

古诗	结合资料	体会感情
《示儿》	课下注释中作者经历	
		林升对国家命运的担忧

2. 在课堂上，教师有感情地朗读，重视朗读指导的策略和形式，学生随着对诗人与诗意的深入理解，情感不断升华。学生在古诗朗读上实现了正确、流利地朗读→有感情地朗读→入情入境地读出情感的转变。

3. 确定评价指标。

结构层次	评价标准
前结构	围绕主题进行了一定程度的阐述
单点结构层次	围绕主题，按照一定的结构进行撰写
多点结构层次	围绕主题，结合资料以及课文所学充分具体地撰写
关联结构	围绕主题，按照一定的结构，结合资料以及课文所学充分具体地撰写

设计意图：通过第 4 课时的学习，学生明白了爱国情需要具体化，不能泛泛而谈，同时也落实了本课课后习题。宣传手册篇章内容的设计需要将第 3 课时学生确定的宣传手册主题细化、具体化。每个篇章的书写，从无望、相望、相守到梦圆，无论怎样都是爱国情，正如陆游的期盼，林升的讽刺，龚自珍的渴望。学生还可以将在《语文园地》的学习融入具体活动中，把《语文园地》也变成资料，在选择篇章题目时候，自然会将目光落在这些词语上。

四、结语与润色（第 7、8 课时）

学生活动

1. 正确、流利、有感情地朗读课文，能背诵课文。（第 7 课时）

2. 借助注释和资料，理解课文内容，体会文章所表达的情感。（第 7 课时）

3. 理解课文中象征的意义，体会少年中国与中国少年之间的联系，激发爱国情怀。（第 7 课时）

4. 撰写宣传手册的结语。（第 8 课时）

教师活动

1. 引导学生结合注释和资料，找到课文用了哪些事物来赞美少年中国，能够理解这些事物的象征意义，并在此基础上体会少年中国和中国少年之间的联系，从而把自己的未来和国家命运结合起来；通过对杰出人物的资料的选取和使用，了解更多为国家富强而奋斗的人的故事，不断丰富自己的情感体验，增强自己的责任感和使命感。

2. 引导学生遵循一定的结构。

3. 确定评价指标。

5. 选择具有象征意义的意象来绘制封面、封底、水印、插画等，完成宣传手册的润色。（第 8 课时）

结构层次	评价标准
前结构	空洞的呼吁式结尾
单点结构层次	能联系《少年中国说（节选）》或自己的感受来撰写结尾，润色贴合主题
多点结构层次	能联系《少年中国说（节选）》，结合当代优秀人物的具体事例来撰写结尾，润色贴合主题且有意蕴
关联结构	能联系《少年中国说（节选）》，结合当代优秀人物的具体事例撰写结尾，润色贴合主题且有意蕴，能将爱国情处处体现出来

设计意图：本单元学习至此，学生对于如何综合运用资料已经有了充足的认识。宣传手册的设计也接近尾声。在结语这里，通过学习《少年中国说（节选）》引导学生明白自己和祖国未来发展之间的关系，使学生通过联系自身实际来增强作为中国人的使命感和责任感。梦圆，是因为代代中国人的众志成城！同时，教师要将该课特有的意象转化到具体情境中去运用，让学生在运用中体悟中国文化，在运用中传承中国文化，进而更加热爱自己的祖国。

五、汇报呈现（第 9 课时）

学生活动
1. 课前完善宣传册的制作。
2. 课上以小组为单位进行汇报。

教师活动
1. 确定评价指标。

结构层次	评价标准
前结构	活动主题不明确，宣传作用较弱
单点结构层次	活动主题明确，利用了课内外资料，能起到对此次活动的宣传作用
多点结构层次	活动主题明确，利用了课内外有关资料，通过有所侧重的选择、重组、编订，起到了非常好的宣传作用
关联结构	活动主题明确，利用了课内外有关资料，通过有所侧重的选择、重组、编订，将爱国情感落在实处，将自己的人生理想与祖国的富强联系在一起，起到了非常好的宣传作用与教育作用

2. 现场生成。

设计意图：让学生在介绍整个宣传手册的构思、制作过程以及呈现方式等的过程中，进一步感受在真实世界的场景下，如何打通课堂与生活世界，自己又该怎样利用大概念解决问题。循序分结构汇报也为有效完成本单元的作文做了很好的铺垫，学生已经充分明白了此次作文要求的 3 个要求：列提纲、分段叙述、把重点部分写具体。

六、总结测评（第 10、11 课时）	
学生活动 1. 总结本单元的学习。学生从知识性、技术性、概念性等方面汇报自己的所得。 2. 完成知识技能检测题，能迁移所学。 3. 撰写作文。	**教师活动** 1. 适时点评。 2. 帮助学生构建大概念。
设计意图：总结本单元的学习所得，选择学生熟悉的内容，通过撰写调查报告，深入了解"家乡的变化"，为作文的写作做铺垫。利用略读文以及作文的写作做测评，将本单元学科大概念迁移到具体情境中。	
4. 学生自我评估	
学生依照自我评估表，完成对自己的评估。	

五、教学特色分析

（一）运用大概念统整单元教学

在运用学科大概念统整单元教学的过程中，本单元的教学首先将单元教学视作一个由若干子系统构成的整体。这些子系统围绕学科大概念的构建，并以学科大概念的形成为指向，为学生理解知识、解决问题、建构意义、跨越最近发展区提供了支持框架。单元教学设计还介入了真实情境与任务，以完成真实生活情境的核心任务为驱动，以小组为单位开展合作式、探究式的综合实践学习。

（二）关注单元整体架构，解析单元教材内容间的关联

紧握双线结构，将其当成制定整体单元教学目标的主要依据。在整体单元的教学中，在将重点放在爱国情的同时，有层次地落实语文要素。

（三）以评价为火车头带动语文任务式学习

新的教学评价要站在学生全面发展的角度进行综合考量，既关注学生对知识的掌握、技能的运用，又注重育人目标的达成。

六、学习效果评价及作业设计

收集哪些证据才能证明学生已经理解和掌握了学科大概念？这就需要我们设计学习评价方案。

（一）知识技能检测设计

（1）在背诵《古诗三首》及《少年中国说（节选）》、默写《示儿》的基础上完成下面的任务。

百年来，在强国梦想的激励下，我国涌现了大量优秀人物，他们为国家做出了卓越的贡献，如地质学家李四光、核物理学家邓稼先、数学家华罗庚、杂交水稻育种专家袁隆平、人民的好干部焦裕禄、小岗村"大包干"带头人等。通过查找资料，读一读为国家富强而奋斗的杰出人物的故事，和同学做一份手抄报。结合图 4，你发现了什么，体悟到了什么？

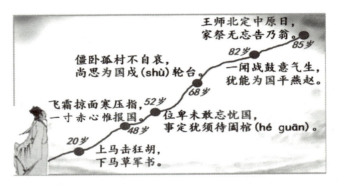

图 4 陆游的爱国情怀

（2）本单元学习结束后，要求学生独立查阅相关资料，了解我国守岛部队的生活，谈一谈对《小岛》一文最后一个自然段的理解。

（3）本单元学习结束后，请围绕学校附近的几个变化，调查周边情况，并结合自己查阅到的相关资料，自选角度（角度一：我们学校附近的动物园批发市场没有了；角度二：共享单车随处可见；角度三：进入学校的胡同变宽了，原来的好多小平房没有了；角度四：进入学校时，自动消毒，远程测量体温……）完成一份调查报告。想想二十年以后，你的家乡又可能会发生怎样的变化？

（二）过程性评价设计

传统意义上的评价活动大都在阅读结束后，基本围绕语文核心素养中语言的建构与运用、审美的鉴赏与创造两方面来进行，但是思维发展与提升、文化传承与理解却不太好考查。如果学生一开始脑子里就有评价的概念，他们就能够依据一定的评价标准，在更高的层次上去思考与探讨问题，寻求问题的解决办法，那么阅读的质量将会大大提高，阅读带来的意义也会更为深远。教师应该有意识地去设计阅读的过程性评价活动。本方案借鉴了结构层次评价体系，教师在活动前要设计相应的评价，这样既能有效地检测学生的学习效果，还能将评价作为火车头带动整个学习过程。具体实施中会做详细呈现，如表 2 所示。

表 2　过程性评价设计表

结构层次	评价标准
前结构	
单点结构层次	
多点结构层次	
关联结构	

七、专家点评

内容详尽，大概念的构建和提炼过程完整，大概念的表达清晰、完整，且统领了整个单元。

统编版小学语文"口语交际·讲故事"单元大概念教学设计

一、知识背景、指导思想与理论依据

近年来，随着教育改革的不断推进，"核心素养"的培养已经成为世界各国在理论建构、课程建设中的核心目标。2017 年制定的普通高中各学科课程标准对核心素养有了具体的阐述和理解。《普通高中语文课程标准》（2017 年版 2020 年修订）提出语文学科核心素养主要包括：在学科内容上，重视以学科大概念为核心，使课程内容结构化，以主题为引导，使课程内容情境化，促进学科核心素养的落实。新课标中提到的"学科大概念""内容情境化"都指向了"学科核心素养"的达成。

格兰特·威金斯和杰伊·麦克泰格将大概念比作一辆车的车辖——将车轮固定在车轴上的核心部件①。在学科知识领域，大概念同样扮演着核心角色，即被认为是知识的附着点，能够将碎片化的知识有机联系，更利于学生将所学的知识迁移应用到新的情境和问题中去，从而指向学科核心素养的培育②。

"21 世纪技能"将交流作为重要的高阶思维之一③，《全日制义务教育语文课程标准》（2011 版）明确提出要使学生具有日常口语交际的基本能力，学会倾听、表达与交流，初步学会运用口头语言文明地进行人际沟通和社会交往。同时也肯定了口语交际在当下核心素养导向下的意义："口

---

① 威金斯，麦克泰格. 追求理解的教学设计. 2 版. 上海：华东师范大学出版社，2017：72.

② 徐洁. 大概念：教学变革与课程创新的着力点. （2020 - 01 - 17）. http：//www.jyb.cn/rmtzgjsb/202001/t20200117_288804.html.

③ IRENKA S. 21st century skills：ancient，ubiquitous，enigmatic？ Cambridge Assessment，2013：11.

语交际能力是现代公民的必备能力。应培养学生的倾听、表达和应对能力，使学生具有文明和谐地进行人际交流的素养。"而高中语文新课标也强调了语言是重要的交际工具，并对"口语交际"板块进行了专门的阐述：增强人际交往能力，在口语交际中树立自信，尊重他人，文明得体，仪态大方，善于倾听，敏捷应对。注意口语的特点，能根据不同的交际场合和交际目的，恰当地进行表达①。

因此，对大概念视角下的口语交际教学的研究符合核心素养的发展需求，是语文课程和教学改革中的重要环节。

二、教学目标的设定

（一）教材分析

通过对小学教材内容的分类与分析，我们发现涉及"讲故事"的口语交际话题共有 9 个，详见表 1。

表 1　涉及"讲故事"的口语交际话题

话题/主题		册次	内容要素	训练点
讲故事	小兔运南瓜	一年级上册	看图，帮小兔想想运南瓜的方法。	大胆说出自己的想法。
	听故事，讲故事	一年级下册	看图听《老鼠嫁女》的故事，然后自己讲这个故事。	1. 听懂故事内容； 2. 借助图画讲故事，声音要大一些，要让人听清楚。
	看图讲故事	二年级上册	看漫画，想象故事的结尾。	1. 按顺序讲清楚图意； 2. 认真听，知道别人讲的是哪幅图的内容。
	名字里的故事	三年级上册	讲一讲自己名字的由来和含义。	1. 把了解到的名字含义讲清楚； 2. 回家把新鲜事讲给家人听。
	身边的"小事"	三年级上册	讲一讲身边不文明的事情或是让你感到温暖的事情。	1. 交流身边的小事，谈谈自己的看法； 2. 汇总小组意见，尽可能地反映每个人的想法。

① 中华人民共和国教育部. 关于印发普通高中课程方案和语文等学科课程标准（2017 年版 2020 年修订）的通知.（2020 - 05 - 11）. http：//www.moe.gov.cn/srcsite/A26/s8001/202006/t20200603_462199.html.

续表

话题/主题		册次	内容要素	训练点
讲故事	趣味故事会	三年级下册	选一个有趣的故事讲，注意语气、表情的变化，加上适当的手势	1. 运用合适的方法，把故事讲得更吸引人； 2. 认真听别人讲故事，记住主要内容。
	讲历史故事	四年级上册	选一个你最喜欢的历史故事讲给同学听。听众有疑惑的地方，可以给出说明	1. 可用卡片提示； 2. 用恰当的语气、肢体语言让故事更生动。
	讲民间故事	五年级上册	讲故事时，要丰富细节，添加对话，通过细节描绘人物形象，还可以模仿人物的动作和表情	1. 讲清楚故事的细节； 2. 讲故事的时候，可以配上相应的动作和表情。
	我是小小讲解员	五年级下册	选择情景，确定主题，成稿讲解。可配以小展板、路线图、图片、音乐、影像等	1. 选择合适的材料并恰当地组织在一起； 2. 列个提纲，按一定的顺序讲述。

　　统编版小学语文的口语交际内容独立分布于各册教材的不同单元中，为了能进行单元整合教学，必须要对口语交际的话题展开梳理和分类。其中涉及"讲故事"主题的如图1所示。

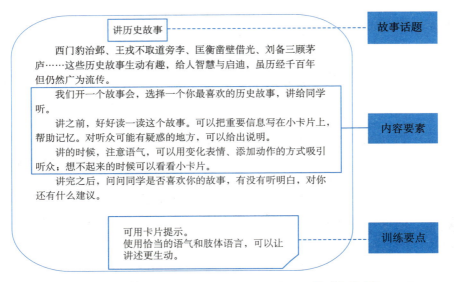

图1　示例：统编版四年级上册"口语交际·讲历史故事"

　　由表1可知，涉及"讲故事"的口语交际话题共有9个，为了能够更好地为后续的大概念视角下的单元教学提供设计支架，在整合的过程中，要把握好两个"核心"。

（1）核心内容。讲故事中的"故事"的类型是非常丰富的，可以是"看图故事"，可以是主题式故事，也可以是生活类故事。需要明确的是，无论是哪一种类型，讲故事的核心内容是"故事"，作为讲故事素材中的"事"与一般的事情是有区别的。

（2）核心特征。"讲故事"类话题的训练点比较多，因此在单元教学设计时要明确其核心的训练点是什么，从而为大概念的提取提供依据。从表1中的训练点中可以发现，"把故事讲得吸引人""讲故事时可以使用恰当的语气、表情和肢体动作"是讲故事的核心特征。

（二）学情分析

为了更好地了解学生在口语交际学习中的真实体验与感受，能否将所学到的知识与技能运用到真实世界中去，笔者进行了两项小调查。

调查一：真实问题情境是口语交际教学中不可或缺的一部分，只有交际情境具有真实性，教学才能有效发生。因此，本文对小学生在口语交际课堂中所涉及的交际情境是否与真实生活相关展开问卷调查。调查结果见图2。

调查二：学生学习是为未来生活做准备，并且指向了核心素养的达成。所以本文对学生在口语交际课堂上获取的能力、知识与技能能否运用到真实世界中进行了有效性调查（见图3）。

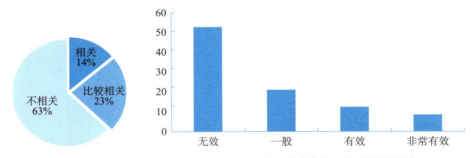

图2 关于口语交际问题情境与学生真实生活相关性调查　　图3 口语交际能力与知识运用效能调查

由此可见，学生在口语交际课堂上所面对的交际情境缺乏真实性，口语交际课往往成了学生的"看图说话"课或者"口头作文"课，口语交际的教学脱离了它的本质要求，并且也难以培养学生从"低通路迁移"向"高通路迁移"的能力。此外，口语交际的教学目标是使学生学会倾听、表达与交流，并在真实生活中加以运用。但学生在口语交际课堂中缺乏充分的交流互动，没有从本质上体现口语交际的双向互动性、灵活性和应变性，难以将交际的方法和策略运用到真实生活中去，很难在真实世界中接受各种真实挑战。

（三）教学目标

　　口语交际的知能目标应指向解决真实世界的问题，因此大概念视角下的交际目标需重新确定。知能目标与大概念相对应，大概念可以统摄知识和技能，但同时大概念也需要通过知能目标来落实（见表 2）。此外，对于口语交际来说，目标的实现即交际的产生与完成，因此分离的三维目标要在整合中指向真实问题的解决。

表 2　"讲故事"的大概念与知能目标

"讲故事"大概念	知能目标
1. 讲故事是一种能自我发现、有效表达并影响他人的口语交际方式。	1.1 认识到讲故事是一个有价值的交际工具； 1.2 能清楚地表达自己的想法； 1.3 能运用合适的方法，把故事讲得更吸引人，比如按一定顺序讲述，使用恰当的语气和肢体语言； 1.4 能倾听别人的想法，并能有效吸收，做出反馈。
2. 讲故事一般要求创造性地组织材料，使故事内容具体生动，具有对人类和社会的独到洞察和理解。	2.1 理解讲故事区别于其他口语交际方式的一些特征； 2.2 能选择合适的故事材料并恰当地组织在一起； 2.3 能融入自己的想法和思考。
3. 讲故事要考虑对象和场合。	3.1 明白对象和场合不同，讲故事的内容和方式会有所区别； 3.2 能根据现实需求，有效地选择讲故事的内容和方式。

三、大概念的提炼与获得

（一）"讲故事"大概念

　　综上，本文将"讲故事"的大概念及其基本问题和迁移要求进行了归纳，详见表 3，相关的课程标准详见表 4。

表 3　"讲故事"大概念

1. 讲故事是一种能自我发现、有效表达并影响他人的口语交际方式；
2. 讲故事一般要求创造性地组织材料，使故事内容具体生动，具有对人类和社会的独到洞察和理解；
3. 讲故事要考虑对象和场合。

基本问题	
1. 讲故事和日常说话的区别在哪里？	2. 你讲故事会首先考虑什么？
3. 如何选择故事素材并展开创造？	4. 你如何证明你讲故事是在进行有效表达？
学会迁移	
能清楚明白地传达故事内容；学会倾听，接收有用信息；能根据对象和场合，用适宜的语言风格和讲述方式影响他人并建立良好的交际关系。	

表 4　与"讲故事"相关的课程标准

总目标：

具有日常口语交际的基本能力，学会倾听、表达与交流，初步学会文明地进行人际沟通和社会交往。

阶段目标：

第一学段

1. 能认真听别人讲话，努力了解讲话的主要内容；

2. 听故事、看音像作品时，能复述大意和自己感兴趣的情节；

3. 能较完整地讲述小故事，能简要讲述自己感兴趣的见闻；

4. 与别人交谈，态度自然大方，有礼貌；

5. 有表达的自信心。

第二学段

1. 学会认真倾听，能就不理解的地方向人请教，就不同的意见与人商讨；

2. 听人说话能把握主要内容，并能简要转述；

3. 能清楚明白地讲述见闻，说出自己的感受和想法；讲述故事力求具体生动。

第三学段

1. 与人交流能尊重、理解对方；

2. 听人说话认真耐心，能抓住要点，并能简要转述；

3. 表达有条理，语气、语调适当；

4. 根据对象和场合，稍作准备后能进行简单的发言；

5. 注意语言美，抵制不文明的语言。

（二）大概念的提取路径

刘徽总结了八条大概念的提取路径，具体包括：课程标准、学科核心素养、专家思维、概念派生、生活价值、知能目标、学习难点和评价标准[①]。对于口语交际的"讲故事"，可以从三个方面来提取大概念。

1. 基本路径：课程标准

课程标准是国家课程的基本纲领性文件，不仅确定了课程总目标，还对各阶

---

① 刘徽．"大概念"视角下的单元整体教学构型：兼论素养导向的课堂变革．教育研究，2020，41（6）：64－76.

段提出了具体目标（见图 4）。因此，在原则上所有大概念的提取都要参照课程标准。值得注意的是，口语交际大概念有时并不能直接从课程标准中提取出来，这时就要寻找大概念与课程目标之间的关系。

图 4　口语交际的目标

2. 拓展路径：专家思维

"专家"指的是在某一方面有权威、有研究、有建树的人。他们在某些重要场合发表的看法与观点或者相关作品中的文字见解往往能成为大概念的提取依据。口语交际的大概念在很多时候不是一个既定的概念名词，所以以名人名家的言论、观点或作品中的专家思维也能为口语交际大概念的形成提供依据（见图 5 和表 5）。

图 5　大概念的拓展路径：专家思维

表 5　"讲故事"的专家思维

1. 西蒙斯的《讲故事》
2. 田海的《讲故事》
3. 约翰·伯格的《讲故事的人》
4. 莫言发表的诺贝尔文学奖演讲——《讲故事的人》
…………

3. 知识路径：学习难点

学习难点是学生最难理解的，学生在真实生活中往往会碰到很多真实而又复杂的口语交际话题，所以深剖学习难点也能发现大概念。学习难点主要包括：

（1）教材中出现的难题（见表 6）。这往往是学生当下难以解决的迫切问题，可以成为大概念提取的依据。

表6　"口语交际·讲故事"教材中出现的难题

第 1 题	**主题：讲民间故事** **任务**：民间故事语言平实，情节生动，深受人们的喜爱。除了《猎人海力布》《牛郎织女》，你还知道哪些民间故事？我们来开个民间故事会吧。 　　要想把故事讲得生动、有吸引力，你可以试试下面的方法： 　　可以丰富故事里的细节，适当添加人物对话：如，织女和牛郎第一次见面时会说些什么；细致描绘人物形象，如，织女穿的纱衣是什么样的。 　　还可以模仿人物的动作和表情，让听众有身临其境的感觉，如模仿织女被王母娘娘带走时的情形。 先分组轮流讲故事，再推选代表在全班讲，看看谁讲的故事最吸引人、最有创意。 **要求**：讲清楚故事的细节；讲故事的时候，可以配上相应的动作和表情。
第 2 题	**主题：我是小小讲解员** **任务**：学校来了客人，需要你讲解校园里有代表性的地方；亲友到你家做客，需要你介绍一下周边的环境；暑假开始了，博物馆需要志愿讲解员……选择一个情境，做一名小小讲解员。 先确定要讲解什么，再搜集相关的资料。如果有条件，可以实地看一看。根据了解到的信息列一个提纲，自己试着讲一讲。还可以做一些小卡片，标注要讲的关键信息。 ▶　**怎么做讲解** 　　讲解的时候，条理要清楚，语气、语速要适当，可以用动作、表情辅助讲解。 　　可以根据听众的反应调整讲解的内容。如：发现听众对某个部分不太感兴趣时，可以适当删减内容。 先讲给小组成员听，听的同学要提出改进意见，还可以对不明白的地方提出疑问。根据同学们的意见，改进自己的讲解。最后，小组推举代表在班上讲解。 **要求**：列提纲，按照一定的顺序讲述；根据听众的反应，对讲解的内容进行调整。

　　（2）真实生活中的难点。未来真实生活中的难点更加复杂和多样，对学生的挑战性也更大，这也成为大概念的重要提取路径。以"讲故事"为例，学生要学习如何把"讲故事"这样一个交际方法融入日常交际生活中，让它成为一种有效的沟通工具。

四、教学过程设计

（一）单元思维导图

　　综上，我们设计了单元思维导图（见图6）。

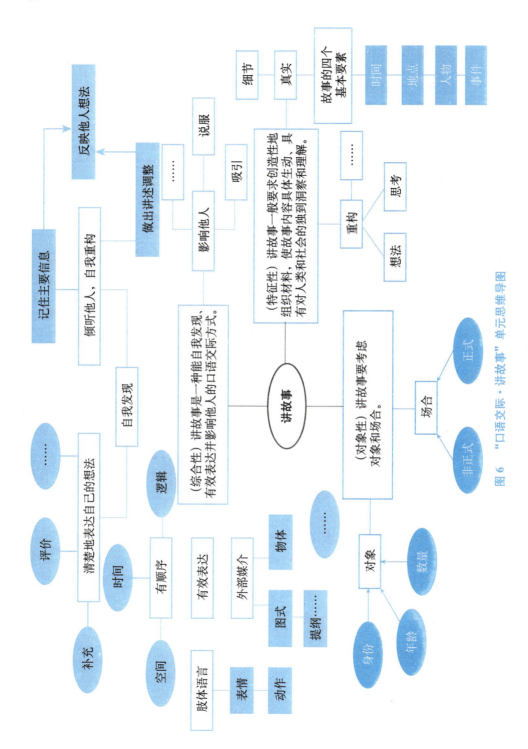

图 6 "口语交际·讲故事"单元思维导图

（二）单元结构概述

对小学中高年级分散在不同单元的口语交际内容进行整合，梳理出"讲故事"单元，主要包括9个主题内容。

在单元整体教学的视角下，以真实情境导入，由具体到抽象：首先，认识故事的类型，真实性表现和重构；其次，理解对象和场合不同，讲故事的内容和方式要做出相应的调整；再次，探究讲故事的自我发现、有效表达和理解他人；最后，由抽象到具体，在表现性任务中检验、评价学生对"讲故事"的理解程度和运用能力。

（三）单元课时设计

大概念指导下的单元设计，可以按照时间区间来划分单元的大小，具体如图7所示。

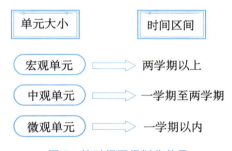

图7　按时间区间划分单元

大概念指导下的口语交际"讲故事"单元将设计8个左右的课时，当然还需根据具体教学设计灵活调整。大概念教学的方法设计包括教师示证、教师辅导、同伴协作、独立完成四种（见表7），在口语交际的不同课时中要选择适宜的方法。

表7　大概念教学方法设计

课时	内容	方式
1	准备阶段	/
2	类型	教师辅导＋教师示证
3	"真实性"表现＋重构	教师示证
4	讲故事的对象＋场合	教师示证
5～6	有效表达	教师示证＋教师辅导
7	自我发现＋影响他人	同伴协作
8	表现性任务	独立完成

（四）真实情境设计

在上述内容的基础上，根据真实问题设计了如表 8 所示的情境。

表 8　单元真实问题（情境）

> 为了帮助社区居民树立"读书好、读好书、好读书"的意识，打造社区"知识中转站"，共建文明社区，某社区公益图书馆计划了系列以"读经典"为主题的读书沙龙活动。
>
> 你是本社区的居民，活动策划人邀请社区中的一部分人参与此次"走进历史，感悟民间"读书沙龙活动，你正是其中的一员。
>
> 在活动预热阶段，你需要个性化地介绍自己，你选择了讲述自己名字里的故事。在活动进行阶段，首先你需要参与小组阅读分享，选择"历史故事"或"民间故事"进行讲述；其次，你要作为本组的代表发言，面向所有人对小组成员的阅读分享情况做一个介绍和总结。如何把名字里的故事讲得吸引人，给别人留下好的第一印象？在小组阅读分享时，你会选择哪一类故事进行讲述？怎么讲述才能体现你的阅读深度？作为代表发言，有哪些方法能够帮助你记住并梳理同伴的阅读情况？如何让其他人通过你的讲述清晰地了解你们组的故事分享情况？请你带着上述问题展开"口语交际·讲故事"单元的学习，并在单元结束后完成相应的表现性任务。

（五）学习活动设计

根据威金斯的大概念学习过程的 WHERETO 七元素和马歇尔提出了概念探究过程的七阶段，大概念形成的过程可以分为"准备→建构→应用"这三个阶段。

1. 准备阶段

作为起始阶段，准备阶段的主要任务是引发学生的兴趣、使学生明确学习方向，同时唤起学生已有的经验，使其产生初步思考，从而为后续的学习做准备（见图 8）。

图 8　活动呈现

2. 建构阶段

建构阶段是大概念教学中非常关键的一个阶段，在口语交际教学中，需要学生充分经历具体和抽象之间的协同思维，以充分参与和体悟。在建构阶段，本文设计了三个基本问题，见表 9、表 10 和表 11。

表 9　基本问题 1

基本问题 1：你会选择怎样的故事素材？
活动呈现

教师出示情境

一个农业系的教授夹着厚厚一叠讲义来举办讲座，听众预想这将是个非常枯燥的讲座，充斥着乏味的数据和事实。为了活跃气氛，开讲之前，他讲了个故事。

一次，有朋友问我，你是怎么成了一名研究杂草的科学家的？我回答，这是我从小就有的梦想。小时候，我生活在一个小农场。入学之前，每天早上我都要和妹妹一起随父亲去田间拔草，一拔就是一两个小时。我恨死了这个活儿，总是找各种借口开溜。比如，我总说自己口渴，然后晃晃悠悠地走回家，倒上一杯水，慢腾腾地喝完，再起身慢慢往回挪。

有一次，我找个借口跑回家，但实在不想再回去了。当时我六七岁，我像老鼠一样钻到床底，躲了起来。后来，我听到爸爸在喊我，接着妈妈也喊起来，最后还听到了邻居的声音。我听到他们在厨房说话，而我只能躲在床底，大气都不敢出。到了 11 点钟左右，我饿得实在受不了，房间里也没有声音，我想大概他们都出去找我了吧。于是，我便偷偷溜进厨房，拿了一个苹果。我转过头，差点吓死，我看见邻居正坐在桌边。我顿时愣在那了。邻居问："孩子，你跑到哪里去了？"我愣了片刻，决定实话实说："就待在床底下。"邻居听了开怀大笑。

大人们被陆续叫了回来。父亲看到我坐在邻居的腿上，悠闲地在房门前的阳台上晒太阳，就气不打一处来，准备狠狠教训我一顿。邻居拦住了他，不让任何人动我一下。

许多年过去了，直到今天，我还记得当时坐在邻居腿上的情景。当时，他还给了我一枚硬币。从那之后，我就开始想办法对付讨厌的杂草了。

教师提出问题

"你会选择怎样的故事素材？"这是我们要回答的第一个基本问题。先来看教师出示的情境，这位农业系的教授在讲一个关于什么的故事？

1	哪些属于自己的故事？
2	这些故事可能会有怎样的情感色彩？
3	…………

教师给出提示，并进行阐释

阐释 1：我始终在考虑的问题是这样的分类角度是否准确、全面，对我们讲故事到底起到了多大的作用。

出示教材中的 6 个"讲故事"主题，请学生判断故事类型：

题目	类型
身边的"小事"	
名字里的故事	
趣味故事会	
讲历史故事	
讲民间故事	
我是小小讲解员	

阐释 2：做完判断后，我会重新思考"怎样选择故事素材"这个问题，以及它对讲故事的作用。

教师布置任务

为 6 个主题选择合适的故事素材：

题目	故事素材
身边的"小事"	
名字里的故事	
趣味故事会	
讲历史故事	
讲民间故事	

表 10　基本问题 2

基本问题 2：你觉得怎样的故事讲出来是吸引人的？
活动呈现

教师出示情境（结尾出示）

通过这个故事，听众看到了一个有血有肉的鲜活生动的人，而不仅仅是一名夹着一摞讲义的科学家。现在，他看起来有趣多了，听众都津津有味地等着他接着往下讲呢！

阐述专家思维

一个好的故事需要具备什么？

1. 听众需要什么？
2. 选择哪种故事类型才能够达到讲故事的目的？
3. 确定故事中的哪些内容是需要传达的？

创造概念谜语

▶▶ 概念谜语是故事"真实性"的一部分，能保证故事的基本完整

教师布置任务

选择教材中的一个"讲故事"主题，为它列出故事提纲，要求体现故事的"真实性"和对故事的重构。

我是小小讲解员

表 11　基本问题 3

基本问题 3：你讲故事会首先考虑什么？
活动呈现

出示真实情境

情境 1

有位跨国电信公司的经理，发现自己在亚洲市场的工作被美国本部的规章制度束缚了手脚。他的上司只能对他表示同情，但对本部的规章制度却无能为力。要想和亚洲客户搭建良好的合作关系，他必须适当地款待客户。而本部的规章制度中有一条对支出的限制比较严格，严重制约了他对亚洲客户的招待。

这位经理在前往亚洲之前，在办公室给上级讲了一个其他公司某个员工的故事：这个人在拿到订单之后，再把招待客户的账单报销，从而巧妙地绕过了美国本部的规章制度。上级听后说"这个人还挺聪明的"，言外之意就是，如果拿到了订单，即便违反了公司的规章，也是可以原谅的。

情境 2

一家公司在儿童节之前邀请了一个慈善团体到它的地区性会议上，述说最近的热搜新闻"偏远山区遭遇泥石流和滑坡"以及该山区的孩子在儿童节都没有收到礼物的故事。该组织的发言人并没有述说她自己的故事，她讲了一些使其组织能够获得信任的话。她讲述了水灾中的一些事实，然后播放音乐和幻灯片来展示这个故事。观众们看到了幻灯片中站在被洪水冲烂的家门前的孩子们，以及在避难所的简易床中蜷缩着身子的孩子们。背景音乐帮助观众们沉浸其中。幻灯片和背景音乐，让人们对这个团体充满了敬意。

在观看幻灯片前，人们或许只是个"网虫"，但看了幻灯片后都变成了"富有同情心的人"。一个小时之后，他们买了大量的玩具，把会议室外的两辆大巴的行李舱都塞满了。

阐述专家思维

1. 对于讲故事的人来说，最先要考虑的是为谁讲故事和在哪种场合讲故事。
2. 当知道讲述对象是谁之后，他的身份、年龄、性别以及人数等信息都将影响讲故事的人。
3. 当讲故事要考虑到场合时，讲故事的人的状态可能会有很大的区别。

设计故事卡片

▶　　　　主题故事	你的身份：
	你的对象：
	（下面的信息可选择性填写）
	职业＿＿＿
	年龄＿＿＿

3. 应用阶段

在完成了建构阶段的问题之后，在应用阶段将关注基本问题：如何证明讲故事是一种很好的交际工具，见表12。

表 12　基本问题

基本问题：如何证明讲故事是一种很好的交际工具
活动呈现
课内迁移　　　　课外迁移 同伴协作　　　　独立完成 ↓　　　↓ 表现性任务

小组合作（课内迁移）
（1）在3～4人小组中进行"讲故事"。要明确的是：之前已经以这个故事主题为例，做了一系列的概念理解和尝试应用，包括：选择故事素材、设计故事提纲、确定对象和场合、进行有效表达。
（2）在讲故事中，除了清楚地表达自己的想法，还要做到倾听他人，并影响他人。这些都会体现在你的具体迁移中。
独立完成（课外迁移）
展示表现性任务和相应的量规。

五、教学特色分析

（一）让真实课堂教学得以建构

在大概念视角下设计真实的交际情境，有助于培养学生从"低通路迁移"向"高通路迁移"的能力，从而构建真实的口语交际课堂教学。

（二）让真实世界问题得以解决

通过大概念导向下的单元教学，让学科核心素养得到一步步的落实，从而指向更高位的核心素养的达成。口语交际单元教学不仅能够让学生掌握交际的方法和策略，而且能够使其在真实世界中接受各种真实挑战。

（三）让真实评价方式获得开发

有效、科学的评价方式是口语交际教学得以真正落实的关键内容。通过大概念中的一些评价工具和量表的设计，能够对学生的口语交际能力进行真实性评价，从而提高学生的交际能力，落实核心素养。

六、学习效果评价及作业设计

（一）评价设计

1. 构建 GRASPS 任务

表现性任务为学生设定了一个具有挑战性和可能性的真实世界的目标。在进行大概念指导下的口语交际单元教学设计时可以采用威金斯等开创的 GRASPS 模型（见表13）。GRASPS 任务中的角色和受众来源于真实世界的可能性身份，比如作家、实习生、法官、民意调查者等。

表 13　"口语交际·讲故事"单元的 GRASPS 任务

项目	内容
目标（G）	讲解《浙江省抗击新冠肺炎疫情纪实展》
角色（R）	一名讲解志愿者
对象/受众（A）	3 位小学生
情境（S）	讲解纪实展的 5 个展览主题；列出讲解提纲，预设观众的不同反应；能对讲解内容做出灵活调整
产品、表现和目的（P）	提前了解展区信息，搜集讲解资料；列出讲解提纲；最后展示你的讲解过程
成功的标准（S）	你的讲解需要包括： ①讲解提纲的设计 ②5 个展览主题和每个主题的突出事迹 ③自然生动的肢体语言 ④灵活应对的调整

2. 制定"分析-特征"量规

除了设计任务，还要开发和 GRASPS 任务相配套的评分量规（见表14）。在口语交际的"分析-特征"量规中，要根据不同的交际话题特征设定合理的评分权重。在用四点量表初步构建口语交际的评分量规时，要运用具有程度差异的描述性术语，比如"一直""经常""偶然"等。

表 14　讲故事·我是讲解员：分析-特征量规

	完整性	顺序性	肢体语言	调整	提纲
权重	40	20	10	10	20
4	故事内容讲述得非常完整，包含5个主题和每个主题的突出事迹	讲述的顺序格外清晰，有完整的连接词	讲述中一直配有表情、动作等肢体语言	讲述中一直会根据观众的需求，对故事做出说明或调整	讲解提纲对真实讲解卓有成效
3	故事内容讲述得基本完整，包含3～4个主题和每个主题的突出事迹	讲述的顺序一般清晰，有一些连接词	讲述中经常配有表情、动作等肢体语言	讲述中经常会根据观众的需求，对故事做出说明或调整	讲解提纲对真实讲解有基本成效
2	故事内容讲述得不完整，只有一两个主题和几个事迹	讲述的顺序不太清晰，没有连接词	讲述中偶尔配有表情、动作等肢体语言	讲述中偶尔会根据观众的需求，对故事做出说明或调整	讲解提纲对真实讲解稍微有成效
1	故事内容讲述得极不完整，没有主题和事迹	讲述的顺序很不清晰，主题之间混乱	讲述中从来不配有表情、动作等肢体语言	讲述中很少会根据观众的需求，对故事做出说明或调整	讲解提纲对真实讲解没有成效

（二）作业设计

1. 文本作业

为 6 个教材主题选择合适的故事素材，如表 15 所示。

表 15　本文作业

题目	故事素材
身边的"小事"	
名字里的故事	
趣味故事会	
讲历史故事	
讲民间故事	
我是小小讲解员	

2. 实践作业

选择教材中的一个"讲故事"主题，为它列出故事提纲，要求体现故事的"真实性"和对故事的重构，并有针对性地设计故事卡片。

▶ 　　　主题故事	你的身份： 你的对象： （下面的信息可选择性填写） 职业____ 年龄____

3. 探究作业

创造概念谜语。

> ▶▶ 　　　　概念谜语
> 我是故事"真实性"的一部分。
> 我能保证故事的基本完整。
> 讲故事的时候有些部分可以稍作调整，删去或简化。

七、专家点评

内容翔实，对大概念的提炼和梳理阐释得很到位，大概念能很好地统领整个单元；各部分内容的设计也能很好地围绕大概念展开。